组织营销论丛 1 甘碧群 总主编

市场导向与组织绩效：

基于竞争优势的理论建构与实证检验

Market Orientation and Organizational Performance:

A Theoretical Framework and Empirical Analysis Based on Competitive Advantages

张雪兰 著

WUHAN UNIVERSITY PRESS
武汉大学出版社

张雪兰，1974年12月生，广西博白人，2005年毕业于武汉大学，获管理学博士学位，就职于中南财经政法大学，现在中国社会科学院从事博士后研究，兼任中国高等学校市场学研究会理事、湖北省市场营销学会理事。研究方向为金融营销战略、金融机构管理，在《财贸经济》、《金融研究》、《国外社会科学》等期刊发表论文三十余篇。

总 序

众所周知，市场一般划分为消费者市场和组织市场，相应地，市场营销亦可分为消费者市场营销和组织市场营销。然而，长期以来，营销学界大多集中于对消费者市场营销的研究，而对于组织市场营销并未给予足够的重视，尤其国内学者对其研究更是屈指可数。组织市场是一个广阔的市场，它比消费者市场大得多，也复杂得多，是社会经济活动中不可缺少的重要部分。随着经济全球化及网络营销的发展，组织市场营销的地位日显突出。因而，组织市场营销也就成为一个极为重要、复杂多样并极具吸引力的市场，对其进行研究具有重要的理论与实践意义。

我们正是顺应社会经济发展的需要，近几年来，将研究的重点逐步转向组织市场营销的研究。于 2005 年，由武汉大学和香港城市大学共同组建了“武汉大学组织市场营销研究中心”，由我担任中心的名誉主任，香港城市大学市场学系主任、武汉大学长江学者讲座教授周南博士和武汉大学市场营销系主任汪涛教授担任联合主任，中心成员主要由武汉大学市场营销系和香港城市大学市场学系的教师组成，我们还打算聘请国内外有关这方面研究有成就的学者加入。

最近组织营销研究中心决定撰写出版《组织营销论丛（一）》，该丛书的主要内容一是研究组织市场中的营销行为；二是基于企业层次（firm-level）视角，将研究对象扩大到所有类型的组织，即除了各类型企业间营销外，宏观市场营销和社会市场营销也是我们的研究内容。

事实上，武汉大学也是国内最早开展对组织市场营销研究的单位之一。从 1994 年起，我本人就开始招收“宏观市场营销”方向的博士研究生，开设“宏观市场营销”课程，已出版的著作，如《宏观市场营销》、《企业营销道德》等，就属于组织市场营销研究范畴。汪涛教授出版的《组织市场营销》也是该领域国内最早的著作之一。今后，我们研究中心将不断地围绕组织市场营销论题，从诸多视角对其展开深入研究，为推动对该领域的研究作出一点贡献。

在此，我们对香港渝振控股集团公司主席陈振东博士为研究中心的组织市场营销的学术研究提供的帮助，表示诚挚的谢意。

甘碧群
武汉大学组织市场营销研究中心 名誉主任
武汉大学经济与管理学院　教授、博士生导师
2008年3月于珞珈山

前 言

市场导向研究是当代营销学理论的基石，在西方蔚然兴起至欣欣向荣已近20年。然而，与汗牛充栋的经验研究形成鲜明对比的是，大量的经济现实和管理实践并没有得到合理的理论抽象，以至于学术界对市场导向研究的争论至今烽烟未息：市场导向是否的确能够提高企业的经营绩效？其理论基础是什么？另一方面，在信息技术飞速发展、顾客偏好日趋多元化、产品和服务更新换代的周期日渐缩短和全球经济一体化的浪潮中，一场以市场为导向的改革正在华夏大地上如火如荼地展开，市场导向已被确立为建立并完善我国社会主义市场经济体制、促进资源优化配置的关键。那么，作为经济发展的基本元素，中国企业应当如何才能有效地推进市场导向，在急速变化、不确定性和风险增加的环境中开拓创新、获取竞争优势呢？

对上述问题的回答，既需要在系统梳理市场导向研究脉络、廓清市场导向内涵的基础上，省思并融汇各学科理论，探寻市场导向与组织绩效间因果关系的内在逻辑解释；又需要寻找能够反映我国企业实施市场导向的客观事实，在一定的理论框架下加以检验和讨论。鉴于此，本书以竞争优势为切入点，试图通过文献探讨、理论推演以及对企业经营管理人员的探索性访谈，综合产业组织理论、资源基础理论、交易成本理论、战略管理理论和营销理论，构建市场导向—竞争优势—经营绩效关系的理论架构，以中国企业为实证研究对象加以验证，并以本书所建构的市场导向概念框架为平台，系统地阐述了我国企业提高市场导向水平所应采取的一系列措施，以及政府为促进企业提高市场导向水平而应采取的相关举措。

在中国这片辽阔的土地上，时刻感受到它经济脉搏的跳动，从转型发展过程取之不尽的良好资源中获取研究的素材，无疑是每一位管理学人的幸运。而立足基础理论，追踪现实管理线索，对复杂的经济管理现象进行合理的抽象，得到理论逻辑和现实演化的高度统一，是每一位管理学人努力的方向。本书正是作者试图把基础的经济学与管理学理论，运用于中国企业管理实践的研究尝试。希望本书能对中国企业实施市场导向，以及市场导向与组织绩效作用的解释机制，乃至市场导向研究起到抛砖引玉的作用。

目　录

第一章　导　论

“最后，唯一重要的事情就是要记住任何闭门造车的企业都不会成功。一个企业的成功是使顾客满意…… 企业内部只会是成本中心。企业的成功只能体现于外部。”

——彼得·德鲁克

第一节　研究的背景和动机

近二十年来，市场导向蔚然成为营销学界最广受探讨的主题之一。从市场导向理论的基础，即营销观念（marketing concept）的概念化（如 King，1965；Lavidge，1966；Bell 和 Emory，1971；McNamara，1972），到近期市场导向的构成维度及测量（如 Naver 和 Slater，1990；Kohli，Jaworski 和 Kumar，1993；Deshpande 等，1994；Wrenn，La Tour 和 Calder，1994；Wrenn，1996），学者们从理论和实证角度对市场导向的前提、结果、中间变量和调节变量进行了大量深入的研究。在这样的背景下，要开展市场导向研究自然难逃“跟风”之嫌，但若放弃进一步深入研究则无异于因噎废食，因为，当前的研究仍存在着值得进一步探讨的空间。

一、市场导向与组织绩效因果关系研究结论的分歧

自 Kohli 和 Jaworski（1990）提出“市场导向程度越高，企业经营绩效越好”这一假设以来，市场导向与组织绩效的因果关系便成为市场导向研究的最根本命题。多数学者认为，市场导向是现代营销管理的核心之一，企业的市场导向会改善企业的经营绩效。例如，Naver 和 Slater（1990）认为，从行为角度来看，市场导向包括三个维度，即顾客导向（customer orientation）（识别并满足顾客的需求）、竞争者导向（competitor orientation）（监测主要竞争者的

行动）和职能间协调（interfunctional coordination）（不同的部门间共享信息并按整合的方式行动）。其中，企业的顾客导向不仅有助于企业发现并满足顾客的现有需求，而且有助于预测并满足顾客潜在和将来的需求；企业的竞争者导向将促使企业以低成本向顾客提供优异的顾客价值，从而有助于企业击败竞争对手；企业的职能间协调则会促进企业战略和战术规划的实施。据此，市场导向的企业更易于获得更高的经营绩效，因而市场导向可作为改善企业绩效的可行路径之一。

然而，在市场导向对组织绩效影响的实证研究中却出现了不同的结果。一些学者如 Narver 和 Slater（1990），Rukert（1992），Jaworski 和 Kohli（1993），Slater 和 Naver（1994），Pelham 和 Wilson（1996），Kumar 等（1998），Hooley（1999），Tse（2003）的研究结果证实了市场导向与经营绩效之间存在正向的关系，而另一些学者如 Diamantopoulos 和 Hart（1993），Au 和 Tse（1995），Pitt 等（1996），Slater 和 Naver（1996）则发现两者之间只有极其微弱的联系，有些研究者如 Greenley（1995），Han 等（1998），Siguaw 等（1998），Tse（1998），Caruana 等（1999）却发现两者之间没有任何联系。因此，近年来，一些学者开始在研究中纳入一些中间变量和调节变量，试图解释上述不一致的结果，如组织学习（Slater 和 Naver，1995），组织创新（Han，Kim 和 Sricastava，1998；Hurley 和 Hult，1998），组织承诺（organizational commitment）（Caruana，Ramaseshan 和 Ewing，1999），以及战略类型（Matsuno 和 Mentzer，2000）等，但至今仍未达成一致的共识（参见表 1-1）。那么，市场导向与组织绩效之间究竟是否存在直接的线性因果关系呢？这无疑是一个值得进一步探讨的问题。

表 1-1　　各学者对市场导向与绩效关系的研究

研　究	国别或地区	样　本	研究结果
①研究中发现有正向的关系			
Appiah-Adu（1997）	英国	110 家小企业	正向因果关系
Avlonitis 和 Gounaris(1997)	希腊	444 家企业	与利润、年周转率、投资回报、市场份额显著正相关
Chan 和 Ellis(1998)	中国香港	73 家纺织品企业	正向因果关系
Deng 和 Dart(1994)	加拿大	248 家企业	正向因果关系

续表

研　究	国别或地区	样　本	研究结果
Deshpande 等(1993)	日本	公用事业企业及其顾客构成的 50 个"坐标象限(quadrads)"	在顾客认知的市场导向与绩效间有正向因果关系，但在管理者自我评价的市场导向与绩效间没有关系
Golden, P. A. 等(1995)	俄罗斯	200 家企业	正向因果关系
Gray 等(1998)	新西兰	490 家企业	正向因果关系
Hooley 等(1999)	匈牙利、波兰和斯洛文尼亚	1 619 家企业	正向因果关系
Horng 和 Chen(1998)	中国台湾	76 家中小企业	正向因果关系
Jaworski 和 Kohli(1993)	美国	样本 1:102 个企业共 222 个战略业务单位 样本 2:230 家公司	正向因果关系，但与市场份额增长没有关系，市场动荡、技术变动和竞争强度并无显著的调节作用
Kumar 等(1998)	美国	159 家医院	正向因果关系
Panigyrakis 和 Theodoridis(2007)	希腊	全国零售企业，252 位超市经理作出有效应答	正向因果关系
Pelham 和 Wilson(1996)	美国	68 家小企业	正向因果关系，但与市场份额增长没有关系
Pelham(1997)	美国	160 家制造企业	正向因果关系，但与市场份额增长没有关系
Pelham(1999)	美国	229 家日用品及特产企业	与营销效果、份额增长、盈利、企业成长显著正相关
Pitt 等(1996)	英国 马耳他	161 家服务企业 193 家企业	正向因果关系

续表

研　究	国别或地区	样　本	研究结果
Raju 等(1994)	美国	176 家医院	正向因果关系
Ruekert(1992)	美国	某计算机与信息管理公司的 5 个战略业务单位	与销售收入增长、盈利显著正相关
Tse, A. C. B 等(2003)	中国香港	573 家企业	正向因果关系
Van Egeren 和 O'Connor (1998)	美国	67 家服务企业的 289 份答复	正向因果关系
②研究中发现有正向因果关系,但有情境效果			
Atuahene-Gima (1995)	澳大利亚	275 家企业	正向因果关系,有环境的情境效果
Bhuian(1998)	沙特阿拉伯	115 家企业	正向因果关系,有环境的情境效果
Greenley 和 Foxall (1997)	英国	242 家企业	多重利益相关者导向与某些绩效衡量项目有正向因果关系,有环境的情境效果
Naver 和 Slater(1990)	美国	某企业的 113 个战略业务单位	U 型关系,企业形态(商品与非商品)影响市场导向与绩效间的关系
Slater 和 Na ver(1993)	美国	某林业产品公司的 140 个战略业务单位	正向因果关系,但公司形态有环境的情境效果
Slater 和 Na ver(1994)	美国	某林业公司的 81 个战略业务单位及某制造企业的 36 个战略业务单位	正向因果关系,但有环境的情境效果
③研究中发现只有在一定的条件下有正向的关系			
Appiah-Adu 和 Ranchod (1998)	英国	62 家生物科技企业	正向因果关系

续表

研 究	国别或地区	样 本	研究结果
Diamontopoulos 和 Hart (1993)	英国	87 家制造企业	在特定的环境下才有关系
Greenley (1995)	英国	240 家公司	在特定的环境下才有关系
④研究中发现没有显著的关系			
Au 和 Tse (1995)	中国香港	41 家旅馆	没有显著关系
	新西兰	148 家旅馆	
Atuahene-Gima (1996)	澳大利亚	158 家制造企业和 117 家服务企业	没有显著关系
Bhuian (1997)	沙特阿拉伯	12 家银行的 96 位管理人员	没有显著关系
Caruana, Pitt, 和 Berthon (1999)	澳大利亚	171 个公共事业部门	没有显著关系
Deshpandé, Farley 和 Webster(2000)	日本、美国、英国、法国、德国	148 个研究小组	没有显著关系
Greenley 和 Foxall(1998)	英国	242 家企业	没有显著关系
Harrison-Walker (2001)	美国	137 家医院及制造企业	没有显著关系
Tse, A. C. B. (1998)	中国香港	26 家大型物业发展商	没有显著关系

二、当前市场导向研究为实证主义所主导，致使市场导向与组织绩效间关系缺乏理论解释机制

当前，实证主义正左右着市场导向研究的发展方向。可检索到的市场导向的研究文献，无不以实证研究为重点，即通过相关变量间关系的探讨，来判定市场导向与组织绩效间是否存在正向因果关系。正如 Hunt 和 Lambe (2000) 所指出的，虽然有关市场导向与组织绩效相关性研究的著述十分丰富，但有关文献却“缺乏一种基础理论，以致无法为市场导向和企业绩效之间的正向因

果关系提供一种解释机制”。

实证研究方法①的出发点是指以事实结果为标准，验证与衡量理论或观点、假说的正确性。诚然，实证研究以可观察的事实为基础，在一定程度上客观地反映了市场导向的管理实践，但我们不能满足于用具体的经验和研究证明或“推翻”市场导向与组织绩效间的关系，而盲目崇拜经验法则，因为实证研究本身同样存在各种局限和失误。② 科学哲学家波普早在20世纪60年代就对实证主义的经验证实原则提出批判，认为科学知识并非始于经验，而是始于问题；理论先于经验观察，指导经验观察，因为科学观察具有目的性和选择性，我们总是以一种预想的理论去观察事物，一切观察与实验都是在一定理论指导之下进行的，观察与实验也只有在一定的理论关系中才有实际的意义。

恩格斯在谈到经验科学对理论思维需要的迫切性时指出：“经验自然科学积累了如此庞大数量的实证的知识材料，以致在每一个研究领域中有系统地和依据材料的内在联系把这些材料加以整理的必要，就简直成为无可避免的。建立各个知识领域互相间的正确联系，也同样成为无可避免的。因此，自然科学便走进了理论的领域，而在这里经验的方法就不中用了，在这里只有理论思维才能有所帮助。”③恩格斯的上述思想论证了理论思维对于科学研究的重要意义。

忽视理论建设而专注于实证分析的直接结果是市场导向研究的琐碎和分裂。市场导向研究从表面上看起来十分繁荣，但深入地分析却可以发现繁荣背后的理论苍白和贫乏。因此，市场导向一味地偏重于实证研究的现实要求我们强化规范研究方法的应用。归根结底，研究是为了取得对社会有价值的成果，其研究结论要能解决实践中遇到的诸多问题。实证研究需要以规范研究的结论作为基础和前提，规范研究的结论需要实证研究加以验证，只重视一方而忽视另一方是有失偏颇的。针对当前市场导向研究缺乏理论解释这一问题，从方法

---

① 规范研究方法所强调的是世界应该如何来运行，而不关心世界是如何运行的，它试图判定“应当是什么，应当不是什么”。它是从一般到个别的推理，即从已有的科学结论、原理和定律出发，推知另一个新事物的本质和发展规律的演绎方法。演绎法之所以成立，是因为一般存在于个别之中，一类事物共有的属性，其中每一个事物必须具有，所以，从一般必然推知个别。演绎推理是从一般到个别，要求其前提正确，推理严密。只要前提是经过实证的科学事实，前提和结论之间具有可靠的逻辑关系，那么，所得的结论就一定是正确有效的。

② 只有当实证研究达到科学实验的阶段，方法论层面的理论模式才能被推翻。因此，就其准确性而言，各种实证性的研究所得到的结论只能是相对的，而不可能是绝对的。

③ 马克思恩格斯选集．第三卷．北京：人民出版社，1972：465。

论的角度来考量，我们应将规范研究与实证研究、定性研究与定量研究结合起来，努力构建市场导向与组织绩效关系的理论解释机制，并通过实证研究来加以验证。

三、从竞争优势角度解析市场导向与组织绩效的关系有待发掘

从战略管理的视角来看，一个企业要在长期内获得财务成功，就必须持有一些与竞争相关的优势。Porter（1985）认为，“竞争优势是竞争性市场中企业绩效的核心。然而经过几十年蓬勃的扩张与繁荣，很多企业在追求疯狂的增长和多元化经营的过程中，将竞争优势抛于脑后。今天，竞争优势的重要性前所未有。全世界的企业都面临增长的趋缓和来自国内和全球的竞争，而竞争者们已不能在似乎不断增大的馅饼足够分享的前提下经营了”。

财务绩效与竞争优势的关系如此紧密，以致许多战略管理学者从创造利润和经济价值的角度来给竞争优势下定义：“竞争优势是这样一种能力，即一个公司在该行业内做得最好，也就是说，它所能获得的利润高于行业的平均利润率……（而且）一个公司要获得竞争优势，它必须比它的竞争对手创造更多的价值”。① 那么，我们可否从营销学的角度，探讨如何赢取竞争优势继而获取优异的财务绩效呢？

事实上，早在20多年前，Biggadike（1981）就清晰地表达了营销与战略管理之间存在联结。他运用一系列营销概念来说明营销与战略管理之间的关系。他认为，总的来说，营销与战略管理的交融主要表现在五个方面：

> “……营销观念将顾客置于战略的核心地位；细分将顾客分为具有共同需求的群体；定位决定了服务于哪些细分市场、与谁竞争的战略选择；而顾客功能（customer function）、顾客群体和替代技术这三个维度的设计定义了企业；新兴的市场演进理论有助于企业对顾客、竞争者进行动态分析……”②

另一方面，营销与财务绩效的关系亟待进一步深入研究。正如Anderson（1979）所指出的：

---

① 转引自［美］亚历克斯·米勒著．战略管理（第三版）．北京：经济管理出版社，2004：14.

② Biggadike, E. R. The contribution of marketing to strategic management. Academy of Management Review, 1981, 6 (4): 621-632.

> “营销过于关注销售增长和市场份额，因而忽略了营销决策对于诸如存货水平、营运资本要求、财务成本、资产负债率和股价的影响。认为这些财务指标纯粹是财务部门的责任无异于另一种形式的营销近视，其危机不亚于 Levitt（1960）所提出的营销近视①。”

那么，市场导向是否有助于企业获得竞争优势呢？换言之，市场导向是否可以通过竞争优势这一路径，使企业获得优异的组织绩效呢？这是一个值得研究的问题。

Day 和 Wensley（1983）认为，有关竞争优势的理论为市场导向与绩效这一基本假设提供了支持。正如 Morgan 和 Strong（1998）所描述的，“市场导向程度高的企业比市场导向程度低的企业更能实现优异绩效，因为前者比后者更能为顾客创造优异的价值”。

从实证研究的结果来看，Slater 和 Naver（1996）研究发现，市场导向对企业的低成本活动和差异化活动均有积极的影响，而 Hult 和 Ketchen（2001）则发现，市场导向作用下的定位优势（包括成本优势和差异化优势），对组织绩效有着正面的影响。值得一提的是，Hult 和 Ketchen（2001）将市场导向视为对一个潜在的（latent）、难以观察到的（unobserved）架构作出贡献的一个要素，他们把这个架构称为定位优势，定位优势对组织绩效有着正面的影响。Hult 和 Ketchen（2001）称，他们的方法“提供了初始的实证根据”，但并没有解释市场导向和定位优势之间的因果联系。与之相比，Slater 和 Naver（1996）的研究表明，市场导向对可观察到的、以差异化和/或低成本为目的的活动有着明确的影响，但他们并没有对定位优势与组织绩效之间的因果关系进行考察。Langerak（2003）以荷兰工业电气、工业自动化、医药技术行业为样本，研究了市场导向、定位优势与组织绩效之间的关系，发现在市场导向的三个组成要素中，顾客导向和竞争导向促使企业为获得差异化优势而整合资源，而职能间协调则有利于企业获得低成本优势，因而，以市场为导向的企业得以利用定位优势来增进顾客感知的收益，继而获得超出行业平均水平的绩

---

① 营销近视症（Marketing Myopia）是指如果企业关心产品甚于关心产品所能提供的服务，往往就忘了顾客购买产品是为了满足某种需要。Levitt（1960）在其著名的《营销近视》中指出，有些行业在困难期间衰退的原因在于它们重视的是“产品”，而不是“顾客需要”。任何产品都只是满足一个持久需要的现有手段，一旦有更好的产品出现，就会取代现有产品。

效。但是，Langerak（2003）的研究是以制造业为基础的跨部门研究，在数据搜集方面采用了关键受访者（key informant）法，正如他自己所提到的，并没有进行信度和效度的检验。因此，市场导向、竞争优势与组织绩效的关系，仍需通过对其他行业的研究来进行验证。

四、以发展中国家特别是以中国为背景的市场导向研究匮缺

正如 Burgess 和 Steenkamp，J.（2006）所指出的，营销知识基本上来源于高收入、工业化国家的研究，对新兴市场国家的研究寥寥。目前绝大多数有关市场导向与经营绩效的研究均以西方发达国家为背景，如美国（Narver 和 Slater，1990；Kohli 和 Jaworski，1990）、加拿大（Deng 和 Dart，1994）、英国（Greenley，1995）、澳大利亚（Atuahene-Gima，1995，1996）以及日本（Deng 和 Dart，1994）等，发展中国家以市场导向为基础的理论假设和实证研究依然十分匮缺（Deshpande 和 Farley，2000）。目前，仅有少数国家和地区对发展中国家企业的市场导向状况进行了研究，如马耳他（Pitt 等，1996）、加纳（Appiah-Adu，1998）、俄罗斯（Golden 等，1995）以及中国香港和台湾地区（Deng 和 Dart，1999；Tian，1999；Sin 等，2000；Tse 等，2003）等。对中国大陆企业市场导向与经营绩效关系的实证研究近年来虽不断增加，但仍处于匮缺状态。

从西方学者的研究成果来看，外部环境对企业的市场导向的影响依然莫衷一是，以 Kohli 和 Jaworski（1993）为代表的相当一部分基于美国市场的研究表明，外部环境对市场导向与经营绩效的关系并无调节作用，而对英国市场的研究却又充分证明外部环境的调节作用，虽然其结论不尽相同——例如，Greenly（1995）和 Harris（2001）发现唯有在市场相当稳定的情况下，市场导向与经营绩效之间才存在因果关系；而 Diamantopoulos 和 Hart（1993）的实证研究结果则表明，唯有在市场动荡的情况下，这一关系才得以存在。换言之，市场导向对组织绩效的影响效果、影响路径，很可能因为国别的不同而不同。

那么，在发展中国家，特别是在中国这样有着五千年文明的发展中国家，企业的市场导向行为是否与其组织绩效正向相关呢？转型经济的特点之一，表现为市场环境的不完善（江小涓，1999）。那么，在这种不完善的市场环境下，市场环境是否会对企业的市场导向行为产生影响呢？中国的经济转轨是在产权改革严重滞后的情况下发生的，原有的国有企业在经济转轨中开始暴露在一个竞争逐渐加剧的市场环境之下，那么，中国企业是否因应环境的变化而逐步地转向以市场为导向呢？以市场为导向是否有助于企业获得竞争优势，继而

促进了组织绩效的提升呢？如果这种关系切实存在，那么，企业所采取的战略类型不同，市场导向的影响又是如何发生变化的呢？

对上述问题的回答，既需要寻找能够反映我国企业实施市场导向的客观事实也需要以此作为微观基础，在一定的理论框架下去探讨实施市场导向以提升竞争优势的路径。或许是由于市场导向研究在我国尚处于起步阶段，相关调研的滞后使得我们还无法在实证研究层面，从竞争优势构建的角度来全面认识转轨中中国企业所发生的市场导向行为。目前国内有关市场导向的实证研究，主要集中在市场导向与组织绩效的直接线性关系的分析上（孙永风、李垣，2004；罗青军、项保华，2003），鲜有文献从竞争优势的角度进行研究。

企业的市场导向是建立并完善我国社会主义市场经济、促进资源优化配置的关键。在原国家经贸委等 8 部门起草的、经国务院转发的《关于发展具有国际竞争力的大型企业集团的指导意见》中，就强调了要以企业为主体、市场为导向推动企业建立现代化制度，深化企业内部改革，优化企业组织结构，推进体制创新和机制创新。而企业实施市场导向的不竭动力，在于其能够持续实现盈利，而盈利的根本在于拥有竞争优势。

中华人民共和国成立以来，虽然经过曲折的发展历程，但总体上中国的企业管理水平是逐步提高的。特别是改革开放以后，中国企业开始探索有中国特色的、符合市场经济要求的社会主义现代化企业管理体系，积极推进管理创新，取得了明显的成效。但是，与国外企业管理的发展状况相比，中国企业的管理能力、水平还有较大差距。特别是随着中国走向全方位开放，无论中国企业是否选择进入国际市场，是否进行国际化经营，除国家继续垄断的极少数行业外，各个行业中的企业所面临的竞争都将是国际性的，都将遭遇具有强劲实力的国际竞争对手的挑战。西方企业经营管理的实践经验告诉我们，企业唯有以市场为导向，才能适应并把握外界环境的变化。因而，实施市场导向，提高管理水平，增强国际竞争力，已成为中国企业生存与发展的当务之急。因此，认清我国企业市场导向的现状，分析市场导向对竞争优势创建与组织绩效改进的影响，从而指出我国企业实施市场导向以获得竞争优势的方向，无疑对中国的企业管理现代化水平的提高、提升企业国际竞争力，促进中国经济发展具有特别重要的意义。

鉴于此，本书拟以市场导向、竞争优势与经营绩效的关系为主题，试图通过文献探讨以及对企业经营管理人员的探索性访谈，构建市场导向—竞争优势—经营绩效关系的理论架构，并以中国企业为实证研究对象，以验证所提出的理论架构中概念间的关系，据以提出管理上的启示。

第二节　本书的研究框架及内容安排

一、研究框架

基于上述研究背景和相关理论的省思，本书希望从市场导向的研究结论、竞争优势理论出发，整合各家学说，从包含行为要素的企业文化观点，建立一个市场导向影响竞争优势的理论框架。在此基础上，对市场导向、竞争优势与组织绩效的关系进行研讨。具体而言，本书试图对以下问题作出回答。高度的市场导向是否会引致优异的组织绩效？如果答案是肯定的，其理论支撑是什么？可否从竞争优势这一视角加以诠释？市场导向的各个构面是否均与竞争优势相关，继而影响组织绩效的优劣？在中国这样的转型经济背景下，市场导向、竞争优势与组织绩效间是否存在正向的因果关系？企业所采取的战略类型及其所处的环境是否影响市场导向的实施成效？

通过对有关文献的探讨和相关理论的推演，本书认为，市场导向会通过竞争优势而间接影响组织绩效，也就是将竞争优势作为市场导向影响绩效的中间变量；竞争优势可分为成本优势、差异化优势，两者均对组织经营绩效产生综合的影响；环境特征和组织所采取的战略类型会对市场导向—竞争优势关系产生影响，继而影响组织绩效，因而将环境特征和战略类型作为干扰变量。本书研究的概念框架如图 1-1 所示。

据此，本书的研究目的可以分述为以下几项：

第一，综述并讨论市场导向与竞争优势理论的文献，并整合组织经济学、管理学、营销学中有关竞争优势形成机制的论述，构筑市场导向—竞争优势—经营绩效的理论分析框架。

第二，评估中国企业的市场导向程度，探讨企业的运营中是否存在市场导向与组织绩效的正向相关关系。如前所述，市场导向与组织绩效关系实证结论的不一致已出现在诸多文献中，环境特征对市场导向行为的影响亦众说纷纭，因此，本书拟以中国企业为样本，对这一“旧”议题从竞争优势的新角度进行诠释和验证。

第三，探讨市场导向的各个构面，即顾客导向、竞争者导向、职能间协调如何影响业相对于竞争者的差异化优势、低成本优势，以及不同的竞争优势形态如何影响企业的经营绩效，并分析环境特征和战略类型对市场导向行为的影响。

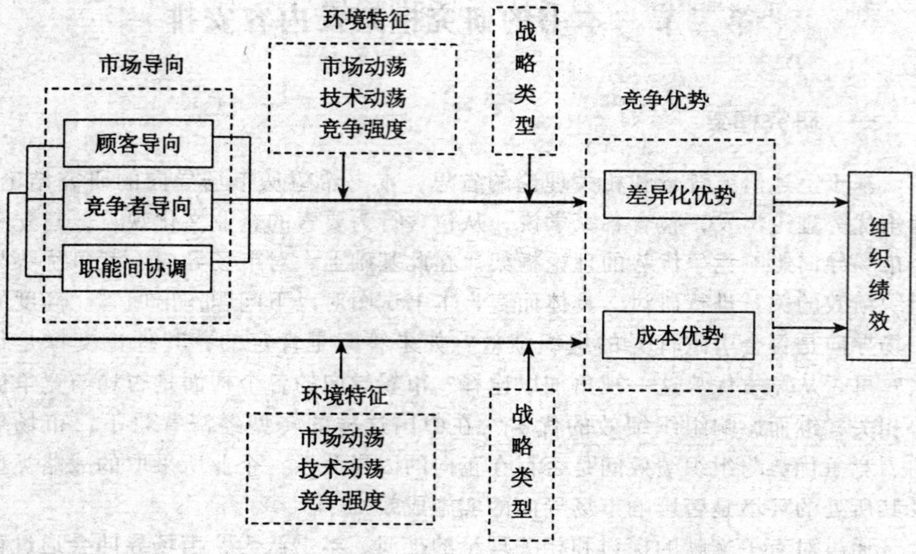

图 1-1

二、研究范围及研究方法

（一）研究范围

本书主要的研究范围可从理论与实证两方面来说明。

1. 理论研究范围

本书试图延续市场导向对组织绩效影响的研究主流，融合产业组织理论、熊彼得理论、芝加哥学派、资源基础理论、信息经济学、战略管理学（包括定位学派、能力基础学派）以及营销学理论，在对市场导向与竞争优势来源进行理论剖析及关系建构的基础上，以市场导向为自变量，以竞争优势为中间变量，以环境特征和战略类型为干扰变量，探讨市场导向是否引致竞争优势（包括差异化优势和成本优势），继而影响组织绩效的提升。

2. 实证研究范围

为确保研究结果尽可能具有普适性，本书力图使样本范围涵盖所有的行业。按照国家统计局的行业分类标准（GB/T 4754-2002）①，包括农林牧渔业、

① 参见中国国家统计局网站 http：//www. stats. gov. cn/tjbz/hyflbz/.

采矿业、制造业、电力、燃气及水的生产和供应业、建筑业、交通运输、仓储和邮政业、信息传输、计算机服务和软件业、批发和零售业、住宿和餐饮业、金融业、房地产业、租赁和商务服务业、科学研究、技术服务和地质勘察业、水利、环境和公共设施管理业、居民服务和其他服务业、教育、卫生、社会保障和社会福利业、文化体育和娱乐业、公共管理与社会组织。本次研究的调查样本涵盖了除采矿业外的所有行业，从而为本书能够得出对于研究主题具有一般意义的结论奠定了基础。

（二）研究方法

本书将采用文献分析和样本分析的研究方法，做到规范研究与实证研究相结合，定性分析与定量分析相结合。

1. 文献分析研究法

文献分析是一种探索性的研究方法，分析各类理论与经验研究取得的结果与建议，Bliss（1993）认为文献分析能提供非常详细的架构，将有助于创建假设与研究基础。有关市场导向与组织绩效相关性研究的著述十分丰富，但内容却比较零乱，且正如 Hunt 和 Lambe（2000）所指出的，有关市场导向的文献“缺乏一种基础理论，以致无法为市场导向和企业绩效之间的正向因果关系提供一种解释机制”。本书将采用归纳、整理、逻辑推理和小型讨论会等方法，试图综合有关产业组织理论、熊彼得理论、战略管理理论以及营销理论中有关竞争优势来源的理论诠释，勾勒市场导向与经营绩效的分析框架，建构两者之间正向因果关系的形成机制，并在此基础上提出本书的概念框架。

2. 样本分析研究法

在对文献进行分析和探讨的基础上，本着理论联系实际的原则，本书按照统计分析的有关要求，通过对一定数量的样本分析，来验证本书所提出的理论架构。实证研究部分除在对已有研究成果进行文案研究的基础上，还对测量变量进行了定义和设计，在此基础上进行问卷调查，运用 SPSS for Windows 11. 5 和 LISREL8. 5 对调查结果进行分析，以验证本书提出的分析框架，并对研究结果可能与已有文献产生的差异进行解释，据此提出本书在理论及实践方面的意义。

三、本书的内容安排及研究特色

（一）内容安排

继本章导论之后，在第二章中我们将在回顾市场导向的哲学基础——营销观念的缘起及发展的基础上，追溯并描摹市场导向研究的发展历程，以及现有研究的主要观点和结论。虽然上述研究主要是以欧美国家为背景展开的，中国的情况不一定完全相同，但这些研究所选取的角度、工具和方法为我们深刻理解市场导向的研究进展并为进一步分析我国企业的市场导向提供了很好的参照。本章还将针对市场导向含义的争议，从行为、文化、系统基础、关系四个视角对市场导向的内涵进行探讨。我们将看到，市场导向是由文化、系统管理、关系管理三个层面构成的概念框架。其中，文化层面展现了市场导向的本质，是系统管理层面和关系层面的基础。市场导向文化的蓬勃发展支持了企业管理系统市场导向水平的提高，企业管理系统市场导向水平的提高又进一步促进了市场导向的关系管理。

第三章在对竞争优势来源理论进行分析的基础上，整合“由外向内”、“由内向外”和企业间关系三种战略思考逻辑，即产业基础观点、资源基础观点和关系观点，构建了一个竞争优势来源的整合分析框架，结合市场导向的相关研究，演绎了市场导向、竞争优势、组织绩效的内在逻辑。

第四章在前述文献回顾和推演的基础上，提出了研究框架与研究假设，并对市场导向、竞争优势、组织绩效、环境特征、战略类型的衡量问题进行了探讨和界定，并介绍了资料来源、问卷收集及数据分析方法。

第五章对数据分析结果进行了描述。首先针对样本资料进行描述性统计分析，并运用单因素方差分析（ANOVA）、t 检验及相关分析进行各变量的特性分析。其次，运用 Cronbach α 系数及验证性因素分析就各构面的衡量量表进行信度及效度的讨论。再次，以 LISREL 分析整体模型的关系并验证所提出的假设关系；最后，对实证研究结果进行总结，并汇总假设检验结果。

第六章则在前述理论与实证分析的基础上，提出了研究结论并加以讨论，进而结合中国企业经营管理实践，阐明了研究结论对中国企业管理及政府公共政策选择的启示。此外，本章还分析了研究限制，并就未来研究提出了若干建议。

（二）研究特色

本书力图在以下几个方面体现自己的独特见解和特点：

第一，在选题方面，一方面，中国进行的从计划经济向市场经济的改革为市场导向研究提供了深厚的土壤；另一方面，中国逐步开放后能不能形成一批具有竞争优势的企业，对于中国的经济发展和社会发展具有决定性的意义。从当今全球经济一体化的现实出发，笔者深感我国企业以市场为导向构建竞争优势是一个极为重要和迫切的研究领域，而国内外研究又存在着结论分歧和研讨空间，因此，本书构建了市场导向—竞争优势—组织绩效的分析框架，并通过理论演绎和实证检验，证明了市场导向的各个构面与竞争优势之间存在正向因果关系，并讨论了环境特征及组织所采用的战略类型对这一关系的调节作用。这样的整体架构在过去的文献中尚未有人提及，因而具有一定的开拓性。

第二，本书对市场导向研究的发展脉络进行了系统的梳理，并在辨析不同学者对市场导向所作定义的基础上，整合各个视角的观点，构建了市场导向的概念框架，提出市场导向的本质是一种包含行为要素的组织文化，这种文化氛围促使企业采取流程再造、组织架构扁平化等措施来提升其管理系统的市场导向水平，继而培育与巩固组织同其顾客和合作伙伴间的关系，从而为企业的盈利和可持续发展奠定基础。这一概念框架对廓清市场导向的定义，加深对市场导向内涵的认识将有所裨益。

第三，本书提出了竞争优势来源的整合分析框架，为把握竞争优势来源、指导竞争优势创建夯实了理论基础。现有的产业组织理论、资源基础理论、战略管理理论和营销理论对竞争优势的来源已经做了很多理论解释，但是一个显著的问题是，现有的每一个理论解释大多局限于自己的研究视角内，从而使人们对“企业缘何具有竞争优势”缺乏一个全面的理解和把握。本书系统地分析了各家理论，并从由外到内、由内到外和企业之间三个视角，对有关竞争优势来源的解释进行了归纳和总结，提出了竞争优势来源的整合分析框架，从而为把握竞争优势来源、指导竞争优势创建夯实了理论基础。

第四，本书从竞争优势角度为市场导向与企业绩效之间的正向因果关系提供了一种解释机制。本书没有沿袭以往市场导向研究学者在纯粹讨论变量关系的基础上便提出研究框架的做法，而是在融汇产业组织经济学、信息经济学、战略管理学、市场营销学等学科有关理论的基础上，对市场导向与组织绩效关系从竞争优势的创建角度作出了理论解释，希望借此丰富和发展市场导向研究。

第五，本书立足实证研究的结果，在分析我国企业市场导向水平低下的原因的基础上，紧密结合我国企业实践，以本书所构建的市场导向概念框架为平台，系统地阐述了我国企业提高市场导向水平所应采取的一系列措施，包括构建市场导向文化、提升各管理子系统的市场导向水平、推进市场导向的关系管理等，并就研究结果的政策含义进行了简要的阐释。本书所隐含的政策建议是，企业的市场导向对提高企业竞争力有着重要的意义，而市场导向的执行力度受外部环境影响，那么，政府可以通过加快经济的市场化进程、营造公平竞争的市场环境、整顿市场秩序，完善市场经济的法律体系等措施，来促进企业提高市场导向水平，强化企业的竞争力。

总之，本书的研究突出体现了管理学与经济学、市场导向研究与竞争优势相关理论的融合，及其在中国企业管理研究中的运用。本书将证明，市场导向作用于竞争优势，继而作用于组织绩效。这就从竞争优势的角度为市场导向与组织绩效的正向相关关系提供了一个以转轨经济国家为背景的佐证。希望本书能对中国企业实施市场导向，以及市场导向、竞争优势与组织绩效的作用机制，乃至市场导向研究起到抛砖引玉的作用。

第二章　市场导向与组织绩效：文献评述

在第一章导论中我们已经指出，市场导向对于企业经营发展的意义正逐渐被越来越多的研究者和实践管理者所注意到。但是，正如第一章导论中我们所看到的，对市场导向的研究还没有形成一个完整而成熟的体系，并且对于许多问题的探讨还没有达成共识。从现有的文献中，我们还是可以发现一些被人们共同关注的焦点，我们不妨将其归结为两个问题。第一，什么是市场导向？市场导向应当如何界定？第二，是什么因素影响着市场导向的形成与执行？市场导向行为对企业运营的影响集中体现在哪些方面？前一个问题也就是关于市场导向定义的讨论，而后一个问题则属于市场导向的前提及结果的讨论范畴。现有的研究对上述两个问题的回答基本上构成了目前市场导向研究的全貌。为进一步厘清市场导向研究的发展脉络，本章将对市场导向的哲学基础和市场导向研究的发展历程作简要的阐述，并综合有关文献，对上述两个问题作出回顾与评论，进而对国内市场导向研究进行综述。

第一节　市场导向研究的演进

一、营销观念——市场导向的哲学基础

市场导向被视为营销观念的执行，即市场导向以营销观念为基础，因而在讨论市场导向这一概念之前，有必要对营销观念作一番简要的阐述和回顾。

“营销观念（marketing concept）”一词最早可见于 McKitterick（1957）、Felton（1959）和 Keith（1960）等学者的论著之中，但这一理念可追溯至约200年前亚当·斯密有关“消费者主权（sovereignty of the consumer）”的论述①（Lentt, 1969; Dalgic, 1998）。亚当·斯密在其《国富论》中强调，“消

① 亚当·斯密认为，在竞争的市场中，消费者主权获得最大的尊重，而生产者能自由加入，也就是没有人为进入的障碍，这是最理想的状态。

费是生产的唯一终点和目标，生产者的关注点应放在如何向消费者推介产品”。事实上，营销观念所表达的理念在我国早已有之。两千多年前，春秋时期的计然提出的“积著之理”和战国初期的白圭提出的“乐观时变”理论就体现了预测市场动向、以将来市场上最为需求的商品最为有利可图的观点。①

真正将营销观念提升到企业经营管理的前所未有高度的则是 Drucker（1945）。Drucker 在其 1945 年出版的名著《管理的实践》（*The Practice of Management*）一书中，提出“什么是企业”这一基本问题，并提出革命性的观点②：

---

① 《史记·货殖列传》曾经引用计然及白圭的说法。首先是计然的说法：“故岁在金，穰；水，毁；木，饥；火，旱。”根据中国古代的历法，是用干支纪年。譬如：甲、乙是木年；壬、癸是水年；庚、辛是金年；丙、丁是火年。计然的观察心得是：金年可能丰收，水年可能有灾荒，木年或发生饥馑，火年或有旱灾。年成的好坏，会影响粮食的供应。计然又说：“六岁穰，六岁旱，十二岁一大饥”。这是中国古代农业社会中，粮食供应的周期。从事商业经营时，必须要进行市场预测，是为“积著之理”。

除了前引计然的说法之外，《货殖列传》还引录白圭的说法：“白圭，周人也。当魏文侯时，李克务尽地力，而白圭乐观时变。故人弃我取，人取我与……太阴在卯，穰；明岁衰恶。至午，旱；明岁美。至酉，穰；明岁衰恶。至子，大旱；明岁美，有水。”太阴，是一个星宿的名称，白圭是由观察太阴星的位置，而推测农业的丰、歉，也即是粮食供应的多寡。由推测粮食供应的多寡，推测到粮食价格的升降。又由价格的高低，预测到价格的变动。因为西汉时人，皆相信价格高到极点，就会下跌，价格低到极点，就会反弹。所谓：“故物，贱之征贵，贵之征贱。”又说：“贵上极则反贱，贱下极则反贵。”所以，一个成功的商人，要能准确地预知商品价格“贱反贵、贵反贱”的关键时刻。这是一种非常敏感的预测。在春秋战国时期，这种工夫叫做“亿”。《论语》说：“赐（子贡）不受命，而货殖焉。亿则屡中。”子贡可以发财，全靠他有准确预知物价升降的能力，但是从司马迁在《货殖列传》中的记载看，一个成功的商人，除了准确预知物价升降的能力外，更要快速把握时机，吸纳（在物价最低点）及抛售（在物价最高点）货物。因为时机稍纵即逝。所以商人必须敏锐、决断，切忌犹豫不决。如果行动不快，不能把握时机，令时机失去，则徒唤奈何！这种把握时机，迅速反应，及时买卖，在春秋时期，谓之“与时逐”，即是与时间赛跑的意思。《货殖列传》说范蠡在帮越王勾践复仇之后，隐居于陶，“乃治产积居，与时逐”。又形容白圭“趋时若猛兽挚鸟之发”。就是形容这一种快速、决断的工夫。司马迁说：物价的升、降变动，人人知道，但不是任何人都能准确地预测到；更不是每一个人都能够快速、决断地吸纳或抛售货物。所以他在《货殖列传》中借着白圭的语气说：“故曰：吾治生产，犹伊尹、吕尚之谋，孙吴用兵，商鞅行法是也。是故其智不足以权变，勇不足以决断，仁不能以取予，强不能有所守，虽欲学吾术，终不告之矣。”

② Drucker，P. The Practice ofManagement. Harper&Row Publishers Inc.，NewYork，1954：37-41.

如果要知道企业是什么，必须先了解企业的目的……企业目的的定义或许不一而足，但唯一正确的定义就是：创造顾客。

能够决定企业内涵的，非顾客莫属。因为只有顾客能决定要购买产品或服务，并将经济资源转化成财富，将物品变成货品。企业想要生产什么，其实并非首要，特别是对企业的未来、企业成功与否，更非决定性因素。顾客想买什么，对“价值”的考虑为何，才是关键所在。

由于任何企业的目的都在于创造顾客，因而企业仅有的两个功能就是：营销与创新。

此后，许多学者如 Lavidge（1960）、Bell 和 Emory（1971）等均对营销观念进行了界定。这些学者们将营销观念定义为以长期利润为目标，坚持整合及全面协调营销功能，继而将其与企业其他所有职能相融的经营理念。例如，King（1965）把营销观念定义为“一种管理哲学，目的是增加企业利润，调动、利用和控制企业全部努力以帮助顾客解决困难”。

Kotler（1976）提出，营销观念是“一种管理导向，认为组织的关键任务在于确定目标市场的需求、欲望和价值，并通过向目标市场传递比竞争对手更有效果、更具效率的顾客满意来实现组织的目标”。

McNamara（1972）将营销观念定义为“一种经营管理哲学，以整个企业均认为有必要以顾客和利润为导向，并认识到营销在联结市场和企业所有部门活动中的重要作用为基础”。Houston（1986）则认为，营销观念是认知并理解顾客需要和需求，并为满足顾客需要和需求而调整包括产品在内的营销组合要素的意愿。总之，营销观念促使企业形成一种将顾客置于企业战略及营运中心的企业文化（Deshpande 和 Webster，1989；Deshpande 等，1993）。

值得一提的是，营销观念关注的焦点随着时代的变迁而不断演进。在 20 世纪 50 年代至 70 年代，将重点放在满足顾客需求的企业可获得比其竞争者更好的绩效（如 Druckerr，1954；Felton，1959；King，1965；McNamara，1972）。到了 80 年代，随着经济增速放缓，市场竞争压力增大，企业为保持竞争地位，不得不寻找新的机会（Day 和 Wensley，1993）。企业在制定战略规划时，不仅要考虑顾客需求，而且要斟酌竞争对手的反应。有关战略管理的文献（如 Porter，1980，1985）亦指出，企业应分析市场竞争结构的各组成部分，包括供应商、分销商、现有及潜在的竞争者。因此，诸如 Naver 和 Slater（1990）、Day 和 Wensley（1990）、Day 和 Nedungadi（1994）等学者们试图将不同的组织价值观包含在营销观念之中，并努力实现不同的组织价值观之间的均衡。Kotler 和 Armstrong（1991）在其所作的营销观念的定义中也反映了均衡的思路，该定义强调，企业成功的关键在于比竞争对手更为有效地了解并满足顾客的需求和欲望，并从长期的观点构筑顾客关系。显然，Kotler 和 Armstrong（1991）直接将市场竞争要素纳入营销观念的定义之中，反映了当今市场环境的特点，因而不同于早期学者就营销观念所作的定义（如，Drucker，1954；Felton，1959；King，1965；McNamara，1972；McCarthy 和 Perreault，1984）。Kotler（2000）将营销观念的定义进一步完善为："营销观念认为，实现组织诸目标的关键在于正确确定目标市场的需要与欲望，并且比竞争对手更有效、更有利地传送目标市场所期望满足的东西。"①

二、市场导向研究的演进

与市场导向研究的源远流长形成鲜明对比的是，直至20世纪90年代以前，学术界对市场导向仍缺乏清晰的定义，更谈不上如何衡量市场导向以及提供实证研究支持（Kohli and Jaworski，1990）。时至今日，学术界仍未就市场导向的定义达成一致意见，但这并不妨碍市场导向成为当今市场营销研究的主流，关于市场导向与经营绩效之间的正向因果关系的实证研究更是论著甚丰（Farrell，2002）。

为进一步界定市场导向的概念，为市场导向的概念化及衡量奠定基础，本书将对半个多世纪以来有关市场导向的文献进行回顾，从使用的概念、量表、分析技巧等方面，以年代为序对市场导向研究的演进过程进行一番梳理。

（一）引入期：20世纪50年代至60年代

由于 Drucker（1954）、Kotler（1967）、Borch（1957）、Levitt（1960）、Felton（1959）和 McKitterick（1957）等学者的贡献，营销学在20世纪50年代和60年代实现了突破性进展，营销在企业中的作用得到强调，并成为广为企业接受的、不可或缺的职能（Esteban，Millan，Molina 和 Martin-Consuegra，2002；McNamara，1972；Dalgic，1998；Farrell，2002；Kohli 和 Jaworski，1990；Wren，1997）。McNamara（1972）在总结这一阶段的研究时指出，绝大多数早期的营销文献均主张并强调企业应当在满足顾客需求方面付出更多的时间和努力。

由于营销观念获得了支持，许多大学在20世纪60年代中期开始将营销学作为一门独立的学科（Dalgic，1998）。作为新的哲学理念，营销观念的影响可

① ［美］菲利普·科特勒著，梅汝和等译．营销管理（新千年版．第十版）．北京：中国人民大学出版社，2001：23.

通过美国通用电气公司1952年的战略方向的改变显现出来，该公司强调，新的营销哲学理念将营销人员置于生产流程之始而非流程之末（Barksdale 和 Darden, 1971；Schiff, 1959），也就是说，营销人员在生产流程的起点就开始参与，而不是到了流程的终点才接手，以便营销与企业内的每一个阶段整合。实务应用中这一导向的转变，使得销售人员将其知识视阈从了解消费者的购买动机拓展至“销售及其他企业职能均始于对顾客需求和欲望的理解”（Dalgic, 1998；Deshpande 和 Webster, 1989）。这无疑是营销哲学的转变，正如 Deshpande 和 Webster（1989）所定义的，营销观念“将顾客置于企业战略和运营考虑的中心”。

这一阶段的研究成果主要体现在理论建设方面，衡量和评价市场导向的量表尚未见诸文献。

（二）障碍探讨及修正期：20世纪60年代中期至80年代中期

从20世纪60年代中期开始，对市场导向的研究逐步转向采用营销观念的障碍以及组织如何克服这些障碍（Saunders, 1965；Levitt, 1969；Ames, 1970；Kaldor, 1971；Shapiro, 1977；Stampfl, 1978）。营销观念的应用开始从传统的消费品产业扩散到其他产业，如零售业（Fram, 1965），航空航天业，健康服务业（Zaltman 和 Vertinsky, 1971），慈善事业（募捐）（Mindak 和 Bybee, 1971），护理业（Lewis, 1977），图书馆和信息服务业（Oldman, 1977），以及一般意义上的服务和非营利组织（Kotler 和 Levy, 1969；Kotler, 1972）。这一阶段还提出了与营销观念相关的消费者主义（Buskirk 和 Rothe, 1970；Bell 和 Emory, 1971；Kotler 1972；Rothe 和 Benson, 1974）。Kotler（1972）响应新的消费者主义，提出了“社会营销观念（societal marketing concept）”。营销观念的采用使得越来越多的企业把顾客导向作为新产品创意的源泉，也使得部分企业以牺牲技术突破为代价，大量生产模仿产品（Bennett 和 Cooper, 1979；1981；Riesz, 1980；Hayes 和 Abernathy, 1980）。

从文献回顾来看，仅有一项研究试图通过量表来测量营销观念（McNamara, 1972）。虽然这一量表应用的分析方法极为有限，但对市场导向研究来说，却是迈出了重要的一步。正如 Taylor（1965）和 Baumol（1956）等营销学者多年来所呼吁的，如果营销欲成为一门受尊重的学科，就必须采用标准化的测量工具。由于 McNamara（1972）使用的量表和分析技术比较简单，量表的信度和效度并未得到检验。

值得一提的是，Howard（1983）试图以顾客为核心，通过消费者行为模型定义营销理论。这一模型中重要的一个方面是强调企业内信息流的重要性，即此后 Kohli 和 Jaworski（1990）、Kohli、Jaworski 和 Kumar（1993）的市场导向衡量构架的中心组成部分。

（三）概念化和操作化期：20世纪80年代中期至90年代

20世纪80年代中期，营销观念演进为营销导向（marketing orientation），迄今为止，这一概念仍对营销学界具有重要的指导意义（White，Thompson和Patel，2001；Malhotra，1987；Hooley，Lynch和Shepherd，1990）。美国营销学会（AMA）于1985年最终界定了市场的定义。这一定义最令人注目的一点是营销观念被视为流程，而新名词“营销导向”则被定义为一种哲学（Hooley等，1990）。Kohli和Jaworski（1990）、McCarthy和Perreault（1990）以及Wren（1997）进一步将营销导向定义为营销观念的执行。至20世纪80年代晚期和90年代，学者们从5个视角来解释市场导向的定义和操作化构架：决策观（decision-making perspective）、市场情报观（market intelligence perspective）、基于文化的行为观（culturally based behavioural perspective）、战略焦点观（strategic focus perspective）和顾客导向观（customer oriented perspective）（Shapiro，1988；Kohli和Jaworski，1990；Narver和Slater，1990；Ruekert，1992；Deshpande等，1993）。

20世纪80年代出现的一个新的主题是组织文化和营销导向之间的关系。Hooley、Lynch和Shepherd（1990）提出，营销导向是一种哲学，自然需要通过组织文化加以实现。Deshpande和Webster（1989）亦将组织文化视为营销导向的重要驱动要素。Messikomer（1987）研究发现，文化是构建营销导向型组织的最大障碍。

从实证研究方面来看，这一阶段最重要的进展表现为新的分析方法的运用，如回归、因子分析和集群分析（cluster analysis），从而为研究人员提供了更为可靠的统计数据搜集方法（Dalgic，1998）。搜集信息所采用的量表主要是李克特量表，沙士通量表亦开始使用。其他研究方面的重要进展还表现在，其一，研究重点从大型工业企业转向中小型企业（Dunn等，1986；Peterson，1989；Meziou 1991）；其二，对服务企业的研究开始萌芽，如医院及康复机构（Whyte，1985；Naidu和Narayana，1991）、银行（McCollough等，1986）及旅行社（Greenly和Matcham，1986）；其三，研究的范围拓展至美国以外的英语语系国家。

从实务应用的角度来看，营销观念已为英美大多数企业接受并广为采用，可以杜邦公司（Du Pont）主席兼首席执行官Dick Heckert提出的战略方向作为例证。他强调，每一位员工均面临着如何转变为以市场为导向的挑战，也就是，先考虑顾客的需求，然后想方设法使杜邦比行业内的其他企业更好地满足顾客的需求（Messikomer，1987）。

（四）高潮期：20世纪90年代至2000年

20世纪90年代是市场导向研究的高潮时期，由于Kohli和Jawoski（1990）、Narver和Slater（1990）及Ruekert（1992）的著述，“市场导向（market orientation）”一词被学术界和实务界广为接受。① 这一新名词的定义引起许多争议，但大多数学者均赞同Kohli和Jawoski（1990）、Narver和Slater（1990）所作的界定。Farrell（2002）和Wren（1997）对市场导向的诸定义进行了比较，发现两个定义极为相似，以至于很难准确地将它们区分开来。Wren（1997）总结道，这些定义重要的一个方面均表现为它们将市场导向描述为行为而非哲学，且均强调信息扩散以及关注顾客及竞争者的重要性。

Kohli和Jawoski（1990）于20世纪90年代初对市场导向的前提进行了探讨，并在此基础上形成了测量市场导向作用于经营绩效的新框架。虽然其他学者如Ruekert（1992）也提出了分析框架，但迄今为止最为流行的仍然是Narver和Slater（1990）提出的MTKOR，以及Kohli、Jawoski和Kumar（1993）提出的MARKOR。在众多学者看来，MTKOR和MARKOR极为相似，但从文献回顾的结果来看，更多的学者采用MARKOR对市场导向进行测量。这一时期研究所采用的方法不断演进、日趋复杂，且引入了结构方程式的新模式来检验量表的信度和效度（Esteban等，2001）。此外，这一阶段末，上述基于大型工业企业（财富500强和1 000强）设计和测试的量表，亦被应用于中小型企业研究（如Appiah-Adu和Singh，1998）。

随着上述新分析框架的不断推广应用，研究的地理范围也延伸到了美国以外的国家和地区，如Ngai和Ellis（1998）对中国香港，Pitt、Caruana和Berthon（1996）对欧洲，Gray、Matear、Boshoff和Matherson（1998）对新西兰，Deng和Dart（1994）对加拿大的实证研究均表明了市场导向与经营绩效之间存在着正向因果关系。这些研究同时还验证了新的分析框架在跨地域和跨文化范围情况下的适用性。

虽然大多数的实证研究结果均表明市场导向与经营绩效之间存在着正向因果关系，但从统计意义上看，两者之间的关系作用并非很强。因而20世纪90年代末，学者们开始探讨市场导向与经营绩效关系间可能存在的中间变量。其中值得一提的文章包括：Egeren和O'Connor（1998）发现高层管理团队的凝聚

---

① 20世纪80年代末，一些学者提出，“营销导向”一词已不适用。如Shapiro（1988）认为，营销导向的说法过于狭隘，而且容易产生误导作用，令人误以为处理市场活动都是营销部门独自负担的责任；而市场导向不是仅仅局限于业务部门和营销部门的一种销售理念，而是要求每一部门均积极参与的一种整体经营理念。

力与市场导向间存在很强的正相关关系；Han、Kim 和 Srivastava（1998）发现市场导向促使组织创新；Pelham（1997）发现产业环境（industry environment）在一定程度上影响市场导向对经营绩效的作用强度。

然而，并非所有的研究者均确信市场导向与经营绩效正相关。例如，Henderson（1998）提出，市场导向的范围很广，很难定义，支持市场导向的实证结果令人生疑。他同时还指出，市场导向的一些前提，如高层管理团队的凝聚力，事实上是其他导向（如销售、生产、财务）的一部分。无论如何，至90 年代末，市场导向的新的分析框架与新的思路的出现，为市场导向研究的发展奠定了坚实的基础。

（五）深化期：2000 年至今

21 世纪早期的大多数研究均延续了前一阶段的研究成果，并在市场导向与经营绩效关系的中间变量的研究方面取得了新的进展。如 Agarwal、Erramilli 和 Dev（2003）研究发现，市场导向与创新之间存在着正向因果关系，Helfert、Ritter 和 Walter（2002）发现组织内部关系（inter-organizational relationships）影响市场导向程度。在对市场导向的界定方面，Jaworski 等人（2000）进一步提出将市场导向划分为市场驱动（market driven）和驱动市场（market driving），两者为互补性概念，均关注于消费者、竞争和市场环境，其区别在于：市场驱动意味着在既定的市场结构下，根据消费者偏好和行为的变化采取应对措施；驱动市场则意味着影响市场结构和/或市场参与者行为，据以获得竞争优势。作为市场导向研究的进一步延伸，Ramani 和 Kumar（2008）进一步发展了市场导向的顾客导向构面，认为应强调组织与顾客间的互动，即互动导向（interaction orientation），包括 4 个要素：①顾客理念（customer concept）；②互动反应能力（interaction response capacity）；③顾客授权（customer empowerment）；④顾客价值管理（customer value management）。

这一阶段最有影响的研究是关于服务组织市场导向的研究，研究结果表明市场导向与经营绩效和服务质量间存在着正向因果关系（参见 Guo，2002；Agarwal，Erramilli 和 Dev 2003；Tsai，2003；Elg 2003；Brown，Mowen，Donavan 和 Licata 2002；Kasper，2002；Farrell 2002 ；Panigyrakis 和 Theodoridis，2007）。例如，进一步的研究表明，虽然市场导向和学习导向（即组织创造、获取及转换知识的能力，Garvin，1993）间存在着正向因果关系，学习导向对组织绩效的作用强度大于市场导向（Farrell，2002；Kasper 2002）。Brown、Mowen、Donavan 和 Licata（2002）的研究对这一阶段的文献形成了有益的补充，研究结果强调了特定的人格特征有助于提升员工的顾客导向水平，而大多数服务企业市场导向的执行在很大程度上依赖于前台员工。

从实证研究的发展来看，Haijat（2002）提出了 CUSTOR 量表，这一量表的目的在于测试组织顾客导向的水平，迄今为止，尚无学者对此量表进行测试或评价。与前一阶段大多数的研究结果矛盾的是，Voss 和 Voss（2000）的实证研究表明，在演艺行业情境下，顾客导向与经营绩效之间存在着负相关关系：在非营利专业剧院行业，日益增长的顾客导向导致票房及总体收入下滑。在测量技术方面，数据包络分析（Data Envelopment Analysis，DEA）开始应用在市场导向研究之中，如 Haugland 等人（2007）对旅馆业市场导向与经营效率因果关系的研究。

通过对市场导向研究发展历程的回顾，我们不难发现，市场导向在定义、测量及实践应用方面均实现了不同程度的发展。在 50 多年的演进历程中，最为令人关注但统计意义较弱的结论是，市场导向改进经营绩效，是竞争优势的来源之一。虽然早期的研究已提到了这一点，但直至 40 年以后，即 20 世纪 90 年代才得到实证支持。最广为使用的量表是 Narver 和 Slater（1990）提出的 MKTOR 和 Kohli、Jaworski 和 Kumar（1993）提出的 MARKTOR。虽然这些量表是基于大型工业企业进行设计和测试的，但实证研究表明，上述量表亦适用于跨文化情境以及不同类型的行业和不同规模的企业。

第二节　市场导向定义与内涵的辨析及整合

一、市场导向的定义与内涵：一个文献回顾

关于市场导向的定义，国外学者主要从四个角度进行了界定：①市场导向的行为（情报程序处理）观点（Kohli 和 Jaworski，1990，1993；Rukert，1992；Day，1994）；②市场导向的文化观点，有两种观点，一是包含行为要素的文化（culture consisting of behavioral elements），（Slater 和 Naver，1994），二是严格意义上的文化（culture），（如，Deshpande，Farley 和 Webster，1993）；③市场导向的系统基础观点（Becker 和 Homburg，1999）；④市场导向的关系观点（Helfert，Ritter 和 Walter，2002）。

（一）市场导向的行为观点

市场导向的行为观点以 Kohli 和 Jaworski（1990）为代表。Kohli 和 Jaworski（1990）认为，市场导向的哲学基础是营销观念（marketing concept），市场导向即为营销观念的执行。经过与 4 个城市中的 62 位资深经理人员（包括营销部门和非营销部门）的深度访谈，Kohli 和 Jaworski 提出了“市场情报的战略观念（strategy concept of market intelligence）”，即市场导向的企业除了倾听

顾客意见，更需深入了解顾客需要及需求，并预测顾客需求的变动趋势，以及分析多变市场环境的冲击。他们将市场导向概念定义为，“整个组织产生有关顾客目前及未来需求的市场情报，跨部门传播市场情报，并举组织之全力来加以响应”（Kohli and Jaworski，1990）。据此将市场导向概念分为以下 3 个要素：

①顾客目前及未来需求的市场情报（market intelligence）的产生（generation）；

②市场情报在组织中的散播（dissemination）；

③组织对市场情报的活动及反应（responsiveness），包括反应设计（response design），即运用市场情报制定计划，以及反应执行（response implementation），即执行前述制订的计划。

显然，Kohli 和 Jaworski（1990）对市场导向的定义较偏向以处理市场情报的程序来探讨，对于市场情报内容以顾客的需求信息为主。无独有偶，Ruekert（1992）的市场导向研究也是纯粹探讨事业单位是否搜集与使用顾客信息作为决策拟定与执行的依据。

Hunt 和 Morgan（1995）对市场导向的界定亦持行为观点，但他们对市场导向的内涵和前述学者有些许不同。他们认为，市场导向是一种组织运作架构（organizing framework），其功能在于作成营销决策。一方面他们认为市场导向在概念上不应是营销观念的执行，而是与营销观念有互补作用，因为市场导向强调顾客与竞争者导向而营销观念只强调顾客导向；在另一方面他们主张部门间协调合作虽然有助于市场导向的实行，但是不属于市场导向的概念。于是他们提出，市场导向是：①有系统地搜集现有与潜在顾客和竞争者的信息；②有系统地分析信息作为发展营销知识的基础；③有系统地使用此知识，指导战略的确认、了解、创造、选择、执行与修正。

Day（1994）所提出的市场驱动理论，对于信息内容主张将搜集消费者、竞争者的信息扩展为搜集市场相关的信息，他认为绩效卓越的企业应该培养市场侦测（market sensing）的特殊能力，而此市场侦测的能力是落实在企业内部的每个作业程序中，企业必须以开放的心态搜集信息、作协同性的信息传播且部门间相互了解彼此对信息的理解以及具备易于存取的组织记忆，才能够充分了解外在环境的变化，结合公司资源作出回应。有关信息的搜集，企业需主动对环境予以扫描，观察市场的趋势变化、大环境的机会与威胁，以优异的竞争对手为标杆，持续不断地实验与改进，才能产生有价值潜力的信息；而信息的传递应建立一套系统排除部门间的障碍，使各部门重视其他部门的信息；在作出对信息的任何决策之前，需使管理人员对于彼此的心智模式作检视，互相了解彼此之间的前提假设，以制定最适当的决策；最后组织需建构良好的信息系统，以辅助组织的记忆能够实时记录与查询。除此之外，他还认为与顾客紧密结合（customer linking），从顾客获得第一手的信息与意见，并共同解决问题，也是企业产生竞争优势的重要能力之一。

Day（1994）的理论不仅将市场信息（情报）的内容扩展到产业、经济等外在环境的信息，更指出组织成员相互了解彼此对于信息的理解，对于作出更正确的决策的重要性，这在Kohli和Jaworski（1990）三阶段论中的信息传播与组织反应两阶段间扮演着重要的角色，也对Narver和Slater（1990）所主张的另一项市场导向的构成要素——部门间协调合作，做了更深切的批注。

由此可见，持市场导向行为观的诸学者，其观点差异主要体现在搜集情报的范围不同。Kohli和Jaworski（1990）、Ruekert（1992）认为市场情报应围绕"顾客目前及未来的需求"而展开，Hunt和Morgan（1995）将市场情报的搜集范围扩展至顾客和竞争者，而Day（1994）则进一步拓展了情报的搜集范围，将其拓展至与市场相关的信息，包括市场趋势变化、宏观环境中的机会与威胁、顾客目前及未来需求、竞争者行为及意图等。事实上，对顾客和竞争者情报的搜集整理就涵盖了对宏观环境的分析。例如，为了把握顾客的未来需求，企业必须了解影响其需求的政治、经济、技术、社会因素；而为了分析竞争者的动向，企业必须了解行业竞争状况，以及影响行业发展的各种宏观因素等。因此，Day（1994）对搜集信息范围的描述，实际上与Hunt和Morgan（1995）的描述大致相当。

综上所述，市场导向的行为观点认为，市场导向是营销观念的执行，以市场情报的产生、散播和响应为主线。市场情报是市场导向的起始点，其产生依赖于各种正式和非正式的机制，如顾客调研、与顾客或贸易伙伴的会议和讨论、销售报告分析、正式的市场研究等。情报的产生并非仅仅是营销部门的责任，企业中包括研发、生产、财务等所有职能部门均能获取有关顾客和竞争者的信息。因此，应当有相应的机制来确保这些信息在所有部门间的有效传播。市场情报的沟通和传播对于企业的市场导向至为关键，因为它提供了所有部门行动一致的共同基础。在市场情报充分沟通和传递的基础上，企业对市场情报作出相应的反应，这种反应表现为：选择正确的目标市场，设计、生产、促销和分销能满足顾客现有及未来需要的产品。

（二）市场导向的文化观点

市场导向的概念演化自营销观念，正如Deshpande和Webster（1989）所指出的，"营销观念定义了一个组织的独特文化，使组织以顾客为中心来思考策略与营运的方向"。因此，许多学者从组织文化的观点来探讨市场导向。

1. 包含行为要素的文化

Naver 和 Slater（1990）将市场导向定义为一种组织文化（organizational culture），在这种文化氛围下，组织所有的雇员均承诺持续为顾客创造优异的价值，以此来保证经营活动的良好绩效。根据 Deshpande 和 Webster（1989）的观点，文化是共享的价值观和信念，企业文化有助于个人理解组织的职能，继而为组织的行为方式提供指导。据此，Naver 和 Slater（1990）重点强调的是组织成员的心理状态（state of mind），在此基础上，他们还提出企业唯一的可持续竞争优势是比其竞争对手更快的学习能力，表明市场导向隐含了适应性的组织学习，即营销观念的执行行为之一。

Naver 和 Slater（1990）共搜集了美国一家大公司的森林产品部门 140 个独立事业单位的经理人，包括配销业务（纸商）、特殊产品（橱柜、门、屋顶构架系统）、生产者以及木制品（木材、合板、木片、木头）等，共 400 多位经理的回应资料。他们以市场导向为中心概念，在回顾文献后发现有 5 个相关概念：

①顾客导向（customer orientation）：指组织能充分地了解目标市场顾客，了解他们心目中产品的独特价值，并能预测顾客需求会产生的变化。

②竞争者导向（competitor orientation）：指组织对竞争者短期内的优缺点及长期能力和战略的理解。

③职能间协调（interfunctional coordination）：指协调组织资源的使用以创造较佳的顾客价值。

④长期观点（long-term horizon）：指组织对投资的回收及企业的营运采用长期观点。

⑤强调利润（profit emphasis）：指对各部门的绩效评估以利润为导向。

他们认为要使组织长期绩效最大化，就必须建立并维持与顾客间长期且互利的关系。从竞争优势的观点来看，市场导向是达成这种关系最有效率及效果的组织文化。但经实证检验后，长期观点和强调利润的信度系数较低，因此 Naver 和 Slater（1990）剔除了这两个构面，最终确定市场导向包括三个文化构面：顾客导向、竞争者导向和职能间协调，如图 2-1 所示。

其中，顾客导向要求企业充分理解顾客需求，通过增加顾客收益、降低顾客成本来创造具有优异顾客价值的产品或服务。为了提高这种理解水平，需要获取有关消费者的信息，并了解影响其需求的经济乃至政治因素。竞争者导向则要求企业理解现有和潜在竞争对手的优势和弱点，及其长远的能力和战略。在信息搜集方面，竞争者导向与顾客导向是并行的，包括透彻分析竞争者的技术能力以评价他们满足同样需求的能力。职能间协调是指在为顾客创造优

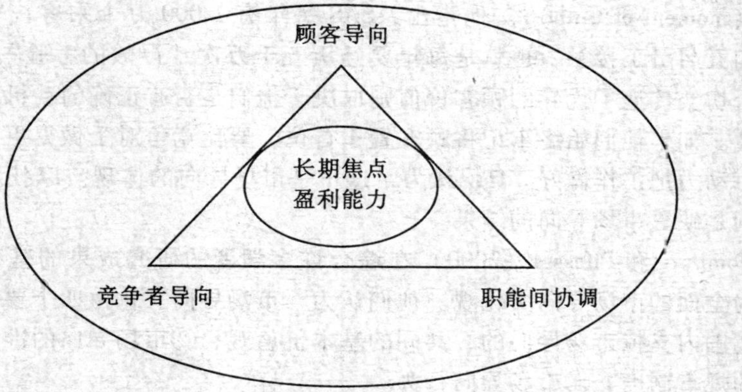

图 2-1　市场导向

资料来源：NAVER，J. C.，SLATER，S. F. The effect of a market orientation on business profitability. Journal of Marketing，1990，54（10）：23.

异价值的过程中，协调利用和整合企业资源，密切各职能部门的相互协作。

Slater 和 Naver（1994）更进一步定义市场导向是一种文化的特定形式，是组织持续传递价值给顾客的特质。并且，市场导向所包含的三个组成部分，顾客导向、竞争者导向和职能间协调，每一部分都包括信息的产生、扩散以及据此采取的管理活动。而后续关于市场导向的研究（1995）更能说明其含义。因为外部强调搜集顾客和竞争者的市场情报，所以市场驱动型企业可以事先发展顾客需要来确定定位，并通过创新产品和服务的增加来回应顾客。这种能力让市场驱动型企业在面对机会和威胁时，有快速和有效回应的优势。这一结论与 Day（1994）、Sinkula（1994）的研究结果是一致的，认为市场导向不只是顾客导向而已，而是提供信息分享和达成共识的强有力的规范，是一种全面性的组织价值体系。

Day(1999)关于市场驱动型企业的论述进一步支持了市场导向的文化观点。他认为,文化对于市场驱动型企业来说,其重要性相当于真言(mantra①)。在市场驱动型企业里，市场导向普遍深织于企业的架构经纬之中。瑞典斯堪的

① 印度语，称为曼陀罗（mantra），译为真言。可解释为高深的哲学思想，例如，弥漫差派的声论哲学，即以声为常住的宇宙本体，密咒中常用的唵（om）字，即是创始宇宙的元初之音，修得其法，便能化入宇宙本元的神我境界，而达于超脱自我，进入大自然的精神领域。

那维亚航空公司（SAS）总裁卡尔森，将员工与顾客接触的刹那称为“严峻的考验（moment of truth）”。他指出，SAS 每年有 1 000 万个乘客，平均每个乘客会和五名员工接触，也就是每年要经历五千万次“严峻的考验”。而前线人员是否切实传递了优异的顾客价值则取决于他们是否有正确的动机、手段和组织环境。如果他们始终牢记将顾客置于首位，要比竞争对手做得更好，他们就会更有动力把工作做好。Day 认为，这正是市场导向的体现。摩托罗拉铱星的陨落则是缺乏市场导向的结果。

Homburg 和 Plfesser（2000）在综合许多学者的研究成果的基础上，提出了更为全面的市场导向文化观。他们认为，市场导向文化由四个要件组成：①企业范围内支持市场导向的、共同的基本价值观；②市场导向的准则；③市场导向的规章制度；④市场导向行为。

其中，共同的价值观是市场导向最有力的支撑。Homburg 和 Plfesser（2000）强调，市场导向企业要保持一种开放（open）的文化，如市场情报不能仅为营销经理所掌握，而应在整个组织内散播。这种开放的内部交流可以提高市场导向的程度；员工的责任感则有利于分散决策及以市场为导向的快速反应。因而，企业范围内支持市场导向的共同价值观是支撑性的要件。市场导向的准则将引导企业内市场导向的行为，而建立和实施市场导向也是这些准则的目标。市场导向准则与市场导向价值观的区别在于，价值观代表的是一般原则，准则的作用则是在特定的环境条件下来指导企业行为。企业的规章制度所构成的规范体现了市场导向水平的高低，包括四个方面的内容：故事、安排、仪式及语言等。故事常指组织中资深经理的例外行为，包括员工实行的理想的顾客导向行为；安排则包括开放友好的顾客界面；仪式则是指顾客导向员工的常规奖励或特殊的顾客事件；语言也表明了市场导向程度，如会议中言谈处处体现以顾客为中心，就比以内部为中心表明了更高的市场导向程度。市场导向的行为主要包括市场情报的产生、组织内部市场情报的散播以及组织对市场情报的反应。

2. 严格意义上的文化

Deshpande、Farley 和 Webster（1993）认为，市场导向应当是贯彻于整个企业的一种态度（attitudes）或信念（beliefs）。他们认为，“我们将顾客导向视为整个企业文化的基本组成部分”。并解释道，“仅仅关注现有和潜在顾客的信息，而不考虑更深层次的价值观和信念是不够的，因为这些价值观和信念有助于顾客导向的贯彻执行和渗透”。因此，他们提出，市场导向的核心是普遍深入的企业文化，而不是市场信息的搜集、分享和回应。

显然，Deshpande 等（1993）关于市场导向概念的定义难以实现操作化，因为它剔除了市场导向的行为构面。有意思的是，Deshpande、Farley 和 Webster（1993）在市场导向的测量变量的设计中，又清晰地反映出行为构面，如表 2-1 所示。

表 2-1　　市场导向的测量

①衡量顾客服务是我们日常或常规的工作
②我们的产品和服务研发均基于市场和顾客信息
③我们了解我们的竞争对手
④我们深知顾客如何评价我们的产品和服务
⑤我们以顾客为中心的倾向比我们的竞争对手更为明显
⑥我们主要采取产品或服务差异化的策略
⑦顾客的利益应置于企业所有者利益之上
⑧我们的产品/服务在行业中是最优秀的
⑨我深信本企业存在的主要目的是为顾客服务

资料来源：DESHPANDE, R., FARLEY, J. U., F. E. WEBSTER. Corporate culture, customer orientation, and innovativeness in Japanese firms: a quadrad analysis. Journal of Marketing, 1993, 57: 33-34.

从表 2-1 我们不难看出，Deshpande 等（1993）强调的实际上是包含行为要素的文化。此后，Deshpande 和 Farley（1996）又在分析回顾 Deshpande、Farley 和 Webster（1993），Kohli 等（1993），Naver 和 Slater（1990）等市场导向概念的基础上，将市场导向定义为“通过持续的需求评估，以创造和满足顾客需求为目的的一系列职能流程和活动”。

综合上述文献，市场导向文化观认为，市场导向是一种包含行为要素的组织文化，其特征为：①以创造获利与优越的顾客价值为最高原则，并同时考虑其他利益相关者的利益；②提供有关组织发展与反映市场信息的行为规范。这一行为规范要求组织贯彻顾客导向、竞争者导向，搜集顾客、竞争者的信息，以充分理解顾客目前及未来的需求，以及竞争者的优势、劣势与动向，协调内部职能间的运作，以达到举组织之全力为顾客创造优异于竞争者提供物的价值，继而实现盈利的目的。

市场导向的文化观点得到了相关的文献支持，例如，Pindyck 和 Rubinfield（1992）将市场定义为“买者和卖者相交互的集合，这一集合使交易成为可能，而买者和卖者的交互作用则形成了市场”。Day 和 Wensley（1988）提出，有效的营销战略是顾客分析和竞争者分析的均衡组合。Day 和 Nedungali

(1994) 还提出管理者在形成竞争优势方面的四种不同的心智模式：以自我为中心（self-centered）、以竞争为中心（competition-centered）、以顾客为中心（customer-centered）和市场驱动（market-driven）。其中，市场驱动模式就是指顾客观点和竞争者观点的均衡，其战略重点在于节约成本的同时，为顾客提供超值服务。显然，Day 和 Nedungali（1994）、Day（1999）的诠释更进一步说明了 Naver 和 Slater（1990）关于市场导向的含义。因为外部强调搜集顾客与竞争者信息，所以市场驱动型企业能够开发顾客的潜在需求，并通过创新产品和服务来回应顾客需求。这种能力让市场驱动型企业在面对机会和威胁时，有快速和有效回应的优势。所以，市场导向就是学习导向。这一结论与 Sinkula（1994）的研究是一致的，Sinkula 认为，市场导向不只是顾客导向而已，而是提供信息分享与达成共识的强有力的规范，是一种全面性的组织价值体系。Hurley 和 Hult（1998）亦认为，从组织文化层面探讨市场导向最具意义，因为组织文化是组织成员共享的价值与规范，市场导向须融入组织文化才得以发挥其应有的功能。Hunt 和 Morgan（1995）也指出当市场导向被组织所确实执行后，经过一段时间将逐渐形成该组织的文化，而形成持续的竞争优势。此后，Deshpande 和 Farley（1998）、Naver 和 Slater（1998）、Homburg 和 Plesser（2000）更确认了市场导向的文化观点及其衡量方法。

（三）市场导向的系统基础观点

Becker 和 Homburg（1999）师法于 Von Bertalanffy（1951）提出的一般系统理论。① 根据系统论的观点，系统是由若干相互联系、相互作用的部分组

---

① 根据 Von Bertalanffy（1951）的观点，系统是一个组织的、聚合的整体，包含两个或两个以上相互关联的部分，与环境超系统（environmental suprasystem）之间有着明晰的界限。Von Bertalanffy（1951）关于系统的基本思想为其后的学者，如 Simon（1981）、Miller（1972）、Kast 和 Rosenzweig（1972）、Katz 和 Kahn（1978）、Passmore（1988）等采用和完善。总的来说，这些学者认为一个企业或一个经营单位可视为包含不同而相关的子系统的、复杂的社会—技术系统（socio-technical system），并同时是更大的环境体系，如某行业甚至一国经济的一部分。尽管学者们提出的系统定义，具体说法有这样那样的差异。但其中有三项被公认为是普遍的、本质的东西：其一是系统的整体性；其二是系统由相互作用和相互依存的要素所组成；其三是系统受环境影响和干扰，和环境相互发生作用。任何系统都必须具备这三者，缺一不可。否则，就不成其为系统，也谈不到系统的作用，它可以促进组织的发展，也可以阻碍组织的发展，在一定条件下，甚至可以对组织的存在和发展起着决定的作用。环境也是组织发展的必要条件，任何组织都同其周围的环境相互联系、相互作用，都不可能孤立地存在和发展。

成，在一定环境中具有特定功能的有机整体。系统具有整体性①、相关性②、适应性③等特征。Becker 和 Homburg（1999）从系统基础（system-based）视角，讨论了与市场导向相关的管理议题。他们将市场导向定义为组织不同的管理系统以市场导向方式设计的程度，将市场导向管理（market-oriented management）定义为“组织为提高其顾客及竞争者导向而以市场为导向设计其管理系统”（Becker 和 Homburg，1999）。此处管理系统指的是诸如计划、组织和控制等支持组织绩效的基本管理职能。Becker 和 Homburg（1999）将管理系统分为五个子系统：组织（organization）、信息（information）、计划（planning）、控制（controlling）和人力资源（human resource）系统。

如图 2-2 所示，组织（organizing）指的是利用资源以实现战略目标，组织系统包含的管理工具有：分派个人和部门的任务和责任，将单个职位集聚为更大的部门。对于管理者来说，就是定义组织的正式架构。促进纵向合作、加强横向协调（如专门工作组和跨部门团队）也是组织体系的重要因素（Bartol 和 Martin，1998），后者主要指组织流程的定义与优化。就信息系统而言，由于企业的信息处理以获取、散播并最终储存信息为重点，因而信息系统的主要任务是支持有关内外因素信息的获取、散播与储存，由于信息技术的飞速发展，信息系统在企业管理中的重要性日益突出。组织计划过程包括选择组织目标、监测环境并最终确定如何实施这些目标（Daft，1991；Koontz，O'Donnell 和 Weihrich，1986），因而计划系统的任务是帮助管理层执行上述任务而提供适当的工具和机制。控制系统服务于规制组织活动，确保实际绩效与预期的组织标准和目标相吻合。控制系统与其他系统，特别是计划系统密切相关，其核心要素是实际绩效的测量，并将实际绩效与预期目标（来源于计划系统）相比较。若实际绩效与目标差异较大，则需进行误差分析。因而，控制系统以目标—绩效—比较和误差分析为重点。人力资源管理系统则包括招聘、培训、评估（evaluation）、职业生涯发展（career development）和奖酬/激励。

Becker 和 Homburg（1999）认为，上述五个子系统的市场导向设计程度

---

① 整体性即非加和性。系统不是各部分的简单组合，而有统一性，是各组成部分或各层次的充分协调和连接，从而提高系统的有序性和整体的运行效果。

② 系统的相关性是指系统中相互关联的部分或部件形成“部件集”，“集”中各部分的特性和行为相互制约和相互影响，这种相关性确定了系统的性质和形态。

③ 系统的适应性说明一个系统和包围该系统的环境之间通常都有物质、能量和信息的交换，外界环境的变化会引起系统特性的改变，相应地引起系统内各部分相互关系和功能的变化。为了保持和恢复系统原有特性，系统必须具有对环境的适应能力，例如，反馈系统、自适应系统和自学习系统等。

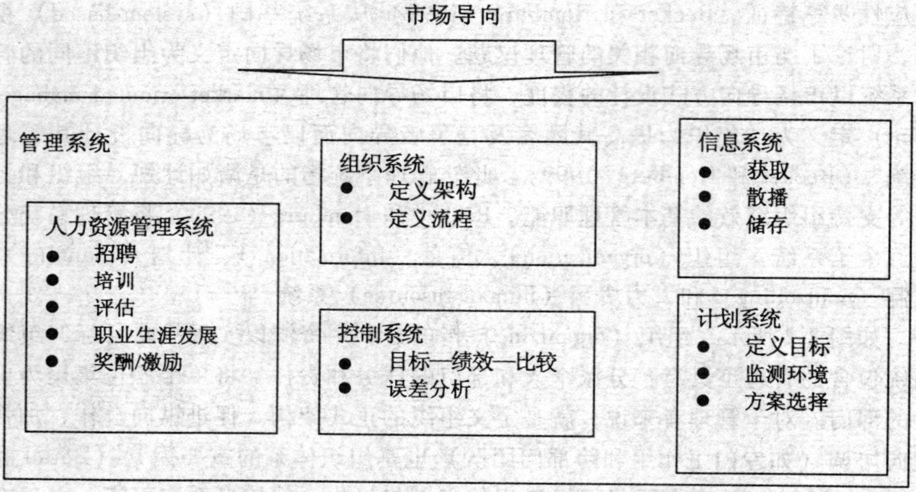

图 2-2　市场导向管理模型

资料来源：BECKER J.，HOMBURG C. Market-oriented management：a system-based perspective. Journal of Market Focused Management，1999（4）：28.

代表了组织的市场导向水平。换言之，只要企业采取相应措施，如减少管理层级以提高组织系统的市场导向水平，减少组织内部获取信息的限制以促进信息系统的市场导向，将顾客意见纳入新产品或服务开发决策以加强计划系统的市场导向，强调与市场相关的指标来深化控制系统的市场导向，通过适当的选拔机制招募、任用市场意识较强的雇员以提升组织人力资源管理系统的市场导向水平，那么，企业的市场导向水平就可以提高。

由此可见，Becker 和 Homburg（1999）实际上进一步肯定了 Naver 和 Slater（1990）提出的市场导向包含的三个构面——他们在市场导向管理中明确提出了“提高顾客及竞争者导向”，管理系统的整体性隐含了职能间协调。Becker 和 Homburg（1999）对于市场导向研究的贡献在于其阐明了如何在组织内部各个职能层面系统地贯彻执行市场导向，这是 Naver、Slater 等学者所忽视或未及进一步深入的议题。但是，他们将市场导向水平定义为组织的不同的管理系统以市场导向方式设计的程度，这一定义与我们通常理解的市场导向水平应当是组织实际执行的表现的认识有所不同，毕竟设计的初衷通常都是很理想的，但在实际执行中会受到组织内部既得利益者的阻挠、环境变化等多种因素的影响，因而往往会出现实际效果与预期目标的偏差。

（四）市场导向的关系观点

Herfelt、Ritter 和 Walter（2002）试图从关系管理的视角来阐释市场导向，他们将关系管理的任务分为交换（exchange）、协调（coordination）、解决冲突（conflict resolution）和适应（adaption）。其中，交换服务于解决关系中各方的需要和要求，协调指的是关系中各方行为的同步和谐，解决冲突适用于每一长期关系中必然会出现的非常的、非标准的情形，适应意味着满足伙伴的特殊需要或利用其特殊能力。而为了确保上述任务得以完成，企业还必须拥有信息资源、物质资源、人力资源和财务资源。

如图 2-3 所示，Herfelt、Ritter 和 Walter（2002）将包含行为的市场导向文化观所涉及的活动，即顾客导向、竞争者导向和职能间协调转换为关系管理活动。他们认为，在公司层面的市场导向之外，组织还应当关注关系层面的市场导向。显然，Herfelt、Ritter 和 Walter（2002）的观点具有鲜明的时代特征，因为他们将以往学者对组织与顾客关系、组织与竞争者关系、组织职能部门之间关系的关注延伸到了组织与其他组织之间，这一点在价值网理论盛行以及强调关系创造价值的今天显得尤为重要。正如 Gronroos（1989）所指出的，营销的目的应当是建立长期的顾客关系。但是，不容否认的是，Herfelt、Ritter 和 Walter（2002）的观点事实上是以 Naver 和 Slater（1990，1995）等学者的观

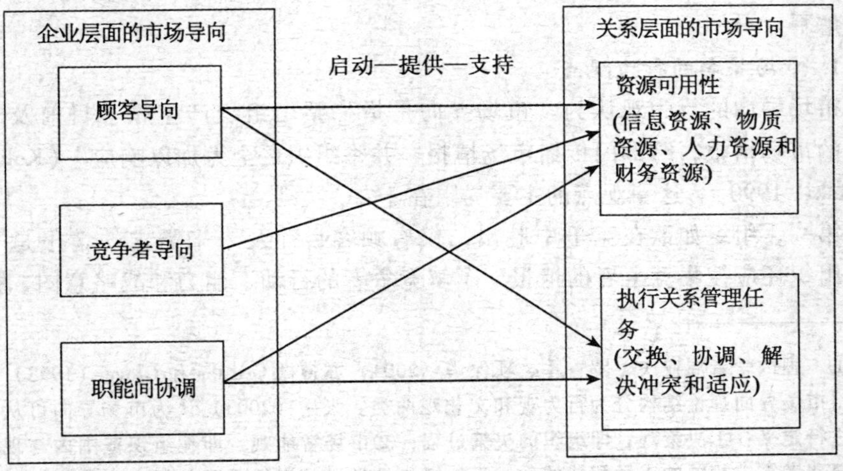

图 2-3　市场导向的关系观点

资料来源：HELFERT，G.，RITTER，T.，WALTER，A. Redefining market orientation from a relationship perspective：Theoretical considerations and empirical results. European Journal of Marketing，2002，36（9/10）：1125.

点为基础的、在行为（关系管理）层面的进一步阐述，换言之，市场导向的关系观点并不是对前述三种观点的取代，而是对市场导向文化观点的补充。

二、市场导向定义与内涵的辨析及整合

（一）对市场导向四种视角定义的辨析

市场导向的定义是营销学界长期争论的一个话题，学者们至今仍未就市场导向的定义达成一致意见（Ottesen 和 Gronhaug, 2004）。而且，关于市场导向的研究文献虽然数量众多，内容却显得比较零乱。目前占据主流地位的是 Kohli 和 Jaworski（1990）的行为观点以及 Naver 和 Slater（1990）的文化观点（Harris, 2001）①，其中，Naver 和 Slater（1990）的文化观点涵盖了 Kohli 和 Jaworski（1990）提出的市场情报产生、散播和响应的三段论。但这两种观点相对来说比较抽象，组织可以从中得到启发，却很难获得应用于管理实践的具体方法。Becker 和 Homburg（1999）的系统基础观点无疑为企业系统地实施市场导向提供了指南，但若纯粹采纳其观点，则易使市场导向沦为相对文化等而下之的工具。Herfelt、Ritter 和 Walter（2002）提出的关系观点则是从关系管理层面对市场导向进行分析，对市场导向的文化观点形成了补充。显然，即便是瑕不掩瑜，上述四类观点仍存在着一定的局限，不同视角的诠释也存在着一定的重叠。为进一步廓清市场导向的定义，接下来我们将分别讨论四种不同视角的解释。

1. 市场导向的行为观点

市场导向的行为观认为，市场导向是指“整个组织产生顾客目前及未来需求的市场情报，跨部门传播市场情报，并举组织之全力加以响应”（Kohli 和 Jaworski, 1990）。这一观点的主要局限在于：

第一，组织如欲在竞争中胜出，仅有顾客目前及未来需求的情报是不够的，组织还应搜集竞争者的情报，了解竞争者的行动、能力和战略意图，据此

---

① 国内学者周亚庆、罗青军、项保华（2004）亦遵循 Grriths 和 Grover（1998）的观点，将市场导向理论结构分为行为观和文化观两类。张婧（2003）认为市场导向可从五个角度进行定义：①决策观，即组织的决策过程；②市场智能观，即在组织范围内与现有和将来消费者需求相关的市场智能的生成、传播与扩散以及组织层面的反应；③基于文化的行为观，市场导向文化能最有效地诱发创造较高买方价值所必需的行动；④战略中心观，即市场导向是指企业单元获取和利用来自顾客的信息、满足顾客需求的战略、通过响应消费者需求和欲望来执行上述战略的程度；⑤顾客导向观，即认为市场导向是顾客导向的同义词。本书赞同 Harris（2001）的观点。

调整本组织活动，为顾客创造优异于竞争者的价值，惟其如此，才能达到克敌制胜的效果。

第二，正如 Naver 和 Slater（1998）所指出的，“如果市场导向仅仅是与组织价值体系毫无关联的一系列行动，那么，不管企业文化为何，市场导向就可以随时植入某个企业。显然，这并不是我们所看到的情形”。例如，Greenley（1995）的研究表明，在英国，仅仅有 36% 的企业实施了市场导向。也就是说，市场导向并不仅仅是行为，它同企业内在价值体系相关联，文化与行为联系越紧密，那么源自、反应并根植于信念体系文化中的、以创造优异顾客价值为目标的行为就越有力。只有在这种强势的文化氛围下，才能产生持续的市场导向行为。

2. 市场导向的文化观点

市场导向的文化观认为，市场导向是一种包含行为要素的组织文化，在这种文化氛围下，组织所有的雇员均承诺持续为顾客创造优异的价值。市场导向文化具有如下特征：①以创造获利与优越的顾客价值为最高原则，并同时考虑其他利益相关者的利益；②提供有关组织发展与反映市场信息的行为规范。这一行为规范要求组织贯彻顾客导向、竞争者导向，搜集顾客、竞争者的信息，以充分理解顾客目前及未来需求，以及竞争者的优势、劣势与动向，协调内部职能间的运作，以达到举组织之全力为顾客创造优异于竞争者提供物的价值，继而实现盈利的目的。

Naver 和 Slater（1990）从文化视角对市场导向作出的定义似乎与市场导向的行为观点有所不同。然而，根据 Slater 和 Naver（1994）的表述，其对市场导向所作的定义却又与 Kohli 和 Jaworski（1990）以及 Jaworski 和 Kohli（1993）的定义相呼应。Slater 和 Naver（1994）在文中提到，他们关于市场导向的衡量指标与 Kohli 和 Jaworski（1990）的定义非常相似，市场导向所包含的三个组成部分，顾客导向、竞争者导向和职能间协调，每一部分都包括信息的产生、扩散以及据此采取的管理活动。因此，市场导向的文化观点涵盖了市场导向的行为观点，更为全面、深入地解释了市场导向的含义，更能揭示市场导向的内涵以及市场导向缘何引致经营绩效的深层次原因。正如 Homburg 和 Pflesser（2000）所指出的，“市场导向的文化观更贴近组织的本质特征”①。

这一论断亦可从文化和行为的关系中得到支持。组织文化帮助组织成员理

① HOMBURG, C., C. PFLESSER. A Multiple-Layer Model of Market- Oriented Organizational Culture: Measurement Issues and Performance Outcomes. Journal of Marketing Research, 2000, 37 (4): 449.

解行动的缘由，教导他们组织的经营哲学或行为规范（Deshpande 和 Webster，1989），因而行为受到文化的影响。所以，文化构面和行为构面对于解释营销观念的执行，即市场导向来说都很重要，这一理念反映在 King（1965）提出的执行营销观念的 8 条具体原则中①。

虽然市场导向的文化观点作出的解释更为全面，但是，对于组织管理实践应用来说，这一解释过于抽象。因为 Naver 和 Slater（1990）侧重于“文化”，对“行为”着墨不多，描述了市场导向组织的理想状态，回答了“应当是什么”的问题，却没有回答“应当怎么做”的问题，也就是告诉我们，为了达到这一理想状态，组织的着力点具体应当放在哪些方面。

3. 市场导向的系统基础观点

Becker 和 Homburg（1999）的系统基础观点体现了 Kohli 和 Jaworski（1990）的行为观点与 Naver 和 Slater（1990）的文化观点；其中，其信息系统的设计体现了 Kohli 和 Jaworski（1990）的行为观点；其组织系统、信息系统、计划系统、控制系统和人力资源系统又涵括了顾客导向、竞争者导向与内部职能间协调。事实上，所有子系统的运行均以顾客导向、竞争者导向和职能间协调为基础。

Becker 和 Homburg（1999）的系统基础观点阐明了如何在组织内部各个职能层面系统地贯彻执行市场导向，这是 Naver、Slater 等学者所忽视或未进一步深入的议题，从而为组织实施市场导向、提升市场导向管理水平提供了实施框架，但其局限亦不容忽视。

第一，Becker 和 Homburg（1999）将市场导向水平定义为组织不同的管理系统以市场导向方式设计的程度，这一定义与我们通常理解的市场导向水平应当是组织实际执行表现的认识有所不同。毕竟设计的初衷通常都很理想，但在实际执行中会受到组织内部既得利益者的阻挠、组织历史、环境变化等多种因素的影响，因而往往会出现实际效果与预期目标的偏差。

① 营销观念执行指南（King，1965）。①整个公司均从管理上意识到并高度评价消费者在公司生存、增长和稳定中的角色。②整个公司均从管理上意识到并关注决策及单个部门行动与其他部门间的关联性。③整个公司均从管理上重视产品和服务的创新，以解决特定消费群体的问题。④管理层关注新产品和服务对公司现在及将来盈利能力的影响，并意识到由此带来的、潜在的正面财务效应。⑤管理层高度评价营销情报及企业内或与企业关联的报告的作用。⑥整个公司的管理层均致力于建立能为公司职员所理解并接受的公司及部门目标，以提升公司的盈利能力。⑦就公司目标、战略、战术进行正式的长短期规划，促进公司各职能领域活动的明晰和协调。⑧创造、拓展、中止或重构企业职能，以运用、利用公司资源，针对特定顾客群体要求制订解决方案，并提高公司的盈利能力。

第二，Becker 和 Homburg（1999）分别描述了各个管理子系统如何通过相应的工具和措施来提升市场导向水平，借以强化市场导向管理。但组织是一个相互关联的系统，五个系统各自提升市场导向水平，最终能否形成合力？依靠什么形成合力？Becker 和 Homburg（1999）并没有就这一问题作出回答。这表明 Becker 和 Homburg（1999）只强调了市场导向的行为层面，而忽略了总揽整个市场导向管理的文化层面。

4. 市场导向的关系观点

Herfelt，Ritter 和 Walter（2002）将 Naver 和 Slater（1990）的文化观点确认为企业层面的市场导向，继而从关系管理的视角对市场导向进行了新的诠释。关系层面的市场导向取决于组织旨在优化关系交换而投入的资源和开展的活动。Herfelt，Ritter 和 Walter（2002）将关系管理的任务分为交换（exchange）、协调（coordination）、解决冲突（conflict resolution）和适应（adaption），并强调企业必须拥有信息资源、物质资源、人力资源和财务资源，以确保关系管理任务得以完成。

显然，仅从关系观点来阐释市场导向的文化有失偏颇，因为企业赖以生存和发展的关键在于有效获取、整合内部资源以适应环境的发展变化。外部关系管理是企业内部发展诸因素形成的必然发展所在。内部的管理提高就是为了向外部发展，要真正地获得外部的发展必须有内部管理的有力支持。事实上，Herfelt，Ritter 和 Walter（2002）的观点属于市场导向的行为层面，因为从企业管理的角度来看，关系管理（包括企业与个人客户关系管理、企业与企业间关系管理）仍属于企业经营管理范畴，因而 Herfelt，Ritter 和 Walter（2002）是对市场导向文化观点的补充。

（二）市场导向定义的整合

从以上对市场导向定义不同观点的分析可知，市场导向的行为观点、文化观点、系统基础观点和关系观点之间均存在一定的重叠和互补关系，因而我们可以对上述观点加以整合，以廓清市场导向的含义。

从前面的讨论我们可知，在行为观点对于市场导向定义的阐释中，“整个组织产生”、“跨部门传播”、“举组织之全力”暗含了组织内部各职能部门间的密切协作，因为市场情报的充分沟通与传递及在此基础上作出的诸如选择正确的目标市场，设计、生产、促销和分销满足顾客需求的产品，必须依靠内部协调机制来确保执行。另一方面，对市场导向定义持文化观点的代表人物 Slater 和 Naver（1994）强调，市场导向所包含的三个组成部分，顾客导向、竞争者导向和职能间协调，每一部分都包括信息的产生、扩散以及据此采取的管理活动。因此，市场导向的文化观点涵盖了市场导向的行为观点。

据此，本书认为，可整合诸学者的观点，来描述市场导向的全貌，亦即，从文化、系统管理、关系管理三个层面来构建市场导向的概念框架，这一框架包含了市场导向的本质及对其应用的解释。本书认为，市场导向的本质是一种包含行为要素的组织文化。Drucker 于 1954 年首次演绎营销观念时，认为营销不是一个独立的、可分离的职能，而是从顾客视角看来的全部。他其实强调了一种将顾客置于企业战略及运营考量中心的基本共享信念和价值观。美国麻省理工学院（MIT）斯隆管理学院的管理学教授 Schein（1983）① 认为：

> 组织文化是指“当组织学习克服外在的环境及整合内部的问题时，所发明、发现、或发展出来的一套基本假定（basic assumption），由于这套基本假定运作良好，且被视为有效，因此传授给新进的成员，作为当新成员遇到这些问题时，如何去思考、感知及感觉的正确方法”②。

---

① Schein 将个人多年来教学及实际从事跨国顾问的经验，集结成书，书中他对组织文化的意义与功能、文化的向度、文化的研究与解析等有详尽的说明与举例。Schein 除了对组织文化的概念有完整而深入的介绍外，他对组织文化的实证研究也有重要的贡献，许多学者多采用他的研究模式与研究步骤探索组织文化。为便于研究，Schein 将抽象的组织文化概念，区分出三个不同的层次，由具体可见的到抽象而不可见的。

第一层人为饰物是组织文化中最显而易见的层次，指的是组织中可见的，包括建筑、语言、技术、产品、服饰、创作品、谈吐、与组织有关的传说、神话、故事……等，此部分是显而易见的，但却难以由此解读，需要在组织中停留足够的时间，方能了解组织的文化。第二层为外显的价值观，指的是组织标榜于外的策略、目标、哲学，一般多为组织创办人或重要领导者的价值观，组织成员学习或反映这些价值观，当遇到某些事情时，组织成员会说我们“应该”采用何种方式才是恰当的，如果成员对这些价值观未曾亲身经历而只是听教，则外人很容易预测组织成员会说些什么，但却无法预知成员会表现出什么样的行为，此一层次是未经认知转型，尚未成为成员共享的基本信念，就可见度而言大多数的价值观仍是可观察的，且可明确表达出来。第三层次为基本假定，当某一种解决问题的方式可以持续有效地解决问时，则此一解决之道就会被视为理所当然，最初它可能只是某种信念或理论，后来则发展成为不容置疑的真理，不知不觉中告诉成员如何去思考及感知事情，组织文化研究者若能进入第三层次，将基本假定挖掘出来，则原本令人疑惑的现象，便可透过基本假定迎刃而解。Schein 以为价值要经过长期的验证才能成为基本假定，他另以相当多的篇幅着墨基本假定，分别从关于真理、真相、时间与空间，关于人性、人类活动与关系的假定全面性地解读某一组织的文化，这样的架构可作为研究者全面性地分析组织文化的基础，避免个人研究重点不同，产生对组织价值观研究上的偏颇。

② EDGAR H. SCHEIN. Organizational culture and leadership. 2nd ed. San Francisco: Jossey-Bass Publisers, 1992: 14.

换言之，组织文化可用以解释和预测组织或其成员在不同的环境下如何采取行动，而组织或成员如何采取行动则深受其基本假设所影响，这种基本假设是无所知觉、是被视为理所当然的做事方式，即使外在环境已经改变，此种行为方式仍持续着，因此组织文化控制着组织行为。这与营销观念的要义是吻合的，更贴近组织的本质特征，因而市场导向的本质是组织文化。

市场导向的文化氛围促使企业采取流程再造、组织架构扁平化等措施来提升其管理系统的市场导向水平，继而培育与巩固组织同其顾客及合作伙伴间的关系，从而为企业的盈利和可持续发展夯实基础。这一点可从美国著名管理学者罗宾斯对文化影响管理决策的列举中得到支持，如表 2-2 所示。

表 2-2　**文化影响管理决策的实例**

影响领域	具体内容
计划	• 计划应包含的风险度（对风险的承受、认可程度） • 计划应由个人还是集体制订（对决定主体的认可度） • 管理者参与环境扫描的程度（领导者参与实务的程度）
组织	• 员工在工作中应有的自主权程度（权力分配与共享程度） • 任务应由个人还是群体（小组）来完成（个人意识、英雄主义或集体主义） • 部门经理之间的相互联系程度（沟通、合作程度）
领导	• 管理者关心员工日益增长的工作满意度的程度（以工作为中心或以人为中心） • 哪种领导方式更为适宜（重视员工接受程度或以领导者为中心） • 是否所有的分歧（包括建设性分歧）都要消除（对冲突的容忍程度）
控制	• 是允许员工控制自己的行为，还是施加外部控制（控制方式选择） • 员工绩效评价中应强调哪些标准（激励机制的导向性） • 个人预算超支将会产生什么反响（理财思想）

资源来源：[美] 斯蒂芬. P. 罗宾斯著，黄卫伟等译. 管理学. 北京：中国人民大学出版社，1997：63.

在市场导向的概念框架中，文化层面展现了市场导向的本质，是系统管理层面和关系层面的基础。市场导向文化的蓬勃支持了企业管理系统市场导向水平的提高，企业管理系统市场导向水平的提高又进一步促进市场导向的关系管理。

如图 2-4 所示，市场导向是一种包含行为要素的组织文化，其特征为：①以创造获利与优越的顾客价值①为最高原则，并同时考虑其他利益相关者的利益；②提供有关组织发展与反映市场信息的行为规范。这一行为规范要求组织贯彻顾客导向、竞争者导向和职能间协调。其中，顾客导向要求企业充分理解顾客需求，通过增加顾客收益、降低顾客成本来创造具有优异顾客价值的产品或服务；竞争者导向要求企业理解现有和潜在竞争对手的优势和弱点及其长远的能力和战略，并能把握竞争的动向；职能间协调要求企业在为顾客创造优异价值的过程中，协调利用和整合企业资源，密切各职能部门的相互协作。由于掌握了顾客及竞争者信息，市场导向企业能够开发顾客的潜在需求，并通过创新产品和服务来回应顾客的需求。这种能力让市场导向企业在面对机会与威胁时，有快速及有效回应的能力，因而达到举组织之全力为顾客创造优异价值，继而实现盈利的目的。在高度市场导向的企业中，所有员工均对顾客需求敏感，均关注竞争者动向，均能为及时向顾客提供解决方案而跨职能通力协作。

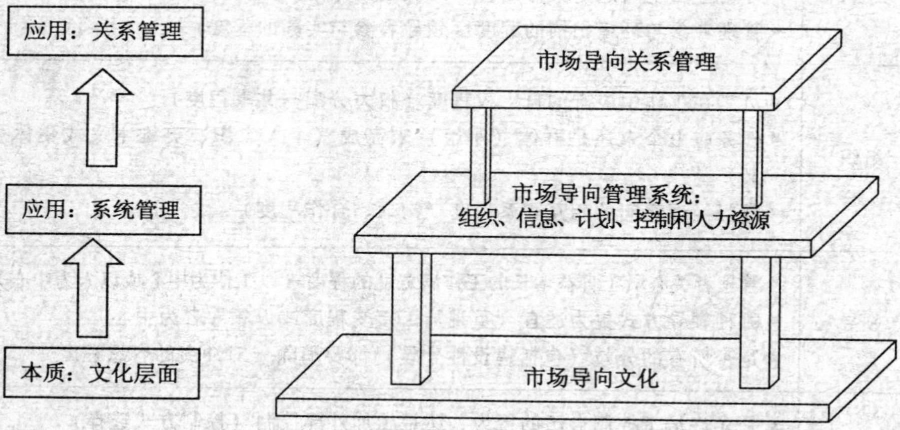

图 2-4　市场导向的概念框架

唯有在市场导向文化氛围下，组织才能采取相应措施，设计、提升管理系统各子系统的市场导向程度。管理子系统包括其组织系统、信息系统、计划系统、控制系统和人力资源系统，所有子系统的运行均以顾客导向、竞争者导向和职能间协调为基础。其中，组织系统的主要任务是定义组织的正式架构，

① 价值就是顾客所得到的与所付出的比率，所得到的利益包括功能利益和情感利益，而所付出的则包括金钱、时间、精力与体力。

促进纵向合作，加强横向协调；信息系统的主要任务是支持有关内外因素信息的获取、散播与储存；计划系统的任务是帮助管理层选择组织目标、监测环境并最终确定如何实施这些目标并提供适当的工具和机制；控制系统服务于规制组织活动，确保实际绩效与预期的组织标准和目标相吻合；人力资源管理系统则包括招聘、培训、评估、职业生涯发展和奖酬/激励。提升各子系统市场导向管理水平的措施包括：减少管理层级、减少组织内部获取信息的限制、将顾客意见纳入新产品或服务开发决策、强调与市场相关的指标、选拔任用市场意识较强的员工等。

组织管理系统市场导向水平的提升，推动组织与顾客和合作者建立长期的合作关系。为保持与顾客及合作伙伴间的互利互惠关系，组织必须善用信息资源、物质资源、人力资源和财务资源，执行以交换、协调、解决冲突和适应为主题的关系任务。其中，交换服务于解决关系中各方的需要和要求，协调指的是关系中各方行为的同步和谐，解决冲突适用于每一长期关系中必然会出现的非常的、非标准的情形，适应意味着满足合作伙伴的特殊需要或利用其特殊能力。

必须指出的是，市场情报的产生、散播和响应贯穿于市场导向的始终，文化层面、系统管理层面抑或关系管理层面均如此。市场导向要求企业系统地搜集现有及潜在顾客和竞争者信息，作为发展营销知识的基础，在组织内部各部门间共享信息，并且运用信息来创造顾客价值。信息①是建立在对顾客需求、技术现状和竞争环境的详细分析的基础上所得出的企业面临的机会与威胁。这就要求企业具备市场侦测能力、市场关联能力和可预见性的战略思维能力，并明确企业反映市场信息的行为规范。

（三）市场导向与顾客导向、营销导向的区别

1. 市场导向与顾客导向

在市场导向的研究中，市场导向与顾客导向是经常引起争论的两个概念。一些学者认为市场导向与顾客导向是同义词，例如，Deshpande、Farley 和 Webster（1993）就认为不需要特别强调竞争者导向，因为竞争者导向的行动

---

① 实施市场导向面临的一个问题是，信息往往以原始的，未经加工的事实、观点和猜测的形式出现，从而有关的信息非常含混。另外，即使是这些原始信息，也广泛分布于整个组织之中，以致很难分清其模式与关联性。那么，企业应当如何搜集信息呢？解决的办法是以决策的焦点，即问题点来明确收集和解释信息的需要。一旦所有的问题点都能够正确组织，可以依据它们之间联系的相对紧密程度与影响的大小进行排列比较。那些对企业未来业绩产生重大影响的少数几个关键问题与挑战将优先处理。

有时会与顾客需求相反。所以他们主张顾客导向是优先考虑顾客利益，同时兼顾其他利益相关者（如股东、管理层和员工），以使企业获得长期盈利的信念。

但是 Naver 和 Slater（1994）、Sinkula（1994）提出，市场导向不只是顾客导向而已，而是提供信息分享和达成共识的强有力的规范，是一种全面性的组织价值体系。

Slater 和 Naver（1998）主张，应该将顾客导向与市场导向区别开来，因为两者所代表的概念完全不同，这样才不至于造成营销理论的混淆。顾客导向的企业强调的是满足当前顾客现有的需求，因而以短期、反应性行为和适应学习为特征；而市场导向的企业通过系统地获取和评价市场信息而发现目标市场的需求，并以比竞争对手更快和更有效的方式来满足这些需求，包括顾客现有需求和顾客的潜在需求，它要求企业了解竞争者的能力与计划，并协同各部门共同找出最有效率和最具成效的方法来提升顾客价值，因而市场导向是以长期观点、原创学习和重大创新为特征，与顾客领导哲学有着很大的差异。市场导向与顾客导向的差异见表 2-3。

表 2-3　**Slater 和 Naver（1998）：市场导向与顾客导向的差异**

	顾客导向	市场导向
战略导向	现有的需求	现有的和潜在的需求
调整方式	被动性	主动性
时间	短期	长期
目的	顾客满意	顾客价值
学习形态	适应性（adaptive）	衍生性（generative）
学习过程	顾客调查 主要顾客关系 焦点团体 概念测试（concept testing）	顾客观察 领先使用者关系 持续实验（continuous experiment） 选择性结盟（selective partnering）

资源来源：SLATER, S. F., NAVER, J. C. Customer-led and market-oriented: let's no confuse the two. Strategic Management Journal, 1998, 19: 1001-1006.

Webster（2003）提出，市场导向比顾客导向更进一步，其要求也比顾客导向多。尽管顾客导向仍然是营销观念中的首要概念，但是市场导向的意义还包括：通盘了解竞争对手的产品提供及能力，以及顾客如何评价。这意味着市场导向企业明白顾客需要与该企业能力的交集，并考虑竞争对手的产品，并将此三者一并视为顾客价值定义的参考依据。总之，要成为市场导向，必须所有决定都能掌握顾客资讯、市场竞争情报，以及企业本身的价值主张。

2. 市场导向与营销导向

过去一些学者将市场导向当成营销策略的执行步骤，或是将市场导向当成营销导向（Doyle 等，1984；1986；1989；Brown，1987；Payne，1988；Lichtenthal and Wilson，1992；Golden 等，1995），这都是对市场导向的认识不清所导致的。Slater 和 Naver（1998）强调市场导向不是营销导向，营销只是企业的一种职能，而市场导向是包括以创造顾客价值为目标的所有过程和活动。因而市场导向的外延比营销导向更为宽广。

Kohli 和 Jaworski（1990）更主张以“市场导向”替代“营销导向”，因为“市场导向”更能反映营销观念的真谛：①营销观念所牵涉的不仅是营销功能，还应包含其他部门的功能，如果只有营销导向，似乎太狭隘了，且有误导之嫌；②市场导向可以避免过度膨胀营销部门的重要性，使得营销部门较易于与其他部门协调并共同分担责任；③市场导向意味着将注意力着重于市场，包括顾客及其他对顾客有影响的力量，不至于仅谈及顾客。

Webster（2003）认为，市场导向并不意味营销导向，后者以往是指：企业所有产品的提供以及与顾客关联的活动，都必须由中央营销部门审核、同意。假设营销部门只是企业决策链上的一环，当企业内部有构想或点子出现时，经由研究到设计、工程策划、再到制造等一系列过程，那么营销不过是延缓回应顾客及竞争对手流程的一个多余步骤罢了。营销的责任，在于为整个组织决策者提供情报，并开发全面营销方案，包括产品、价格、分销及信息传播，借以回应不断变化的消费者需求及偏好。

此外，从前面的文献回顾与分析来看，市场导向讨论涉及组织决策、组织学习，以及应付外界变化的核心能力，所以市场导向不是营销导向。

第三节 市场导向与组织绩效：因果关系及调节变量

一、市场导向与组织绩效：经验研究结论

正如本书开篇所指出的，实证研究中，市场导向与组织绩效的因果关系至今存疑。一些经验研究未能发现二者之间存在显著的相关关系（如 Greenly 和 Foxall，1998；Harrison-Walker，2001），而另一些研究则认为市场导向与组织绩

效间存在诸如组织学习（Slater 和 Naver，1995）、组织创新（如 Han 等，1998）等中间变量，导致研究结果不一致。为避免与导论中的相关内容重叠，此处仅从市场导向与组织不同类型绩效之间的因果关系进行阐述。

对绩效的定义是衡量或管理绩效的前提（Armstrong 和 Baron，1998）。Otley（1999）主张，绩效可根据业务进程（doing the work），亦可根据实现的结果来界定。Fitzgerald 和 Moon（1996）提出，绩效是一个多维度的构面（multi-dimensional construct），其衡量方法依其包含的一系列因素而定。这一提法与 Rogers（1994）的提法相似，Rogers 主张绩效应当定义为“业务产出”（outcomes of work），因为绩效与组织的战略目标、顾客满意和经济贡献紧密相连。Matsuno 和 Mentzer（2000）建议说，绩效不应仅仅被视为经济绩效（经营绩效），还应包括非经济绩效（顾客满意、顾客保留、社会认可、公司形象和雇员满意）。事实上，早在 1993 年，Jaworski 和 Kohli 就将员工对组织的承诺和团队精神作为非经济绩效。组织的经济绩效可以界定为诸如投资回报（ROI）、利润、市场份额、销售量、收入、产品质量和整体财务形势等财务指标的集合，非经济绩效则是财务指标之外的其他组织产出的集合，如顾客满意、顾客忠诚、员工对组织的承诺和团队精神、公司形象和社会认可（Narver 和 Slater，1990；Jaworski 和 Kohli，1993；Matsuno 和 Mentzer，2000）。

从现在的研究成果来看，市场导向可能导致的结果至少有三种不同的类型：经营绩效、员工对组织的承诺和团队精神、顾客满意以及顾客重复购买（Kohli 和 Jaworski，1990；Jaworski 和 Kohli，1993）。Raju 等（1995）声称市场导向程度的提升有望导致企业较好的经营绩效，因为市场导向使组织战略的焦点和愿景得以明晰，并能鼓舞员工斗志，使员工对组织产生强烈的归属感。进一步的结果是顾客满意，体现为重复购买和将新顾客“拉”到该企业。尽管如此，大多数的研究仍以市场导向与经济绩效（经营绩效）的关系为考察的重点，只有少量的文献试图辨析市场导向与非经济绩效（雇员和顾客反应）之间的关系。

（一）市场导向与组织经济绩效

大量的市场导向文献均以市场导向与经营绩效之间的关系为焦点，多年来，许多学者均认为市场导向与更优的经营绩效相关（Dawes，2000）。Dawes（2000）注意到，50 多年前 McKitterick（1957）就阐明了这一预期关联的理论基础。McKitterick（1957）强调，在竞争环境下，组织必须高度重视并及时响应顾客需求，否则其竞争对手将设计出更符合顾客需求的产品，夺走组织的业务。Walker 和 Ruekert（1987）补充道，组织绩效可以通过一系列维度进行衡量。Narver 和 Slater（1990）更进一步地强化了这一观点，认为强烈的市场导向将有助于为购买者提供更优异的价值继而引致竞争优势和更多的利润。Day和Nedungadi（1994）更进一步证实了这一观点，他们对PIMS数据库所作的分析表明，以市场为导向的企业，其盈利要高出以自我为中心的企业（self-centered）①31%，而以顾客为导向但不关注竞争者的企业则比以自我为中心的企业盈利高出18%。② Day（1999）认为，由于以下几个方面的原因，市场导向能提高企业的盈利：

①优异的成本和投资效率。并非所有的顾客均具有同等的吸引力，而忠诚顾客往往能带给企业更多的收益。市场导向企业更能识别和保持盈利客户，并且熟知营销投资的盈亏平衡。

②雇员满意。满意的雇员是顾客满意的前提，他们对企业会更有归属感，热情更为高涨，因而效率也会更高，从而降低了企业招聘、选择和培训的成本。

③价格溢出（price premium）。市场导向使得企业价值定位更为有力，有助于企业以价格溢出获得更多的利润。

---

① 市场驱动型企业与以自我为中心企业的价值观和规范差异体现在：

市场驱动型企业	以自我为中心企业
• 所有决策均以顾客和赢得优势为出发点 • 质量由顾客决定 • 创意源于顾客 • 雇员是顾客拥护者 • 顾客知识是宝贵资产，渠道是增加附加值的伙伴 • 顾客忠诚是盈利的关键 • 不存在任何“圣牛” • 从错误中吸取教训 • 市场调研是决策的保证 • 对于竞争者的执著是有益于企业成长的 • 竞争者的行为可以预测并施加影响 • 我们十分了解竞争	• 我们向购买者销售 • 质量符合内部标准 • 顾客不知他们需要什么 • 顾客关系是营销部门的事情 • 顾客资料是控制系统的问题，渠道只是销售的管道 • 维持现有的收入流 • 避免犯错 • 市场调研是纠错的工具 • 我们与竞争者共存 • 竞争者是难以预测的 • 竞争者做的必然是好的

注：“圣牛”比喻不可妄加评判的人、事物或思想。

② 数据源于DAY，G. S.，NEDUNGADI. Managerial representation of compe-titive advantage. Journal of Marketing，1994，58：40，由作者对PIMS数据库的分析而得。值得注意的是，对绩效差异的考察并未考虑到竞争环境或战略选择的差异。

④收入增长。尽管实证结果并不明确，但 Day（1999）认为，市场导向企业具有预测市场需求和努力创新的能力，因而应当具有更高的收入增长。

⑤抢占竞争先机（competitive preemption）。市场导向企业拥有高满意度的顾客，这就形成了竞争对手难以逾越的转换壁垒。这种壁垒可能是心理方面的（如顾客满意于现有的关系而拒绝改变），也可以是经济方面的（顾客可能认为转换的成本或风险过高，而拒绝转换）。

总之，市场导向的优势源于理解市场，吸引和保持顾客的卓越能力。市场导向的企业能够更好地理解市场，因为它们能侦测市场机会，预测竞争者的动机，作出基于事实分析的决策。并且，市场导向企业能够通过向顾客传递更优异的价值、培育顾客忠诚而更好地保持顾客。

市场导向与组织经济绩效之间的关系在我国得到了经验支持。例如，孙永风、张睿、李垣（2003）采用因子分析和多元线性回归方法对陕西、山西、河南三省 274 家国有企业 1995—1999 年间经营业绩进行了调查，分析结果表明，“市场导向型战略对企业绩效（包括财务绩效和战略绩效）有正的影响”。罗青军、项保华（2003）从利益相关者的角度，采用面谈调查和问卷调查相结合的方法，对重庆、杭州等地的 66 家企业进行数据搜集分析，得出结论认为，营销部门的产品市场导向同企业财务绩效及市场份额正向相关，市场导向文化与企业绩效正向相关。孙永风、李垣（2004）通过建立一个概念模型论证了国有企业在转型经济时期采用市场导向型战略的效果以及采用该战略的影响因素。并通过对 274 份有效问卷的分析验证了建立的模型，分析结果表明政府对企业经营管理干预的减少、公司治理结构的完善、战略控制都有利于市场导向型战略。结果还显示了市场导向型战略在改善国有企业经营业绩上的显著性。这些发现和对原有理论的改进能够帮助我们更好地制定改革政策和国有企业的战略。于洪彦、银成钺（2007）利用深度访谈的方法，对电信、银行、旅游、餐饮等 10 个服务行业进行了调研，获得了 570 个样本，经过信度与效度检验，利用回归分析证明市场导向与企业绩效存在着显著正相关，影响企业绩效的主要因素是顾客导向和职能间协调。

（二）市场导向与组织非经济绩效

Raju 等（1995）断言，市场导向程度的提高将催生由对组织的归属感而引发的忠诚，从而导致员工斗志昂扬，强化员工对组织的承诺，确保顾客满意，继而增加顾客重复购买和吸引新的顾客。此外，Kohli 和 Jaworski（1990）提出了市场导向的两个主要非经济绩效：员工反应（组织承诺、团队精神）和顾客反应（顾客满意、重复生意）。

1. 组织承诺

在已有的文献中，组织承诺概念有好几种定义。Bhuian 和 Abdul-Muhmin（1997）最初的定义将组织承诺视为内部的情感、信念或者一系列意愿，这种情感、信念或意愿能提升员工继续在组织内工作的愿望（Buchanan，1974；Porter 等，1976；Hunt 等，1985；Hackett 等，1994）。第二种定义将组织承诺视为可认知的、可累知的利益的反映，例如将个体与特定组织相联结的薪资、资历等（Becker，1960）。第三种定义则将组织承诺看做员工对留在组织这一义务的感觉（Allen 和 Meyer，1990；Bar-Hayim 和 Berman，1992；Meyer 等，1993；Hackett 等，1994）。Kohli 和 Jaworski（1990）主张，市场导向提供给员工心理和社会收益，特别地，它将导致对组织的归属感，这种归属感使得所有部门和员工均朝着满足顾客这一共同目标而努力工作，从而促进员工对组织的承诺。Jaworski 和 Kohli（1993）从实证上检验了这一观点，他们发现，市场导向和组织承诺之间存在很强的正向关系，因而他们提出，市场导向滋养并强化着员工与组织间的纽带，同时激发员工对组织大家庭的归属感，继而投身于满足和超越市场需求的活动之中。

Caruana 等（1997）采用 Allen 和 Meyer（1990）设计的24 项量表来测度组织承诺，用 MARKOR 来测度市场导向，逐步线性回归的结果发现，市场导向直接影响组织承诺。与此相似，Blankson 和 Omar（2002）的探索性研究也提出，市场导向与组织承诺之间存在线性因果关系。

2. 团队精神

Zeithaml 等（1988）提出，团队精神可缩小服务质量规范与实际服务传递之间的差距，改进顾客对服务质量的感知。Kohli 和 Jaworski（1990）则认为，组织的团队精神可通过实施市场导向加以改进，这一提法在他们此后的研究中进行了测试（Jaworski 和 Kohli，1993），结果发现市场导向与团队精神之间存在显著的相关关系。Shoham 和 Rose（2001）对 250 家以色列食品、塑料、建筑和农业企业，就市场导向与经营绩效的关系进行了检验，实证结果也表明市场导向与团队精神之间存在正向的显著相关关系。此前 Selnes 等（1996）的研究结果亦发现，美国和斯堪的那维亚文化中，市场导向对团队精神有很强的影响作用。

3. 顾客满意和重复生意

Doyle（1995）提出，衡量绩效的最恰当的指标应当是顾客满意和顾客忠诚。据此，他再次重申，顾客对企业价值观的认同或满意将促使顾客重复购买该企业的产品或服务，继而促成了企业更佳的经营绩效（包括市场份额和盈利）。因而，企业应当始终通过表明承诺、创造产品价值、鼓励顾客留言和投诉，搜集信息，在各部门间共享信息并采取相应的行动，来保证满足顾客现有及将来的需求。这种组织保证表明了企业的市场导向行为，这就意味着市场导向组织尽其所能来满足顾客需求，因此市场导向与顾客满意之间存在联系。Kohli 和 Jaworski（1990）的研究也支持了这一论点，他们认为，市场导向将提升顾客满意，满意的顾客将会向其他潜在顾客传播溢美之词，促进顾客重复购买。Kotler（1998）也提出，市场导向可能导致顾客满意提升和重复生意。

二、市场导向的前置变量及内部影响因素

（一）高级管理层要素

高级管理层塑造了组织的价值观和发展前景，他们对市场导向的重要性的强调将有利于提升组织的市场导向程度。Teece（1997）认为企业家精神能使组织重新分辨内外部的竞争状况，以便更有效地应对不断变化的环境。然而，反应市场变化的需求要求企业创造新产品以满足顾客的需求，而新产品的开发通常需要承担极大的风险。若高级管理层具有较高的风险态度，则将激发组织员工以市场为导向；反之，则将有碍于此过程。Narver，Slater 和 Tietje（1998）则强调"高级管理层在改变文化，特别是创造市场导向方面扮演着极其重要的角色"。因而，市场导向是高级管理层的责任（Felton，1965；Webster，1988），高级管理人员的承诺是市场导向的核心先决条件（Kohli 和 Jaworski，1990）。Naver 和 Slater（1990）亦由其研究推断得出最成功的高级管理层均愿意以提升市场导向水平的方式来适应环境的变化，因而高级管理层因素是市场导向的前置变量。具体来说，高级管理层要素包括：

①高级管理层的沟通——行动差距（communication-action gap），这一差距将导致中层管理人员对组织成为市场导向组织的意愿认识模糊；

②高级管理层的风险规避；

③高级管理层向上的流动能力和受教育水平（upward mobility and education of top management）；

④高级管理层对于变化的态度；

⑤在职能部门间发生冲突时，营销经理赢得非营销部门经理信任的能力。

从 Jaworski 和 Kohli（1993）的实证研究结果来看，高级管理层对市场导向的重视与组织的市场导向高度正相关，风险规避与组织市场导向负相关。此外，Fritz（1996）研究德国企业发现重视市场导向的主管位阶越高，对于企业绩效越有直接的帮助。Harris 和 Ogbonna（2001）亦发现，管理层支持决定了企业的市场导向程度，并提出高级管理层的领导风格直接影响企业的市场导向水平。

（二）组织体系（organizational systems）

Kohli 和 Jaworski（1990）提出，组织体系包括部门化（departmetnlization）、正式化（formalization）、集权化（centralization），基于市场表现的奖励体系（market-based reward system）和对政治行为的接受程度（acceptance of political behavior）。其中，部门化仅指组织内每一部门的专门化；集权化是指组织高层决策机构的集中度；正式化是指组织内正式规章制度是否健全以及组织为实施这些规章制度所付出的努力。Naver 和 Slater（1990）提出，程序化的方法（programmatic approach），即类似于正式化的概念，在推行市场导向时不一定有效。Kohli 和 Jaworski（1990）将部门化、集权化、正式化列为结构特征。在对一系列文献（如 Hopwood 1974，Lawler 和 Rhode 1976，Anderson 和 Chambers 1985，Jaworski 1988；Webster 1988）进行回顾的基础上，Kohli 和 Jaworski（1990）假定奖励体系与组织市场导向之间存在着较强的相关关系。Webster（1988）的文章中也提到了构建市场驱动的顾客导向组织的关键在于管理者如何评价及奖励。对政治行为的接受程度，是指个人努力提升自己的利益而威胁到他人的利益（Porter，Allen 和 Angel，1981）。Kohli 和 Jaworski 争辩道，市场导向需要组织内不同部门面对市场情报协同作战，但一个高度政治化的体系将导致部门间的冲突，因此，他们认为政治体系并不直接影响市场导向，而是通过部门间的冲突来影响市场导向。从 Jaworski 和 Kohli（1993）的实证研究结果来看，基于市场表现的奖励体系与组织的市场导向水平之间存在着极强的正相关关系，正式化和部门化与市场导向之间未发现存在关系，而集权化在两个不同的样本间显示出复杂的效果——在包括营销科学协会（MSI）所有的成员公司和 Dun 与 Bradstreet 的《百万美元目录》(*Million Dollar Directory*)所列的前 1 000 名企业(按销售收入排名)中,集权化程度与市场信息扩散和响应程度呈反比;而在另一个由美国营销学会(AMA)成员组成的样本中,集权化程度则与市场信息的产生呈反比——据此可推断集权化与市场导向负相关。

(三)企业采取的战略类型

战略是界定企业范围和发展方向的决策规则和行动指南,与产品市场范围、现有产品市场的增长方向、竞争优势和协同(synergy)构成补充,是战略可视为贯穿企业的线索以及联结现在和将来的产品市场的纽带,这种线索和纽带使外界能够感知企业努力的方向,并有助于管理层指导企业的发展方向(Ansoff,1965)。Miles 和 Snow(1978)以企业组织的创新、管理及技术三个构面为基础,将战略类型分为防御者、前瞻者、分析者和反应者。① 其中，①防御者(defender)。防御者追求稳定，重视现有产品及市场的维持，强调员工现有技能的有效应用。不太积极寻求市场发展机会，市场细分在于有限地利用市场，积极防御以阻止其他竞争者进入。②前瞻者(prospector)。前瞻者致力于研发及利用新产品和市场机会，对创新的重视程度胜于对盈利的重视。这种战略类型的成功需要企业努力地去发现环境中的机会、趋势和重要事件。因此，弹性是前瞻者成功的关键。强调产品与市场创新，发展员工潜力，重视员工的创造力和弹性，并参与决策。③分析者(analyzer)。分析者介于防御者和前瞻者之间，同时追求风险最小化和利润最大化。在变化快速的产业，强调创新，如同前瞻者；在稳定的产业，强调效率，如同防御者。其策略是在前瞻者进入新市场后，才进入该市场，因此是依靠模仿别人；而在模仿别人之后，更致力于提高效率，增强盈利能力。因此，分析者可以说同时追求弹性及稳定性。④反应者(reactor)。反应者在产业竞争中，缺乏完整或一致性的计划，只是被动地随环境压力而盲目反应。原因包括组织战略不明确、组织方式与作业程度没能跟战略配合，或者没能掌握环境变化据以调整战略，所以常常无法明确订立或执行战略任务。Miles 和 Snow (1978)认为，防御者、前瞻者和分析者三种战略均有可能获得优异的绩效，而反应者则不然，“因为反应者适应环境的方式不断变化，通常会落入无法正确响应环境变化和环境不确定性的怪圈，绩效不尽如人意自是题中之意”(Miles 和 Snow, 1978)。

Miles 和 Snow(1978)主张，为了适应环境，组织审慎地选择合适的战略。战略的选择是基于对环境的分析，目的在于获得优异的组织绩效，如经济效益和产品创新等。因而，我们可以假设市场导向与经济绩效某些方面的指标的关系不是单调的，而是因战略类型及其所采用的主要绩效标准而异。然而，这一关系此前很少为学者所关注，目前可检索到的相关文献仅有 Matsuno 和 Mentzer (2000)、Langerak(2003)的文章。这一关系的逻辑基础是：执行一项特定的战

---

① Miles 和 Snow(1978)对于战略的分类是目前最广为学者引用的一种分类方法。Hambrick (1983)认为，这种分类方法很好地把握了企业战略的差异。Dent (1990) 则断定这一分类为企业战略提供了最形象的描绘(the richest portrayal)。因此，很多学者将其用于战略管理研究。如 Snow 和 Hrebinak(1980)将 Miles 和 Snow 的分类作为中间变量，研究企业在生产、制造及财务管理等方面的独特能力与业绩之间的关系；Hambrick(1983)研究了成熟产业的高获利策略；Slocum 等(1985)对战略与业绩评价之间的关系进行了研究；Simons(1987, 1990)则研究了战略管理控制问题。Matsuno 和 Mentzer(2000)认为，这种类型的划分“将战略导向视为组织适应感知环境(市场)的计划模型，因而特别适用于与市场导向相关的研究”(Matsuno 和 Mentzer, 2000：2)。

略，其实质是组织适应环境的过程（Miles 和 Snow，1978），市场导向在其中发挥着基础性作用（Matsuno 和 Mentzer，2000）。然而，由于 Miles 和 Snow 的战略类型是一套具体经营绩效目标与心目中所感知的外部环境的计划适应模式（Aragon-Correa，1998；Jennings 和 Zandbergen，1995），市场导向为实现高水平绩效的应用（一系列适应行为）应当随着不同的经营绩效构面而波动。其理论解释可以归纳为：①企业在理解环境的基础上选择战略；②所选择的战略指引企业关注某些特定的绩效构面；③企业试图在绩效方面表现优异。也就是说，市场导向企业更可能识别、分享相关的信息，并作出更为合理的决定，以实现具体的预定绩效目标而不是全部的目标。

一些实证研究支持了战略类型对市场导向与组织绩效间因果关系的调节作用。例如，Lukas（1999）假设市场导向与企业的战略意图系统相关（systematically related）。他对 SIC① 系统制造类部门的 194 个战略业务单位进行研究的结果表明，前瞻者、分析者、防御者以及反应者的市场导向水平呈降序排列。在四种类型之中，前瞻者最重视职能间协调，分析者最重视竞争者导向，两者均比防御者表现出更强烈的顾客导向。Matsuno 和 Mentzer（2000）的实证研究结果表明，战略类型对市场导向—组织绩效关系起着调节作用。相对于前瞻者和分析者，防御者市场导向与用利润（投资回报，ROI）、市场份额增长、销售额相对增长、新产品销售率来衡量的绩效的关系更为显著。由于反应者并没有呈现出对环境作出反应的行为，Matsuno 和 Mentzer（2003）只测量了前瞻者、分析者和防御者，没有测量反应者对市场导向—组织绩效的调节作用。Langerak（2003）对 275 家制造企业的实证研究结果表明，战略类型对市场导向各构面与定位优势的关系有着显著的调节作用。其中，分析者的竞争者导向对成本优势有着正向影响。Langerak（2003）解释道，这可能是因为分析者通常是前瞻者的跟随者，或在市场中占据第二重要的地位。正如 Miles 和 Snow（1978）所断言的，强烈的竞争者导向驱使企业监测市场领导者和其他跟随者的优势与劣势，这正是取得市场第二重要的地位的先决条件。研究结果还表明，前瞻者的顾客导向和竞争者导向均对差异化优势产生积极的影响，而职能间协调则对低成本优势产生积极的影响。Langerak（2003）认为，研究结果表明对于前瞻者来说，差异化优势是外部的，而低成本优势是内部的。也就是说，战略的选择影响着企业运用市场导向各个构面影响企业运用适当的资产以获取差异化或低成本优势行为的方式，而 Laforet（2008）对英国南约克郡（South Yorkshire）非高科技中小型制造企业的随机抽样（有效样本 500 家）调查研究结果显示，前瞻者的市场导向水平明显优于防御者

① SIC CODE：美国管理局制定的标准产业分类代码（Standard Industrial Classification）。

的，从而进一步支持了战略类型对市场导向的调节作用。

（四）企业规模

Liu（1995）调查英国企业发现规模越大的厂商由于有较丰富的资源，所以市场导向的程度越高。然而，Sexton 和 Van Auken（1985）主张，由于中小型企业缺乏长期目标，战略导向、系统决策以及顾客导向是其绩效的重要决定因素。Kwaku（1997）针对英国企业作研究，也发现即使是中小型企业，市场导向和绩效存在着相当明显的关系；Horng 和 Chen（1998）针对中国台湾中小型企业进行研究，亦支持市场导向对中小型企业的重要性，并更进一步发现企业特性如内外销导向会影响市场导向程度，由于从事外销的中小型企业的产品大多交由国外贸易商负责，所以在市场情报的掌握上较为欠缺，因而市场导向程度较低。Laforet 和 Tann（2006）的研究则表明，以顾客为中心是中小型制造企业创新的驱动因素，对中小型企业的成功举足轻重，其原因在于中小型企业财务资源有限，无力寻求诸如研发或熟练员工等利润来源。因而，他们得出了企业规模与市场导向无关的结论。综上所述，企业规模与市场导向之间的关系尚无定论。

此外，近期的研究表明市场导向水平及其与组织绩效间的关系受产品生命周期影响。如 Wong 和 Ellis(2007)发现，在成长中的市场及成熟市场中，企业市场导向水平较高；而在引入期及衰退期的市场中，企业市场导向水平较低。而市场导向与企业绩效间的关系，在成长期最强，衰退期最弱。

三、市场导向与组织绩效关系的外部环境干扰

企业环境是一个复杂系统，其复杂性不仅表现在各子系统均有其独特的运动规律和内部组成要素间的纷繁复杂的相互作用关系，还表现在环境系统与企业及各要素间的作用力彼此纵横交织，从而构成了具有一定层次结构的网络系统。企业内嵌于这一网络系统之中，因应外部环境变化的程度、时间、复杂性、紊乱性而发展变化。企业与环境之间的关系不是作用与反作用，而是互相联系和共同变化。企业并不是自下而上在抽象的环境中，而是在具体的时间和空间中，因而时间和空间会对企业的行为产生明显的影响，这恰恰可以解释市场导向研究中，为什么有些地区环境影响显著，而某些地区效果不彰。事实上，企业战略选择基本上包括了攸关建立组织结构的形式、对于环境特质的巧妙操作及相关绩效标准的选择，Child(1972)明确指出环境与组织行为和绩效的嵌套关系，如图 2-5 所示。近期的实证研究亦间接地支持了这一观点。例如，Hooley 等(2004)调查了匈牙利、波兰和斯洛文尼亚的 205 家 B2B 服务企业和 141 家 B2C 服务企业的市场导向水平，发现具有较高市场导向水平的企业，往往处于动荡且变化迅速的市场环境之中。

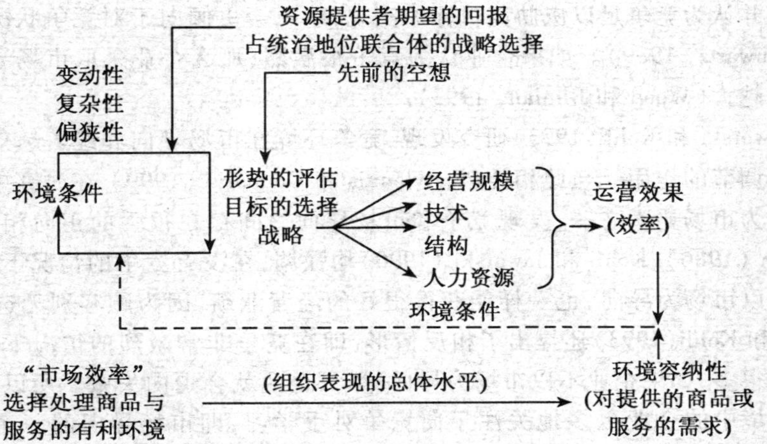

图 2-5 组织理论中的战略选择

资料来源：CHILD, J. Organizational structure, environment and performance: the role of strategic choice. Sociology, 1972, 6: 1-22.

(一)市场导向与组织绩效因果关系的外部环境影响因素

最早尝试通过实证检验影响市场导向的外部环境因素的学者是 Dobscha, Mentzer 和 Littlefield(1994)。他们提出,外部环境要素,如进入壁垒、卖者集中度、政府规制程度、买方力量、市场增长率、技术变化率以及供应商力量,影响着企业的市场导向程度。在上述外部环境要素中,Dobscha 等仅发现技术变化率与市场导向显著相关,此外,一个探索性变量,"企业对行业内技术变化的控制程度",亦与市场导向显著相关。影响市场导向与企业绩效的外部环境因素主要包括以下几个方面。

1. 竞争强度(competitive intensity)

竞争强度是指市场内既存厂商间彼此对抗的程度。假如市场内的现有厂商竞争力较弱,则企业就有较多的机会提高价格并赚取更多的利润。反之,如果同业间是属于强烈的敌对,则彼此就会有明显的竞争而降低利润。同一产业内,组织为获得关注、资源或特定目标群体的忠诚而竞争(Wood 和 Bhuian, 1993)。组织的成功取决于其对竞争对手的了解程度,以及组织监测其竞争对手战略及战术的程度(Simkin 和 Cheng, 1997)。Wong 和 Saunders (1996) 提出了与此相关联的观点,为了获得竞争优势,企业应当精心设计其产品和服务,以比竞争对手更好地满足目标顾客的需求。因此,Aaker (1995)认为,企业有必要搜集关于竞争者的信息，以清楚地了解竞争对手现在及将来的能力和战略。一旦组织认识到竞争并认为竞争足以威胁其目标的实现，组织会更倾向于对竞争状况进行评价（Schwartz，1989）。如果企业认为竞争很激烈，那么企业采取市场导向的可能性就越大（Wood 和 Bhuian，1993）。

Jaworski 和 Kohli（1993）研究发现，竞争环境在市场导向和经营绩效的关系间起到调节的作用。与此相类似，Avlonitis 和 Gounaris（1999）在研究中将竞争强度作为市场要素之一，发现竞争和市场导向之间存在很强的正向相关关系。Houston（1986），Kohli 和 Jaworski（1990）均强调，在没有竞争的情况下，即使企业不是以市场为导向，也一样能获得很好的经营业绩，因为顾客别无选择。Jaworski 和 Kohli（1993）还提出了相反情形，即在竞争非常激烈的情况下，由于顾客选择很多，如果企业不以市场为导向，那么企业就会走向失败。所以，在高度竞争环境中的企业更多地关注于向竞争对手学习，即市场导向的一个关键构面——竞争者导向（Han 等，1998）。所以，为了留住顾客，企业必须变得更加以市场为导向，跟上竞争者的步伐并采取相应的行动措施。因此，我们不难推断，既然组织竞争的本质决定了组织是否应以市场为导向，那么，竞争强度就应作为影响市场导向的一个外部因素。

2. 市场动荡（market turbulence）

Jaworski 和 Kohli（1993）将市场动荡定义为消费者及其偏好组合变化的速率。市场动荡在市场导向发展中的突出角色在一些文献中被反复提及（Felton，1959；Levitt，1960；Kotler，1977）。Levitt（1960）强调，如果企业在一个熟悉的、平静的、可预测的环境中运作，那么，企业就不需要发展市场导向。但是，如果市场不再平静，并不总是可以预测，那么企业就需要在应对市场的不稳定、难以预测方面付出更多的努力（例如，企业应当变得以市场为导向），“而没有如此做的企业，其结果很简单，那就是消亡（while those who fail to do，simply die）”（Day，1990）。Jaworski 和 Kohli（1993）认定，在更为动荡的环境中运营的企业，往往倾向于不断地完善其产品和服务，以迎合顾客不断变化的偏好。因此，他们再度提出，在更为动荡的环境中运营的企业，更有可能具有成为市场导向企业的动机。与此相似的研究结果还有 Lusch 和 Laczniak（1987）对发展中国家的研究，他们认为，发展中国家的市场动荡要求组织持续地完善他们的产品和服务。这一观点得到了 Davis 等（1991）的支持，Davis 等认为，市场动荡与一个企业的市场导向水平正向相关。他们进一步提出，市场动荡要求企业基于消费者偏好采取行动，因而提升了市场导向水平。

此外，Pulendran 等（2000）主张，在市场动荡的情况下，组织高度市场导向是绝对必要的，而且，管理层必须承担起市场导向任务，同时保持转换资源的弹性，适应潜在的市场变动趋势。据此，Pulendran 等还建议，企业的重点应该放在倾听和回应顾客的需求上。Savitt(2001)关于理解原社会主义转型国家营销发展状况的探索性研究也提到了市场动荡对营销发展的影响，并肯定了 Pulendran 等(2000)提出的结论。Appiah-Adu（1997）也认为，市场导向对绩效的影响取决于市场动荡程度。因此，市场动荡应当并视为决定市场导向水平的影响因素。

3. 技术动荡(technology turbulence)

技术可以理解为以前所未有的速度驱动变化的新事物(Chaharbaghi 和 Willis, 2000)，恰当的制造技术能够为组织提供可观的运营收益和竞争收益(Australian Manufacturing Council, 1990；Sohal, 1995)。

Grewal 和 Tansuhaj(2001)认为，技术创新和变化的步伐和程度都将诱发技术的不确定性。因此，Kohli 和 Jaworski（1990)提出，在技术稳定的产业中，市场导向也许并不是十分重要。所以他们声称组织通过将技术导向作为市场导向的可选择手段，用以构筑竞争优势。Glazer（1991)认为，在高科技市场中，企业倾向于将大部分的资源用于技术配置，以管理由技术变化引起的不确定性，纵然如此，企业的市场导向与技术导向之间还是可以实现平衡。此前，Kohli 和 Jaworski (1990)注意到，并不是市场导向在技术动荡的产业中不重要，而是相对于技术导向来说，显然不那么重要。Grewal 和 Tansuhaj（2001)也提出了相似的观点，技术导向作为一种竞争的手段，难免会降低市场导向的重要性。

Hayes 和 Wheelwright（1984)声称，相对于处于技术不确定性较低的市场中的企业，在以高科技不确定性为特征的市场中，企业竞争更多地以技术为基础，而不是以市场导向为基础。

4. 市场成长(market growth)

市场成长指的是组织过去三年主要服务的细分市场的市场规模增长率(Narver 和 Slater, 1990)。

在增速较慢的市场，顾客的需求相对来说较易预测，企业的战略以价格为重点(参见 Hax 和 Majluf, 1984；Porter, 1980)，包括大量的抵扣折让①(trade allowance)和针对消费者开展的促销活动(Peter 和 Donnelly, 1988)。为了避免不经济的定价决定，企业必须密切关注其在竞争中，在生产、营销和研发中所处的成本地位(Day, 1990)。在市场需求增长缓慢时期，对相对成本的重点关注要求企业以竞争者为重点(Day 和 Wensley, 1988)。

① 对顾客以旧商品抵换新商品时所给予的价格抵减。

从产品生命周期来看，产品经过引入期之后，将迎来销售增长最快的阶段，因为大批的消费者将会跟随最早使用产品的顾客（Kotler，1990）。Maidique 和 Zirgen（1984），Von Hippel（1986）指出，企业在开发和评价新产品时，很重要的一点是，应当关注领先使用者（lead user），因为他们是大多数顾客的参照物。这表明在新产品引入期之后的高速增长期，企业应当以顾客为重点。在随后的销售低速增长期，对顾客的关注也很重要。在这个阶段，企业应当把焦点放在有意义的差异化上，从而有别于其他的仿效者，因为这些仿效者将进入市场，从市场细分中发现和利用市场机会。尽管此时竞争者情报也很重要，但消费者分析更为关键。

Narver 和 Slater（1990）认为，当市场需求处于增长阶段时，所有的卖者均很容易获得顾客、保留顾客并实现盈利。但是，短期的市场需求增长并不一定能为企业带来利润。其一，有些短期需求的变化是难以预期的，企业未必来得及做好响应的准备。其二，短期内，企业的生产和营销能力，其数量和质量相对固定，因而对需求变化的调整相对较慢。其三，如果进入壁垒较低，当市场需求增长时，新的竞争者极易进入夺取利润，从而对行业盈利水平造成负面影响；如果退出壁垒同样很低，当市场需求下降时，新的竞争者就会离开，待市场需求增长时再度进入。其四，当市场需求增长时，企业可以选择以现价增加销售额的形式来获取利润，尽管由此增加的资产回报（ROA）少于提高价格所带来的资产回报的增加。由此看来，短期市场增长和资产回报之间的关系纯属臆测，但理论传统认为，市场增长与利润之间存在正向关系，如波士顿管理咨询公司（BCG）提出的市场增长/占有率矩阵，根据市场增长率和相对市场份额的不同，划分为相应的 4 个象限，①企业可据此采取相应的战略决策。

有关市场环境对市场导向—组织绩效关系影响的研究见表 2-4。

---

① 四个象限分别是：

①金牛业务，即能为公司带来了大量资金的业务。

②明星业务，常常是有利可图的，并且是公司未来的现金流业务。

③问题业务，大多数业务是从问题业务开始的。公司为了跟上迅速发展的市场并打败竞争者必须增加工厂、设备和人员，因此需要大量资金。

④瘦狗业务，亦称衰退类产品。一般来说，它们的利润低，虽然可能损失一些钱，但损失不会很大。瘦狗业务通常要占用管理部门较多的时间，需要进一步被收缩，甚至被淘汰。

针对矩阵中不同类型的业务，公司可以作出发展、维持、收获或放弃的战略经营选择。

表 2-4 环境对市场导向—组织绩效关系的影响

文　献	市场导向—组织绩效	调节变量	预测变量
Kohli 和 Jaworski(1990)	正向相关	竞争密度、市场及技术变动、市场增长	未研究
Naver 和 Slater (1990)	正向相关	未识别	相对成本、技术变化、市场增长
Jaworski 和 Kohli(1993)	正向相关	未识别	竞争频度、供应商力量、产品质量
Hart 和 Diamantopoulos(1993)	较弱的正相关	竞争者敌意	未分析
Slater 和 Naver (1994)	正向相关	市场变动、新产品的技术变化、市场增长	相对规模、相对成本、进入难度、竞争敌意
Greenley (1995)	不直接相关	与 ROI 相关的市场变动，与新产品成功相关的技术变化，与销售增长相关的顾客力量	相对规模、相对成本、技术变化、市场成长
Doyle 和 Wong (1996)	正向相关	激烈竞争、技术变化、区别顾客需求	未分析
Gounaris 和 Avlonitis(1996)	正向相关	(消费者市场和产业市场)分销商的力量及影响	未分析
Pelham 和 Wilson(1996)	正向相关	未分析	与新产品成功相关的竞争密度，与销售增长相关的产品差异化
Slater 和 Narver (1996)	正向相关	未分析	相对规模，市场成长
Cadogan(1997)	正向相关	顾客/技术环境，竞争/规制环境	员工参与度，出口部门独立程度

续表

文　献	市场导向—组织绩效	调节变量	预测变量
Appiah-Adu (1998)	不直接相关	与ROI相关的市场变动，与销售相关的竞争密度	市场增长、相对规模、相对成本
Kumar等 (1998)	正向相关	与ROI相关的竞争性敌意、市场变动和供应商力量，与新产品成功率相关的市场变动和供应商力量	利润导向

资料来源：GRAY, B. J. et al. Thriving on turbulence. Journal of market-focused management, 1999, 4: 238-239.

应当指出的是，尽管许多研究者将外在的环境因素当做市场导向与绩效间的调节变量（例如Jaworski和Kohli，1993；Slater和Narver，1994），认为在竞争更激烈的环境、市场变化幅度大与经济景气较差的情况下，市场导向可能对绩效好坏有较明显影响，但是研究结果发现竞争环境、市场变化、经济景气等外在因素，皆无显著的调节作用，显示无论外在的环境如何，市场导向似乎为成功企业所应具备的基本条件。因此，可从这些研究结果推论企业若着重于提升经营绩效，则外在环境并不影响企业实行市场导向的倾向，毕竟市场导向需要组织投入相当多的时间与资源，并建立相关制度才能有所成，企业很难根据外部环境的变化，操纵公司市场导向的高低，而持续获得优异的绩效。

由于市场导向是一种无形的资产，无法从市场中购得，并且具有社会性的复杂结构，其内部的构成因素又是环环相扣，因此不像一般有形的资产，很快会因为竞争对手的模仿或购置而丧失竞争优势（Hunt和Morgan，1995），所以一些实证研究如Jaworski和Kohli（1993），Slater和Narver（1994）的研究结果显示，外在环境并不具有调节市场导向和绩效的作用。因此，一些学者提出，企业的市场导向取决于企业内部的高阶主管、人员素质、组织架构、部门间的配合是否能以市场信息作为决策依据，共同致力于提升长期绩效与获利能力。但如果将组织视为系统，就不能忽视外界环境的影响。系统的特性之一，即系统的适应性说明一个系统和包围该系统的环境之间通常都有物质、能量和信息的交换，外界环境的变化会引起系统特性的改变，相应的引起系统内各部分相互关系和功能的变化。因此，从理论上来讲，环境对市场导向具有调节作用。

第三章　市场导向与组织绩效：一个基于竞争优势来源的因果逻辑建构

市场营销与战略管理之间天然地存在着联结。早在 20 多年前，Biggadike（1981）就清晰地表达了营销与战略管理之间的关系。他认为，总的来说，营销与战略管理的交融主要表现在五个方面："……营销观念将顾客置于战略的核心地位；细分将顾客分为具有共同需求的群体；定位决定了服务于哪些细分市场、与谁竞争的战略选择；而顾客功能（customer function）、顾客群体和替代技术这三个维度的设计定义了企业；新兴的市场演进理论有助于企业对顾客、竞争者进行动态分析……"。①

事实上，市场导向与竞争优势、竞争优势与组织绩效这两对变量间的因果关系也获得了若干实证支持。例如，就市场导向与竞争优势间的因果关系而言，Slater 和 Naver（1996）认为，市场导向对企业创建低成本优势和差异化优势活动均有积极的影响。Hult 和 Ketchen（2001）则发现，市场导向作用下的定位优势（包括低成本优势和差异化优势），对组织绩效有着正面的影响。Hult 和 Ketchen（2001）将市场导向视为对一个潜在的（latent）、难以观察到的（unobserved）架构作出贡献的一个要素，他们把这个架构称为定位优势，定位优势对组织绩效有着正面的影响，而 Langerak（2003）对市场导向各个构面（顾客导向、竞争者导向和职能间协调）与企业定位优势（低成本优势和差异化优势）之间的关系进行了研究。对荷兰 122 家制造企业的研究发现，顾客导向和竞争者导向对差异化优势有着积极的影响，而职能间协调则与低成本优势之间存在正向相关关系。研究同时表明，差异化优势影响组织的经营绩效，而低成本优势则不然。

而持续的优异绩效来源于持续竞争优势一直以来就是经典战略管理文献的题中之意（例如，Barney，1997；Grant，1998；Roberts，1999）。例如，Miller（1998）对 PIMS（市场战略的利润效应）数据库所引数据的分析结果表明，

① BIGGADIKE，E. R. The contribution of marketing to strategic management. Academy of Management Review，1981，6（4）：621-632.

某种竞争优势对于企业获得高于平均水平的利润是非常有帮助的①。Barnett 等

① 转引自[美]亚历克斯·米勒著．战略管理(第三版)，何瑛等译．北京：经济管理出版社，2004. Miller(1998)对来自于美国200家公司的2 500个业务部门的PIMS(市场战略的利润效应)数据库所引数据的分析结果表明，某种竞争优势对于企业获得高于平均水平的利润是非常有帮助的。下表显示了差异化和低成本两种竞争优势在七个不同产业部门的重要性。

产业部门	差异化优势： 低成本优势：	平均收益率(%)			
		低 低	低 高	高 低	高 高
制造业					
消费产品					
耐用品		14.2	20.2	21.0	38.7
非耐用品		9.7	27.0	15.0	33.2
工业产品					
资本品		8.1	19.7	28.5	35.2
原材料或半成品		2.9	28.8	15.1	34.9
产成品零部件		10.5	22.8	29.0	38.8
消费品的供应商		14.1	33.3	31.0	38.4
服务		10.0	22.8	26.8	31.5
平均		9.5	26.2	22.0	34.7

如表所示，差异化优势是指对任何一种由顾客对具有竞争性的产品和/或服务的评价所识别出来的非价格属性的衡量。低成本优势是对报告公司的直接成本的衡量，以相对于预估的该产业一般领先竞争者的百分比形式来表示。显然，这些数据对于战略分析来说过于宽泛，但它们至少表明了三点。

①两种竞争优势均不具备的公司(表中的低/低项)通常盈利能力较差。在平均的9.5%左右波动较大，但是，由于盈利指标所采用的数据发生在经营成本和税收之前，那么，这些数据当中即使是最大的也比期望的一般资本回报低。而Miller(1998)也强调，其他的一些分析也显示，该组在成长性方面的表现也很差，市场份额每年几乎会减少四分之一。

②具有一种竞争优势的企业(表中的高/低项)具有较高的盈利水平。这类企业的盈利能力至少是该产业差异化优势及低成本优势均处于低水平企业盈利能力的两倍。哪种竞争优势最具盈利性并没有一个恒定的模式，但毫无疑问地，具有竞争优势的企业，其盈利能力水平较高。

③兼具两种竞争优势的企业(表中的高/高项)大多数都具有最强的盈利能力。位于该项的企业的投资回报率分布在35%～39%之间。因为数据库中所有企业的平均投资回报率在22%左右，因此，这样的表现应该是比较优秀了。而且，这些表现优异的公司在成长性方面的表现也很优秀，就市场份额方面来说，该类企业平均每年的市场占有率将近有60%。

总而言之，如果一个企业具有一个以上的竞争优势，那么它就处于一个相对较为有利的地位。但是，如果一个企业在竞争优势的任何一个方面都做得不优秀，顾客在该企业所创造的三种价值中的任何一个方面都不能获得更优的选择，那么，在一个竞争性的市场当中，该公司的业绩肯定较差。

(1994) 对美国伊利诺伊州超过650家银行1987—1993年经营绩效的考察结果则表明，竞争对单个银行的平均资产回报率（ROAA）的影响达0.08。即每增加一个竞争对手，银行的平均回报率将下降0.08%。因而，谋求战略差异导致的竞争优势，成为创造超常规利润的理论基础（Hambrick，1983；White，1986）。

然而，尽管市场导向、竞争优势、组织绩效两两概念之间的因果关系获得了一些经验研究支持，但在理论建构方面，正如Hunt和Lambe（2000）所指出的，虽然有关市场导向与组织绩效相关性研究的著述十分丰富，但有关文献却"缺乏一种基础理论，以至于无法为市场导向和企业绩效之间的正向因果关系提供一种解释机制"。据此，本章致力于在解析对竞争优势来源的不同解释，即产业基础观点、资源基础观点及关系观点的主要内容，探讨各种观点之间兼容性与互补性的基础上，构建竞争优势来源的整合分析框架。遵循这一分析框架，对市场导向与竞争优势的关系进行分析，借以演绎市场导向、竞争优势与经营绩效之间的内在逻辑。

第一节　竞争优势来源的理论探讨

一、竞争优势的含义及分类

（一）竞争优势的含义

发展战略的目的在于如何成功地竞争，而成功地竞争是指组织能超越其竞争对手，拥有竞争优势。正确理解竞争优势的概念，对于企业创造和维护竞争优势具有重要的作用。学者们对于竞争优势的定义主要可分为两类：一类是从竞争优势的结果或曰最终体现方式，即获利能力来进行定义；另一类则是从竞争优势的来源进行定义。

1. 从竞争优势的结果定义竞争优势

戴维·贝赞可（David Beshako）等在其合著的《公司战略经济学》一书中指出，"当公司的表现超出该产业平均水平，我们就说它获得了竞争优势"。"公司只有在它具备允许它创造超出竞争者的总体值的能力时，才能获得我们所定义的竞争优势。创造更多价值的公司能同时赚得更高利润，并能比竞争者更多地将净收益转移给消费者。""把竞争优势定义为厂商在产业中业绩出众的能力，也即是赚取比同行更高利润率的能力。"

西屋·S. 马瑟（Shiv S. Mathur）、艾尔弗雷德·凯尼恩（Alfred Kenyon）在其《创造价值》中指出，"许多人把这种必需的超正常水平的金融业绩称为

‘竞争优势’。此处我们避免采用这种表达，因为它没有很方便地传达出金融意义，也没有更特别地指出压低资本成本的必要性。因此这种必需的金融业绩被称为‘创造价值’，而达到此目标的产品或公司被称为‘价值创造者’”。①此概念有三层含义：竞争优势即创造价值，是企业创造的超正常水平的财务业绩；竞争优势是通过低资本成本获得的；达到创造价值（竞争优势）目标的产品或公司被称为价值创造者。

Barney（2002）认为，企业经营活动能产生经济价值，如果企业所处的产业中仅有少数企业能以相同手法获得该经济价值，那么，这些企业就拥有竞争优势。Grant（2001）也认为，“当市场上有两个或更多的竞争对手，其中一家比其他对手能持续地获得较高的利润，就表示其有竞争优势”。从这些定义中，我们不难看出，获利能力的差异似乎是解释竞争优势的重要信号。事实上，获利能力是竞争优势的最终体现方式，如果不能获得超额利润，竞争优势就不具有实践意义（Powell，2001）。

2. 从竞争优势的来源定义竞争优势

从竞争优势来源定义竞争优势的文献，大致又可分为两个角度——顾客角度和企业角度。其一，从顾客角度对竞争优势进行定义以 Porter 为代表。Porter（1985）在其著作《竞争优势》中指出，“竞争优势归根结底来源于企业为客户所能创造的超过其成本的价值。价值是客户愿意支付的价钱，而超额价值产生于以低于对手的价格提供同等的效益，或者所提供的独特的效益补偿高价而有余”。其二，从企业角度对竞争优势进行定义。此类论述颇多，大多以资源基础观点（RBV）为基础。Hofer 和 Schendel（1978）从资源基础理论的角度，将竞争优势定义为企业因资源利用方式而形成的相对于竞争者的独特地位。资源基础观点认为，企业竞争优势是来自于拥有“有价值”（valuable）、“稀缺”（rare）、“不可模仿”（inimitable）以及“不可取代”（nonsubstitutable）的资源（resources）与能力（capabilities）（Amit 和 Schoemaker，1993；Barney，1991；Prahalad 和 Hamel，1990）。企业要在市场竞争中长期获胜，需要开发利用具有上述特征的资源。Botten（1999）则认为，竞争优势指的是一个组织的资源或能力能够有效地达成目的，反之，弱势则是指一个组织内的限制或脆弱点导致其无法达成目的。以 Hamel 和 Prahalad 为代表的能力学派学者则认为，企业的竞争优势来源于自身所具有的核心能力，企业之间核心能力的差异造成了效率和收益的差异。这种能力隐藏在资源的背后，是对资源的开发、利用、组合和保护的能力。

---

① “金融业绩”疑为翻译错误，应为“财务业绩”（financial performance）。

显然，从顾客角度对竞争优势进行定义更适用于市场营销研究，否则企业就易患上 Levitt（1960）所指的“营销近视症”。正如管理学大师德鲁克所说，“正是顾客决定了企业是什么。唯有顾客为一件商品或一项服务付钱的意愿，才能将经济资源转换成财富，将物品转化成商品。”据此，本书认为，竞争优势指的是企业为顾客提供优于竞争对手的价值，并能够在一定时期内掌握市场主导权、获得超出行业平均水平的利润的属性或能力。

（二）竞争优势的分类

“竞争优势必须建立在顾客价值认同的基础上。”（Delvin 和 Ennew，1997）企业的竞争优势最终是在市场上实现的，任何努力都得落实到市场和产品等非常具体的问题上。虽然竞争优势的表现形式多种多样，但从内部活动的角度进行分析，主要包括两种基本类型，即低成本优势和差异化优势。其中，前者指企业能够以较低的成本推出自己的产品或服务；后者指企业成功地塑造出产品功能、服务、质量、品牌形象等方面的特色。因此，在竞争优势的营造过程中必须做到知己知彼，必须对竞争对手的成本结构、资源与能力、战略定位、战略意图和高层管理者的风格有一个比较清楚的了解。

1. *差异化优势*

差异化优势是指企业向顾客提供的产品和服务在产业范围内独具特色，这种特色得到了顾客的认同，并且顾客愿意付出的价格溢价超出了企业因其独特性所增加的成本。Mathur（1988，1992）提出组织差异化其提供物的两种非价格维度——商品和支持（merchandise and support）。他把前者定义为为顾客提供的产品，后者定义为向顾客提供的建议和协助。虽然这种两分法比较适用于制造业产品和一些服务产品，但对于金融服务业来说，建议和协助往往是服务的核心部分。即便如此，这种分类依然有其意义，它表明银行可以通过产品特征和建议及协助实现差异化。

为了追求差异化的竞争优势，企业必须生产出一些顾客评价较高的独特的产品或服务。要使产品脱颖而出，就必须使产品具备区别于其他产品的属性，产品性能、售后服务、技术创新、声誉、生产一致性等。顾客重视的任一属性、特色或性能以及一家企业独家供应的产品都能成为建立在差异化基础上的竞争优势。如果一家企业成功在对其产品或服务创造了一些独特并理想的属性，它就在顾客中间建立了品牌忠诚度，减少了顾客考虑替代产品的可能性，而且，会降低购买者对价格的敏感度，这样，不必降低成本就能够增加利润空间。

如图 3-1 所示，企业 E 以较低的价格销售有特定质量 q_E 的产品，其单位成本是 C_E。企业 F 以高质量 q_F 提供产品，其单位成本是 C_F。消费者从产品 F

中感受到增加的收益 $\Delta B = P_F - P_E$，超过了生产的额外成本 $\Delta C = C_F - C_E$。因此，企业 F 创造的价值超过了 E 企业。因为 F 企业创造了更多的价值，可以通过在低于用实线表示的无差异曲线下方确定价格的方法，与消费者“分享”一部分它所创造的额外的价值。这样一来，F 企业就能比 E 企业提供更高的消费者剩余，从而获得 E 企业的部分市场份额。即使 E 企业通过降低价格至 P'_E 以达到 F 企业的消费者剩余水平（即图中的无差异曲线移到虚线的位置），F 企业的边际利润仍然高于 E 企业。

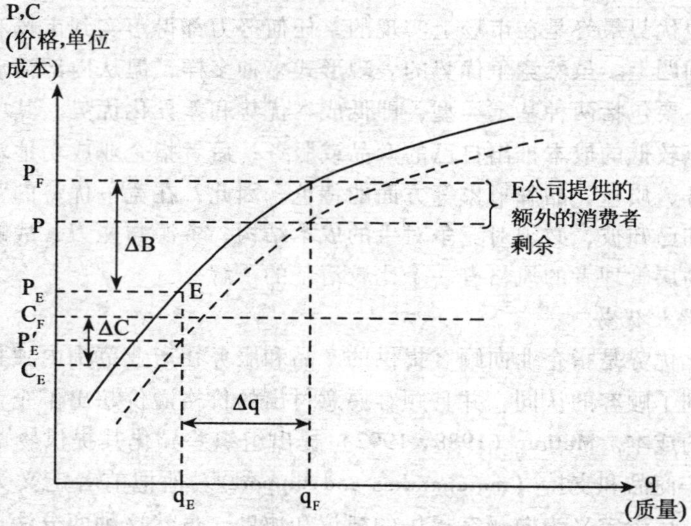

图 3-1

2. 低成本优势

获得成本领先竞争优势的企业是通过建立比竞争对手较低的成本地位来实现的。低成本地位并不意味着仅仅获得短期优势或者仅仅是削减成本，它是一个“可持续成本领先”的概念。

一般情况下，低成本优势可以通过以下方法获取：

①规模经济：即通过增加产品产量来降低单位成本。当产量达到一定规模时，各种生产要素的投入不一定会随产量以相同的比例增加。即当某种（些）生产要素如运输成本、原材料进货价格、机械化生产而非手工操作等单位投入量因规模生产而降低时，反映在每单个产品上的成本就会相应降低。

②学习经济：通过组织成员的学习，提高效率，规范操作，从而减少工作

所需时间，降低浪费，减少错误，提高各工作岗位之间的协调性，最终达到降低成本的目的。

③运作管理：通过产品设计，使产品的生产过程更加容易，从而降低成本；通过改善和引进新的生产方法和技术降低成本；合理地利用和调整生产能力，从而降低生产成本；以较低的价格获得生产要素，从而降低成本。

④企业再造：为了在成本方面取得显著改善，而对运营流程进行重新设计，从而提高生产效率、质量和速度，消除那些保持企业最有效运作之外的多余成本。

具有低成本优势的企业可以在保持与竞争者相同或可能更低的可察觉收益的同时，通过提供更低成本的产品，可以创造比竞争者更多的价值。如图 3-2 所示，假定一个行业内所有企业提供的产品质量组合在 E 点，平均生产成本是 C_E。现假设其中有一个企业通过自动化或其他手段，以十分低的成本 C_F 生产较低质量水平 q_F 的产品，通过合理地降低价格（P_F），低成本企业可以比竞争者提供更多的消费者剩余，从而相对于竞争对手增加了市场份额。即使其竞争对手通过降低价格至 P'_E，重新达到消费者剩余水平，低成本企业仍然会有较高的边际利润（$P_F - C_F$ 对于 $P'_E - C_E$）。

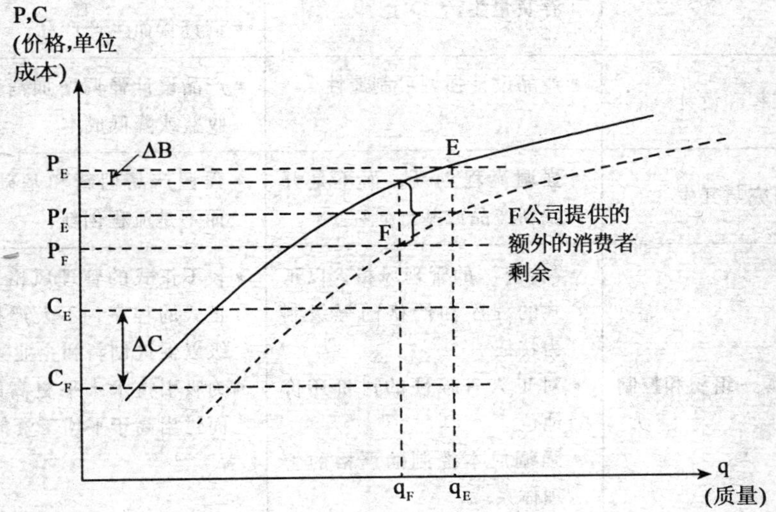

图 3-2

对低成本优势和差异化优势的不同追求表现在企业的各个职能领域，参见表 3-1。

表 3-1　　低成本优势与差异化优势在不同职能领域的定位①

职能领域	竞争定位	
	低成本优势	差异化优势
产品和营销	• 标准化产品 • 价格低于竞争者，带来较少价格—成本差额 • 很少和节约的产品促销或广告 • 节约的售后服务或保养	• 价格高于竞争者，带来较高的价格—成本差额 • 强调通过品牌、广告和产品促销塑造产品形象 • 广泛的售后服务和保养 • 广泛的保证
生产运营	• 大批量生产设施以便获得规模经济收益 • 随需求的增加而增产，以保证充分利用生产能力 • 严格控制存货水平，依据存货量生产	• 为迎合顾客需要和对不可预测的顾客需求作出灵活反应，愿意牺牲规模 • 依据预期保证产品的供应和最小化缺货的需要，扩大产能 • 依订货而生产产品
工程和设计	• 产品设计强调可制造性	• 产品设计强调增加消费者的收益或降低成本
研究与开发	• 强调流程创新，而不是开发新产品或基础研究	• 强调产品创新和基础研究，而不是流程创新
人力资源—组织和控制	• “传统”的管理风格，以正式的程序和严格的等级制为特征 • 对工人有强硬的讨价还价地位 • 强调成本控制的严格的管理体系	• 较不正式的管理风格，不太正式的程序，不太严格的等级以促进创新和企业家精神 • 为吸引技术水平更高的工人而付出高于平均工资的报酬

① 资料来源：改编自［美］戴维·贝赞可等著，武亚军等译．公司战略经济学．北京：北京大学出版社，1999：399.

如表3-1所示，寻求低成本优势的企业，在产品和营销方面通常以大量生产和易于提供服务的标准化产品为中心；而追求差异化的企业则更多地注意产品线的宽度、广告促销预算的规模、最好使用的担保以及为顾客服务所需的资源和数量。

在生产运营中，寻求低成本优势的企业在制造和后勤方面追求规模经济，同时也追求存货管理的效率。而追求差异化优势的企业由于希望通过更高的价格获得更多的收益，因而更愿意放弃这些优势。由于增加生产能力和存货来对未预期的需求作出灵活反应的需要，可能会迫使这些企业按不同方式进行组织，并发生相对于追求低成本优势企业更多的成本。

工程与设计方面类似的区别也很明显。追求低成本优势的企业会设计合适的产品以增加可制造性，或者使设计的产品能符合多个市场最低的操作标准（例如一些跨国公司为多国市场生产标准化产品）。而追求差异化优势的企业则设计符合重要的顾客或细分市场需求的产品，即使这样会使产品设计和服务更加困难。

对竞争优势的不同追求也与人力资源和组织管理方面的差异相联系。对于追求低成本优势的企业，如有稳定技术的低增长产业，企业的特点是更加具体和更少自由度的工作，技术水平不高但数量更多的工人，以及更仔细的控制。相反，追求差异化优势的公司更可能将决策授予更接近顾客的较低层雇员，在决策时更多地听取雇员的意见，实行更广泛但较不正式的监督，这是因为这些企业在考察雇员工作过程和行为结果方面存在困难。

值得注意的是，低成本优势和差异化优势并不是截然分开的。Porter（1985）强调，成本领先者尽管依赖于成本领先来获得竞争优势，但仍必须在比竞争对手标新立异的基础上创造价值相等或价值相似的地位，以领先于产业平均收益水平。差异化基础上的价值相等能使成本领先者直接将低成本优势转换为较竞争对手为高的收益。而一个能创造和保持经营差异性的企业，如果其产品价格溢价超过了因产品的独特性而增加的额外成本，它就能成为其产业中盈利高于平均水平的佼佼者。因此，“一个追求差异化的企业必须一直要探索能导致价格溢价大于为差异化而追加的成本的经营方式。由于追求差异化的厂商的价格溢价将会被其显著不利的成本地位所抵消，所以它绝不能忽视对成本地位的追求”。

二、竞争优势溯源：从“由外向内”到“由内向外”再到跨组织关系

对竞争优势来源的理论探讨，有三种不同的战略思考逻辑：一是由外向内型（out-inside），即有效配合外部环境变化的趋势，适时调整企业本身的经营

范畴；二是由内向外型（inside-out），亦即持续建构并运用自身的资源条件，以对抗外部环境的变化；三是企业与外部伙伴关系，即与关系网络伙伴结成持久的、互惠互利的关系。这三种不同的战略思考逻辑即认为企业竞争优势来源于外部因素的产业基础观点，认为企业竞争优势来源于内部因素的资源基础观点和认为企业与关系网络伙伴间关系可构成竞争优势的关系观点。

传统上，战略制定的焦点大多注重外部环境因素，主张外部环境的考量、产业结构及竞争状态是战略的重点，竞争优势是企业相对于竞争者在产业或市场拥有较优越的地位（Porter，1980；Day 和 Wensley，1988；Murdick，Moor 和 Eckhouse，1989；Ansoff 和 Modonel，1990）。诸如强调环境与组织配合的 SWOT 分析、环境—战略—结构的古典战略管理模型（Chandler，1962）、广为实务界采用的 BCG 模型（Boston Consulting Group，1970）以及强调竞争优势的五力分析（Porter，1980）等自 20 世纪 60 年代沿用至今，鲜少有人提及组织内部因素的重要性。直至 20 世纪 80 年代，企业内部因素也只是战略决策附属的考量（Bartlett 和 Ghoshal，1991；Collis，1991），而外部环境的产品—市场分析仍然是战略制定的基础（Porter，1985）。

20 世纪 80 年代后半期，企业面临着外部环境日趋动荡的现实，战略制定已然跟不上外部环境的变动，战略焦点专注于企业外部定位的论点逐渐受到挑战，从而促使企业研究者从自身因素寻找竞争优势的来源。例如，Black 和 Boal（1994）认为，过度强调外部环境分析，可能会对企业形成如下限制：

①可能使企业陷入无谓的重复（tautological）的风险，例如企业想要成功，通常需要选择较具吸引力的产业，但企业的成功，往往是已处于较具吸引力的产业中。

②外部环境分析主要是横断面分析（cross-sectional）问题，它只用来表示现状，但是对于纵断面（longitudinal）问题，则有其限制（Porter，1991）。

③McWilliams 和 Smart（1993）认为，产业分析层次对于管理者实务意义不大，因为对于个别企业而言，其对产业的影响程度不大。

Rumelt（1991），Mauri 和 Michaels（1998），McGahan 和 Porter（1997）的实证研究结果显示，仅有少部分企业的超额利润来自产业影响。外部环境分析在解释实践方面的缺陷促使研究者们开始将着眼点转移至企业内部。一些学者在探讨企业持续竞争优势时，发现企业可借由本身资源和能力的累积与培养，形成长期而持续的竞争优势（Aaker，1989；Prahald 和 Hamel，1990；Grant，1991），这种由外向内的战略思考逻辑，Barney（1991）称为“资源基础模式”的战略分析取向①。而如何通过资源和能力的培养与累积，形成持续的竞争优势，学者们将之通称为资源基础观点②（resource-based theory），资源基础观点强调“内部审视（introspective）”的重要性，认为企业内部资源（resources）和能力（capabilities）会引导企业的战略方向，成为企业利润的主要来源。

根据资源基础观点，企业的竞争优势来自于其资源的异质性（heterogeneity）（Rumelt，1982，1991；Wernerfelt，1984；Barney，1991），企业如有能力取得具有独特性、专属性、因果模糊性、路径依赖性等特征的战略性资源，就能获得优于竞争者的竞争优势（Rumelt，1982；Barney，1991）。资源基础观点强调优势源于个别企业所控制和拥有的资源，研究取向也多以企业内部储存的资源为核心。

这种以个别企业为主要分析单位的倾向，造成资源基础观点在解释企业合作行为议题上的限制。在实务运作中，企业的关键资源往往超越企业的边界。Asanuma（1989）和 Dyer（1996，1997）等学者的研究就显示，通过投资于关

① 事实上，关于竞争优势源于内部资源的观点萌芽已久。Chamberlin（1933）和 Robinson（1933）是最早研究企业特有资源重要性的两位经济学家。与传统的市场结构理论不同，他们强调企业异质性（heterogeneity），并认为特有的资源或能力是使企业处于不完全竞争状态并获取经济租（economic rents）的重要因素。Penrose（1959）进一步发展了资源基础观点，她通过经济理论的推演，提出了“组织不均衡成长理论”，认为企业不仅是一个管理单位，而且还是一个由各种生产资源组成的集合，管理者通过管理决策将这些生产资源在不同的使用者或部门之间进行配置。而将资源清楚地界定为竞争优势的基础，是由 Wernerfelt（1984）所发表的一篇“企业的资源本位观点”的论文，他依循 Penrose 的论点，首先提出了“资源基础观点”一词，认为以资源角度来进行战略思考，将对企业更加有益。随后 Barney（1986）主张战略性资源市场的不完全竞争，使企业能在产品市场上建立持久的竞争优势。以战略性资源作为竞争优势的基础经由 Barney 的激发，引起学者们的兴趣和讨论，继而蓬勃发展，而在学术界及实务界形成了一个主流的观念。

② Barney（1991）将资源定义为资产、能力和组织流程、企业属性、信息和知识的集合。此后出现的能力基础（competency-based）观点、知识基础（knowledge-based）观点，大抵不脱离广义的资源基础范畴。国外亦有不少文献将之一并归为资源基础观。例如，能力基础学派奠基人 Prahalad 和 Hamel 的著述也明确地以资源基础理论为基础。事实上，资源基础理论的创始人之一——Wernerfelt 认为，Prahalad 和 Hamel 几乎是单枪匹马地完成了资源基础理论学说的普及工作（Wernerfelt，1995）。Prahalad 和 Hamel 没有将重点放在影响竞争优势来源的环境上，而是直接对企业内部有价值的、难以复制的知识进行分析，认为知识使企业获得了进入不同市场的通路。这一战略观点开启了能力基础学派的先河，几乎可视为资源基础观点的可执行版本，因为它更多地关注于企业内部竞争优势的来源（Sanchez 等，1996；Sanchez 和 Heene，1997）。

系专属性资产、并将资源以独特的方式加以结合，将有助于提高价值链的生产力。这样的结果指出，交易双方可以独特的合作方式结合而造资源，并胜过单纯依靠市场交易关系的竞争对手。最鲜为人知的个案，当属日本企业生产商通过与其上游企业的紧密联结，而在效率与弹性上超过美国对手。因此，特殊性的企业间联结（idiosyncratic interfirm linkage）可以成为竞争优势的重要来源（Dyer 和 Singh，1998）。

接下来，本书将对竞争优势来源的不同观点——产业基础观点、资源基础观点与关系观点进行解析。

三、企业竞争优势产业基础观点

（一）竞争优势产业基础观点的经济学基础

1. *产业组织经济学的哈佛学派*

竞争优势产业基础观点以 Porter（1980，1985）的著述为代表，发轫于哈佛学派的 Mason（1939）和 Bain（1951，1959）提出的 S-C-P（Structure-Conduct-Performance，市场结构—市场行为—市场绩效）范式。所谓“市场结构”，是指在特定的市场中企业间数量、份额、规模上的关系，以及由此而决定的竞争形式。它是反映产业组织竞争性质和垄断程度的基本要素，主要以进入壁垒、市场集中度、产品差异化、成本结构、经营多样化等指标来衡量。“市场行为”是指企业在市场竞争和相互博弈中所采取的策略和对策，一般包括产品政策、价格政策、促销策略和并购行为等。“市场绩效”是指产业运行的效率，是企业的市场行为所形成的产业资源配置、技术进步和产业规模经济实现程度等方面所达到的状态，借此来判断市场结构和市场行为的优劣。按照哈佛传统，这三个要素之间存在着密切的单向因果关系：市场结构决定企业的市场行为，企业行为产生市场绩效。

2. *芝加哥学派*

Porter（1980，1985）不仅吸纳了哈佛学派关于市场结构决定企业行为、继而决定市场绩效的观点，他关于价值链的论述还借鉴了芝加哥学派关于流程效率的论点。

芝加哥学派以 Stigler，Demsetz，Brentz 和 Williamson 等学者为代表，他们认为，企业在效率上是有差异的。企业在效率上的差异源于两个方面：一是信息在企业的活动中起着非常重要的作用，信息的获得和利用是有成本的；二是在企业的内外活动中存在着广泛的交易成本，企业的效率不仅取决于生产技术而且取决于信息和交易成本的高低。在这一假定基础上，芝加哥学派指出哈佛学派所宣传的建立在垄断、共谋和进入壁垒的基础上的某些企业的持久竞争优势是不存在的。① 在 SCP 分析中，芝加哥学派特别关注对企业绩效的分析，并认为三者的关系是互动的，其中企业绩效的作用才是决定性的。企业的效率差异是其竞争优势的源泉。

（二）竞争优势产业基础观点的主要论点

1. 竞争优势来源于在有吸引力的产业中的有利的竞争地位

Porter（1977，1980，1985）以产业组织理论为基础，提出了基于产业分析的竞争优势理论。该理论认为，企业竞争优势——低成本优势和差异化优势来源于在有吸引力的产业中的有利的竞争地位。企业的盈利可分解为产业效应（industrial effect）和定位效应（positional effect）（Porter，1991，1996）。因此，“理解产业结构永远是战略分析的起点”，“决定企业盈利能力首要的和根本的因素是产业吸引力”，其次是产业内的相对竞争地位。Porter（1985）强调，这两个要点中的任何一个都不足以指导企业对竞争优势的追求，即使在一个非常有吸引力的产业中，如果企业选择了处于劣势的竞争地位，也许仍不能获得令人满意的利润。反之，萧条产业中处于优势的竞争地位也只能获利甚微，即使付出更多努力来增强这种竞争地位也无济于事。

产业吸引力由五种力量决定：进入威胁（threat of entry）、强有力的买家（powerful buyers）、强有力的卖家（powerful suppliers）、替代威胁（threat of substitutes）和现有的竞争者（existing competitors）。Porter 认为，这五种竞争作用力综合起来决定某产业中的企业获取超出资本成本的平均投资收益率的能力。其综合作用力随产业的不同而不同，随产业的发展而变化。

Porter（1985，1987）对多样化战略、基本战略和其他企业为获得优势而采取的手段进行了调查研究。他认为，企业战略与两个不同的问题有关：介入什么样的业务，以及如何管理不同的战略决策单位（strategic business units，SBU）。每一个 SBU 都有发展竞争战略的需求，根据 Porter 的观点，一些企业不能运用其广义的竞争战略，为获得竞争优势而采取具体行动。他提出两种广义的竞争战略：低成本和差异化，每种战略都要求有不同的技能创造竞争优

① 芝加哥学派提出如下理由：第一，在存在交易成本的条件下，每个共谋方都有动力侵蚀共谋协议。有效的共谋必须建立在相当高的协议、实施和监督成本的基础上。在这种高成本面前，有效的共谋是难以持久的。第二，在信息的作用上，进入壁垒将被瓦解。在芝加哥学派看来，广告作为一种信息传递机制可以减少消费者的搜寻成本。最后，芝加哥学派指出，所谓形成垄断的企业规模是由企业的效率所决定的。企业的效率决定了企业规模上的差异，而不是相反。

势。竞争优势来自那些能为顾客创造高价值的企业。就创造高价值的方法而言，是降低成本及产品差异化，使顾客认为有价值且愿意付出高价。当优势具有难以模仿的障碍（进入壁垒①和移动壁垒②），③ 且能抗拒竞争者的腐蚀时，就能成为可持续竞争优势。

2. 价值链——分析竞争优势的工具

Porter 提出："如果把企业看做一个整体，就无法理解竞争优势。竞争优势源于企业实施的许多离散的行动，如设计、生产、营销、传送产品和产品支持。"（Porter, 1985）因此，Porter 提出了价值链作为分析哪项活动能够影响竞争优势的工具（基本的价值链形式如图 3-3 所示）。

"价值链将企业分解为与战略相关的活动，以了解成本以及存在的差异化源泉的行为。"（Porter, 1985）如图 3-3 所示，价值活动分为基本活动和辅助活动，辅助活动与各种具体的基本活动相联系并支持整个价值链。这些活动相互独立，由联结（linkages）相连接。每一种活动都对企业的相对成本地位有所贡献，并且奠定了标新立异的基础，而联结也影响着价格活动实施的方式以及各项活动的成本。通过优化与协调，联结可以创造竞争优势。Porter（1985）认为，信息和信息流（information flows）对于优化联结举足轻重。最困难的任

---

① 对于一个产业来讲，进入威胁的大小取决于呈现的进入壁垒加上准备进入者可能遇到的现存守成者的反击。如果壁垒高筑或新进入者认为严阵以待的守成者会坚决地报复，则这种威胁就会较小。可能的进入壁垒包括规模经济、专利产品、商标专有性、转移成本、资本需求、分销渠道、绝对成本优势、政府政策和预期的反击等。

② 移动壁垒是阻止企业从一种战略地位向另一种战略地位运动的因素。移动壁垒是为什么产业内一些企业可长期获得高于其他企业利润的首要原因之一。不同战略集团不同程度地带有自己的移动壁垒，这使一些企业长期掌握优势。移动壁垒高的集团内的企业将比壁垒低的集团内的企业利润潜力大。这些壁垒也是为什么企业明知不是所有战略有相同的成功性而仍以各自不同的战略参加竞争的原因。移动壁垒的存在意味着有些公司如 IBM 可以享有凌驾于他人之上的系统优势，这些优势体现在规模经济、绝对低成本优势等方面。这些优势只能以导致产业结构变化的战略性突破来制胜，而不能仅仅依靠改善经营管理来达到。移动壁垒的存在还意味着一个产业中某些战略集团内的企业有着稳固的市场份额，而对该产业的另一些战略集团来说则存在频繁的得失。

③ 斯蒂格勒等人认为，传统的规模经济、资本需要量、产品差异等进入壁垒因素，不再构成产业中有效的竞争壁垒，竞争优势也只可能是暂时的，从长期来看，模仿将会使企业的利润趋近于零。

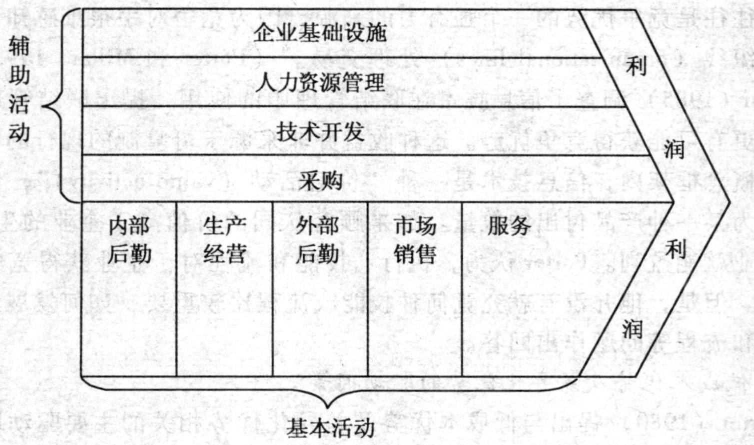

图 3-3　基本价值链

资料来源：迈克尔·波特著，陈小悦译．竞争优势．北京：华夏出版社，1997：37.

务是识别和管理这些联结以获得竞争优势。① 保持竞争优势要求企业管理人员熟悉价值链以及供应商、竞争者和买方对价值链的影响。虽然使用了产业组织理论的方法来发展其战略理论，他的著述从关注产业结构转换为重视评估、改善、保持技能及其体系。

---

① Porter（1985）提出，企业如欲获得低成本优势，就必须遵循以下步骤：1. 识别适当的价值链，以分摊成本和资产；2. 判定每种价值活动的成本驱动因素以及它们的相互作用；3. 识别竞争对手的价值链，确定竞争对手的相对成本和成本差异的根源；4. 通过控制成本驱动因素或重构价值链和/或下游价值链来制定降低相对成本的战略；5. 确保为降低成本所作的努力不会损害标新立异，或者有意识地选择这种做法；6. 检验成本削减战略的持久性。如果企业以差异化优势为目标，那么，企业应当执行以下几个必要的分析步骤：1. 确定谁是真正的买方；2. 确定买方价值链及企业对其的影响，企业对买方价值链直接或间接的影响将决定企业通过降价或提高买方效益为买方创造的价值；3. 确定买方购买标准（使用标准和信号标准）的顺序；4. 评价企业价值链中现存和潜在的独特性来源，由于差异性是相对的，企业必须识别相对于竞争对手的独特性来源以及潜在独特性的新来源；5. 识别经营差异性的现有和潜在资源的成本；6. 选择相对经营差异性的成本，为买方创造最有用的独具特色的价值活动结构；7. 检验已选择的标新立异战略的持久性；8. 在不影响已选好的经营差异性形式的活动中降低成本。

对价值链中各联结的管理对于企业获得竞争优势非常重要，“对联结的精心管理往往是竞争优势的一个强有力的来源，因为竞争对手很难感知，更难以横跨组织线（organizational lines）处理交易。”（Porter 和 Millar，1993）Porter 和 Millar（1985）调查了信息技术在联结管理中的使用，提出联结管理得较好的企业更有可能获得竞争优势。这种收益并非来源于可复制的现行的技术。在价值链概念框架内，信息技术是一种“价值活动（value activity）”，价值是顾客愿意为某一种产品付出的数量。如果顾客认同的价值高于企业的生产成本，那么企业就能盈利。Porter 认为，执行、技能和流程对于企业获得竞争优势举足轻重。但是，他并没有就究竟何种技能或流程比较重要，如何发展和保持这些技能和流程等问题作出回答。

3. 低成本优势及差异化优势的驱动因素

Porter（1980）提出与低成本优势及差异化优势相关的主要驱动因素，经 John 和 Harrison（1999）演绎如表 3-2 所示。

表 3-2　　与低成本优势、差异化优势相关的驱动因素

驱动因素	生产应用	作出贡献的能力
低成本优势驱动因素		
规模经济	工厂、设备及物流规模	使成本最小化的工厂规模，有效的装备设计，对管理费用和间接活动的管理
学　习	直接劳工学习	持续改进工作方法，员工培训，激励员工学习并将所学运用于日常工作之中
	间接劳工学习	改进流程，使成本节约更具成效，产品生产更具成本效率
产能利用	工厂利用	有效规划和管理产能，以避免未充分利用产能而导致的高成本的能力（技术选择、劳工政策、计划程序、权宜之计（stop gap）的使用）

续表

驱动因素	生产应用	作出贡献的能力
联结	与供应商和分销商的联结	成本相依（cost interdependency）的系统观点：高质量的原材料可能增加投入成本，但由于减少了重复工作因而降低了总成本。例如，以精益生产（JIT）改善供应商、分销商和内部生产之间的联结
	与营销和产品开发的联结	提早介入产品设计，以降低制造流程的成本；从营销获得顾客信息，以保证生产的稳定性
整合	与供应商的后向整合，与分销商的前向整合	如果系统范围内产能平衡，联结的产权比管理更能获得成本优势
安排时间	新产能、新设备、新技术投资的时间安排	管理层深知技术选择、市场需求、设施规模和可能发生的竞争者行为
位置	工厂和仓库的位置	降低固定成本和运输成本
影响成本的任意政策	工厂成本	工厂产品的数量和种类影响成本结构，继而影响工厂服务的顾客群体的数量和种类
	工艺流程技术	除影响规模外，还影响所需的劳工技能、生产效率、转换成本等影响成本的因素
	原材料规格	原材料的质量和价格影响产品成本
	人力资源政策	招募、培训、评价、激励技工的政策，影响生产力和成本结构
	生产计划	计划程序包括订货批量、存货控制、行程（run length）、计划更改的频率
	交付政策	弹性的交付政策使制造体系更为稳定、高效

续表

驱动因素	生产应用	作出贡献的能力
差异化优势的驱动因素		
与“可获性”相关的政策选择	按要求提供交付的产能或存货	产能规模，弹性劳工的培训，有效产品计划，为确保原材料的供应商管理，最终成本存货政策，接近顾客的选址决策
与“质量”相关的政策选择	质量规范和容忍度，以及随时间增加而改进的能力	确保原材料质量、设备容忍度和可信度的供应商管理，维修安排，流程控制体系
与快速新产品开发相关的政策选择	产品开发流程	弹性设备、弹性劳动力、可用产能、提早介入产品设备以免延误新产品推出
产品独特性	支持产品独特性的流程	与供应商的联系，标准的保持，降低成本的努力（使产品的独特性以合理的成本加以实现）
对顾客特殊要求的响应	系统范围的弹性以及对计划变化的响应能力	弹性设备、员工、原材料订购和支持快速计划变化的安排
顾客设计	系统范围的弹性以及对设计变化的响应能力	弹性设备、员工、原材料订购和支持顾客订制产品的安排

资料来源：JOHN, C. H. St., J. S. HARRISON. Manufacturing-based Relatedness, Synergy, and Coordination. Strategic Management Journal, 1999, 20: 129-145.

值得一提的是，Porter（1980）认为，一般战略要实施成功，就必须有各种不同的资源、能力和组织安排、控制程序、创造发明体系等要素，因此必须选定一项战略为主要目标，即战略的选择必须与资源基础相结合。这一论点与多位学者所指出的、以企业内部的核心资源及能力作为战略基础的观点（Prahalad 和 Hamel，1990；Grant，1991；Collins 和 Montgomery，1998；Michael，Duane 和 Robert，1999）不谋而合，也解释了资源、资源整合能力与竞争战略的关系。

四、企业竞争优势资源基础观点

（一）竞争优势资源基础观点概述

许多学者认为，竞争优势以企业所拥有的核心资源和能力①为根基（Ansoff，1965；Hoffer 和 Schendel，1978；Aaker，1989；Barney，1991；Hill 和 Jones，1992；Peteraf，1993），换言之，企业内部的核心资源或核心能力是造成竞争优势的来源。这正是资源基础观点②（RBV）的要义所在。广义的资源，是指资产、能力和组织流程、企业属性、信息和知识的集合（Barney，1991）。本书遵循 Barney（1991）的观点，基于广义的资源概念探讨资源基础理论。

---

① 在了解资源基础观点之前，有必要厘清"资源"、"资源转换活动"与"资源转换后的结果"的意义。

狭义的资源指的是生产过程中任何的基本投入，包括土地、厂房、设备、个别员工的技能、专利、品牌名称、资金以及企业家等，代表着由企业拥有或控制，或可由市场取得的生产要素。资源本身通常不具有生产力。

企业的经营常需要将各种生产投入予以协调或整合，个别资源通过互补资源以及一些组合资源的机制（如管理信息系统、生产作业系统、激励系统、人力资源管理系统、管理者与员工间的信赖等）的结合，而转换为一些具有生产力的服务（productive service）（Penrose，1959）。企业这种部署资源的能耐，常被称为"组织能力"。组织能力是不断地经由资源之间复杂的互动，而发展出来的以信息为基础的有形或无形的组织程序。因此，与资源不同的是，能力的基础在于经由企业的人力资源来发展、携带与交换信息，既可以在单一的职能领域发展，如营销中的品牌管理；又可以在企业层面通过组合各类的资源来发展，如高可靠度的服务、流程与产品的持续创新、制造弹性、对市场趋势的敏捷反应、较短的产品发展周期等（Grant，1991；Amit 和 Schoemaker，1993）。

不同的企业由于以往战略决策与绩效的历史以及管理者追求卓越竞争地位的雄心的缘故，通常会累积不同的资源组合；即使拥有相同资源，也会基于不同目的、与不同类型或数量的互补资源共同使用的关系，而有不同的使用方式（Penrose，1959）。这种企业的异质性，是企业面对不可预期事件（unexpected event，指顾客偏好、技术、法规等的变动）提供超常规报酬的契机时，采取企业活动的事故结果与诱因。因此，所谓的"战略性企业（strategic firm）"，应定义为"一组相互联结的独特资源转换活动"，而一般管理者的任务，则是在"时间、竞争、环境变动等因素侵蚀这种资源关系的价值时，能作出及时的更新与调整。"（Rumelt，1984）因此，虽然就企业的经营而言，正如 Wernerfelt（1984）所言，"对于企业来说，资源和产品是一块硬币的两面"（针对既定的产品市场活动求取最适资源承诺，与针对既定的资源组合求取最适产品市场活动是相同的决策问题），企业绩效差异来源于发展独特的资源组合的能力，绩效差异的持续取决于资源组合难以模仿的程度（Barney，1991；Peteraf，1993）。因而从资源角度来分析企业的战略决策，能够更迅速地获得丰富的结论（Wernefelt，1984）。

② 尽管资源基础观点得了广泛的认同，但对资源基础理论的价值仍不乏批评之声。例如 Priem 和 Butler（2001）认为，资源基础理论只是无谓的重复（tautological），产品市场（Product market）的角色在其论述中并没有得到很好的阐发。

资源基础观点是一种由内向外（inside-out）以企业内部资源和能力为基础的战略思考逻辑。自 Penrose（1959）以来，资源基础理论逐渐成为组织经济学者与战略管理学者研讨的中心课题（Mahoney 和 Pandian，1992）。资源基础理论的主要观点是企业的异质性（Peteraf，1993）。资源基础理论将企业视为投入的组合，但企业之间是存在差异的。与 Bain 及 Porter 等人观点相同的是，资源基础理论认为，持久的超出平均利润水平的回报是可以实现的，但这并不是合意的产业结构的结果，而是企业获取独一无二的，或难以复制的资源（costly-to-copy resources）的结果（Limppman 和 Rumelt，1982；Dierick 和 Cool，1989；Reed 和 Defillippi，1990），因而企业间绩效差异最终来源于企业所拥有的资源（Rumelt，1984；Barney，1986）。资源基础观点强调资源分析在创造竞争优势方面的重要性，其目的在于寻找产生优势的资源的特征和类型。虽然资源基础观点融入了许多经济学和行为学方面的解释，但所有版本的解释均将可持续优异绩效视为企业具体现象，这一现象由于资源和能力因其价值而产生的经济租（Powell，2001）。①

在资源基础观点与竞争优势的联结方面，从资源角度出发的学者认为企业可以通过由本身资源和能力的累积与培养，形成长期与持续的竞争优势。他们主张，企业的竞争优势以企业所拥有的独特的资源和能力为基础，换言之，企业内部特异的资源和能力是竞争优势的来源（Ansoff，1965；Hofer 和 Shendul，1978；Prahalad 和 Hamel，1990；Grant，1991；Barney，1991；Hall，1992；Hill 和 Jones，1992）。

值得注意的是，并非所有的资源在创造竞争优势方面均处于同等重要的地位，能产生优势的资源是那些能使企业向顾客提供优异价值的资源（Barney，1991），并且难以为竞争对手所复制（Dierickx 和 Cool，1989），并且这些资源的价值能为企业所发挥（Collis 和 Montgomery，1995）。在资源基础理论框架内，竞争优势的可持续性通过防止优势被模仿的隔离机制来实现。典型的隔离机制包括因果模糊性（casual ambiguity）（难以确认优势是如何创造的），复杂性（complexity）（源于多种资源的相互作用），默示性（tacitness）（源于学和

---

① Mahoney 和 Pandian（1992）把租分成以下几种：1. 李嘉图租（Ricardian rent）：来自于拥有稀少而有价值的资源。2. 独占租（monopoly rent）：因政府保护或企业协约行为所造成的。3. 熊彼特租（entrepreneurial / Schumpeterian rent）：在复杂或不确定的环境中，因企业家的风险承担或洞察力而来。4. 准租（quasi-rent）：在资源的最佳用途和次佳用途之间的差额。这些租的来源和维持，是一组耐久性资源、是不可模仿或替代、不可交易，或要素市场不完全的结果。因此，租的理论会考虑公司的资源位置，而根据其资源能力来选择战略，是竞争优势的基础。

做的无形知识和技能），路径依赖（path dependency）（需要通过一段时间才能创造竞争优势），经济（economics）（模仿成本）法律壁垒（legal barriers）（如产权和专利）（Lippman 和 Rumelt，1982；Dierickx 和 Cool，1989；Reed 和 DeFillippi，1990）。如此，李嘉图租（稀缺性资源租金）和熊彼特租（创新性租金）便可由诸如领导、文化、关系、流程等无形的内部投入以及复杂的技术和行为变量之间动态的、难以描述的交互作用而实现增长（Barney，1986；Grant，1991；Dierickx 和 Cool，1989；Connor，1991；Reed 和 DeFillipi，1990）。

（二）资源的类型

Grant（1991）将资源分为有形资源和无形资源，并认为对于大部分的公司而言，资源库中的无形资源最有价值，而且在战略上也最为重要；能力则是资源共同运作达成生产任务的结果。其中，有形资源包括财务资源（现金储备、短期财务资产、贷款能力、现金能力）和物质资源（厂房与设备、原材料），无形资源则可分为：①人力资源：不同部门员工的技术与经验、员工的适应力、员工的忠诚度及高级主管的技术与经验；②技术：专利、版权及商标等专利技术、研发设施与人员等技术资源；③声誉：产品品牌、商标、公司名誉；④人脉：与顾客、供应商、经销商及政府当局的关系。能力则可根据职能分为整体能力、营运能力、营销能力、设计能力、研发能力、人力资源管理能力、管理信息系统能力与销售与配送能力。

Hall（1992）也将资源分为有形资源和无形资源，把能力分为员工技术、分销技术、供应商技术和企业文化等。他认为，资源的战略性价值是资源能转化为能力、核心能力及最终竞争优势时对企业有所贡献的程度。其中，有形资源分为：①财务资源：企业借贷的能力、企业形成内部资金的能力；②实体资源：企业厂房与设备复杂性及地点、原料取得；③人力资源：训练有素、有经验、判断力、智慧、洞察力、适应力、认同和忠于企业的管理者和员工；④组织资源：企业正式报告结构与正式规划、控制与协调制度。无形资源分为：①技术资源：如专利、商标、著作权与商业机密、成功运用技术资源的知识；②用于创新的资源：技术人员、研究设备；③信誉：在顾客方面的信誉及在供应商方面的信誉。显然，Hall（1992）是按资源的载体形态进行划分的，不同于 Grant（1991）对资源形态的划分和界定。

Hitt，Ireland 和 Hoskisson（1995）认为资源是企业整个制造过程的投入，并将资源分为有形资源和无形资源。其中，有形资源是看得到、摸得到的资源，包括财务资源、实体资源、人力资源与组织资源；无形资源由于不是实体，所以竞争者较难以模仿，如专利权、商标、版权、声誉与良好的服务等。

综合多位学者的观点，本书认为，资源可分为有形资源和无形资源，能力可分为组织能力和个人能力两部分。资源是企业所拥有或可控制的要素存量，其中，有形资源包括具有固定产能特征的实体资源以及可以自由流通的财务性资源，这些资源通常可以在企业的财务报表中清楚地体现；无形资源包括各类知识产权，如专利权、商标、著作权、已登记注册的设计，以及契约、商业机密、资料库、商誉等。能力是指企业建构与配置资源的能力。其中，组织能力是一种运用管理能力持续改善企业效率与效能的能力，不随人事更迭而产生太大的变动，是一项特别值得珍惜与建构的核心资源。组织能力表现在四个不同的层面：业务运作能力、技术创新与商业化能力、组织文化、组织记忆与学习。

（三）战略性资源的特性（隔离机制）

Barney（1991）认为，能产生竞争优势的资源通常具有价值、稀缺性、不完全可模仿、不可替代性等特征。其中，资源的价值来自资源是否能使企业在执行战略时通常增进效率和效能。稀缺性是指企业现有及潜在竞争者并没有拥有该项资源，如有价值而量多或有价值而无法取得的资源，仍无法创造持续的竞争优势。使竞争者无法完全模仿的动力来自资源具有的独特历史因素、模糊的因果关系、社会复杂性等三种特性：①资源基础观点认为企业是历史性与社会性的综合体，其使用或取得资源的能力视其所处的时空而定，一旦时空组合消逝则无法再获得该资源。②模糊的因果关系是指资源持有者与持续的竞争优势的创造之间的关系无法厘清。因此,竞争者无法清楚得知何种资源导致企业的持续的竞争优势,自然也无法借由相同资源及战略的模仿取得相同的竞争优势。③资源之所以无法完全模仿,部分原因是非常复杂且无系统化的管理与影响,如组织人际关系、商誉,不同于上述二者的是,此资源与持续的竞争优势间的联结非常清楚且具体,但却因非常复杂而难以复制。不可替代性指的是,如果存在价值相等的资源而可以执行相同的策略,则企业必需经由模仿,方可达成相同的优势。因此要求具有竞争优势的资源需有不可替代性。替代性有两种形式：①以相同的资源执行相同的策略;②以完全不同的资源达成策略替代的效果。

Barney（1991）提出的组织资源与竞争优势的相关性如图 3-4 所示。

Barney 的后续研究成就了他在资源基础观点学派的重要地位，而他所提的观点，也得到了后来资源基础观点学者的注释与补充。

Amit 和 Schoemaker（1993）提出公司的资源能力的战略价值，会因其购买、贩卖、或模仿、替代的困难性而加强。例如隐含的组织知识，或是管理阶层与员工之间的信赖等无形资产，是很难借由交易或复制而取得的，因为这些是根植于组织的历史，必须经由很长时间的累积而成。他们主张，资源和能力的价值会因具有互补性、稀缺性、不可交易性、不可模仿性、有限的替代、专属性、耐久性等特征而提高，继而形成战略性资产。

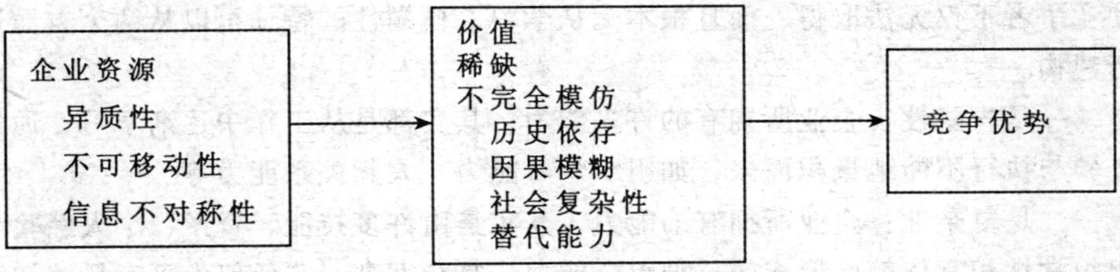

图 3-4　组织资源与竞争优势的相关性

资料来源：BARNEY. Firm resources and sustained competitive advantage. Journal of management, 1991, 17 (1): 77-91.

Collis 和 Montgomery（1995）提出，判定资源是否能产生竞争优势需回答 5 个问题。①不可模仿性，即资源是否难以复制？他们认为，这样的资源往往具有独家资产、历史资产、模糊的因果关系、经济上的阻碍等特征。企业有不可模仿的资源就可以减少竞争，更可持续不断地获利，否则只能成功一时。不可模仿不可能永久保持。②耐久性，即资源折旧速度有多快？正如熊彼特提出的“创造性毁灭”中，指出及时赶上新浪潮的企业，可以独霸市场，享有丰富的利润，但他们的优势很快就会被下一波创新者所取代。③专属性，即资源创造出来的利润归谁？企业长期战略应建立在自己本身可以掌握的资源上。④替代性，即一项独特的资源是否可能被不同资源所取代？企业不仅只看市场上是否有潜在替代品，更要进一步看竞争的资源是否会取代自己本身的资源。⑤竞争的优势：谁的资源更好？衡量本企业资源时，企业管理层犯的最大错误是，没有和竞争者比较，所以核心能力不是企业内所有能力中最好的一项。企业应当通过严格的检验，确保这项能力比竞争者超前很多，而且是市场需要的。

此外，学者们还提出了路径依赖的理论观点，Ghemawat（1991）指出一个企业从前的投资与组织常规的功能，会局限未来的行为，这是因为“困囿”于先前的活动经验，因而其执行结果也是特定专属的。如果企业意欲获取战略要素市场而全方位同时变革，因为认知架构复杂化且交错影响，未必能取得竞争优势。

综合各位学者的观点，能够创造竞争优势的核心资源具有如下特征：

①独特性：有价值、很稀缺且不可替代，即该项资源必须有在执行战略时增进效能或效率的价值。

②专属性：指该项资源和设备、人员、组织、文化或管理制度紧密结合，不易分割转移，别的企业纵使取得也无用。

③模糊性：指资源建构过程及其竞争优势之间的因果关系不易厘清，从而使竞争者不仅无法取得，而且根本无从学习。模糊性的特征可以从两个方面进行建构。

一是内隐性：企业所拥有的许多能力，其实都是从工作中逐渐学习，通过经验与执行不断地累积而来，如组织学习能力、人际关系能力等。

二是复杂性：企业所拥有的能力，其实是由许多技能、资产、个人经验与组织常规相互依赖而形成的一种组合能力，复杂度高，非任何人可有足够知识完全掌控。

④路径依赖性。资源和能力通常是与一段时间内企业自身复杂的历史和难以计数的小决策相关（Barney，1995），因而过去的资源对现在和未来的资源形成巨大的影响力。

（四）资源基础的战略逻辑架构

Grant（1991）提出了一套战略分析的实务架构，将资源基础观点融入传统的战略决策中，协助企业制定战略。该架构将资源基础取向的战略分析分为五步，如图 3-5 所示。

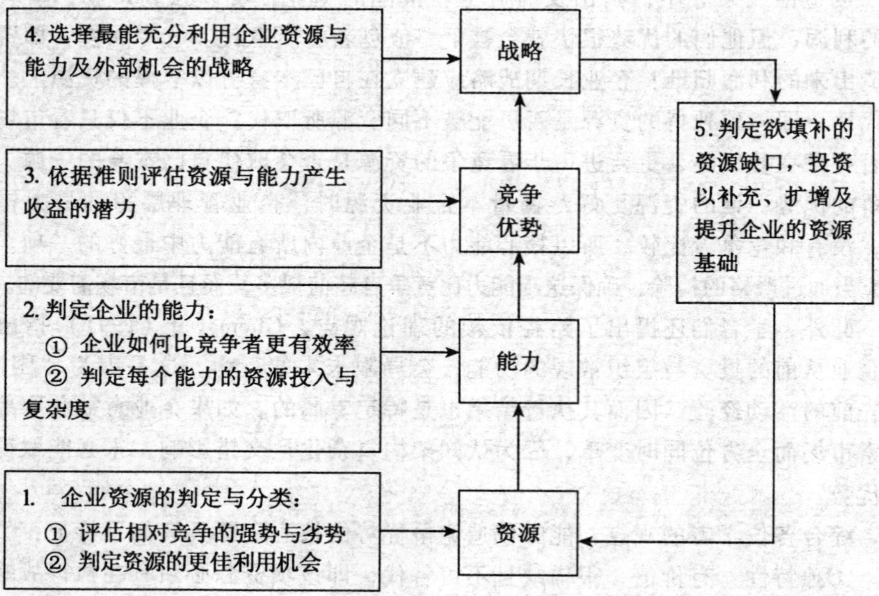

图 3-5　资源基础取向的战略分析架构

资料来源：GRANT. R. M. The resource-based theory of competitive advantage：implication for strategy formulation. California Management Review，1991：115.

第一步，对企业资源进行判定和分类。企业拥有的资源包括财务资源、实体资源、人力资源及技术、品牌知名度及组织资源等。企业应评估竞争的优劣势，寻找有效利用资源的环境机会，来组合与配置资源。他认为，资源是企业能力的来源，而能力是竞争优势的基础。

第二步，对企业能力进行评判。企业能力是企业得以将一切资源整合在一起运作的基础，也是人与人之间及人与其他资源的协调方式，可按职能将企业活动进行分类，来判定企业能力。

第三步，评估资源与能力产生经济租的能力。有两个评估准则：①资源与能力给予企业持续竞争优势的潜力；②企业能专享资源与能力产生的收益。而资源与能力在这两个准则上的表现，会受到其本身某些特性的影响。

第四步，选择最能充分利用企业资源与能力及外部机会的战略。战略制定应是最能充分有效利用资源与能力的策略，而资源能力的耐久性对企业战略规划有极大的影响，如果资源能力缺乏耐久性或易于转移、重置时，企业应采取短期收割战略。

第五步，判定资源缺口及发展企业的资源基础。企业应由基础要素发展至较高等的要素，以动态资源调适的方式，让企业能在新旧资源能力之间取得平衡，并能扩大未来所需的资源能力。

五、企业竞争优势的关系观点

在呈现分工结构的产业之中，有效建立上游、下游企业间的关系（buyer-supplier relationship）往往是企业得以生存的必要条件。过去，这样的关系往往被视为短期市场交易行为，个别企业多以经济、成本等因素作为管理供应关系的基础。时至今日，随着经营环境的演化和竞争压力的加剧，这种以本身成本效益最大化的思维方式已经过时，短期的交易关系无法让企业发展出保障有效的供应关系、协调企业间各种活动所需的知识与信任（Casumano，1985；Heide 和 Miner，1992）。各种追求共同价值创造（joint value creation）的长期合作关系已成为实务界的普遍现象。在这一情境下，累积在关系网络中的互信、管理实务以及共同学习机制等均成为竞争优势的重要来源。

（一）社会资本（social capital）——企业与其利益相关者之间关系的本质

社会资本一词由 Coleman（1988）提出，其定义为：促成集体行动的社会关系的内在资源。社会资本的来源包括：信任、规范、网络的形成。波茨和塞森布雷纳认为，对于社会资本的认定有四个传统：马克思和恩格斯的“有限度的团结”（bounded solidarity）概念，指的是逆境可以成为团体团结一致的动力；齐美尔的“互惠交易”（reciprocity transactions）指的是在个人化的交换网络中产生的规范和义务。杜克海姆和帕森斯的“价值融合”（value introjection），即价值、道德原则和信念在于契约关系和非正式的个人目标（不是严格工具意义上的）。韦伯的“强制性信任”（enforceable trust），即正式制度和特殊性的团体背景使用不同的机制保证实现对已经达成的行为规则的遵守。前者使用的是法律/理性机制（如官僚），后者使用的是实质性/社会的机制（如家庭）。

从社会行为学的角度来看，组织可视为一种“以目的为取向的社会主角（purposive social actors）”，因此研究者将社会资本的概念延伸至组织层面来进行探讨（Burt, 1992; Tsai 和 Ghoshal, 1998）。由于企业从事商业活动，因而会与其他组织形成组织间的联结（tie）关系，如买/卖关系（buyer-supplier relationship）、战略联盟（strategic alliance）等。而这些联结关系促使组织间各种信息、知识及各种形式资本的交换。Koka 和 Prescott（2002）认为，这种关系即为一种社会资本，其一，企业与利益相关者的关系是信息的载体（conduits of information），关键信息的掌握及信息流的控制便可创造出商机（Burt, 1992）；其二，组织与其利益相关者之间的互动形成互惠及平等以待的责任归属及期望。

现实世界中有许多关于组织间因社会资本而互惠的案例，例如：日本住友钢铁公司于 1981 年与 J&L 钢铁公司签下无条件提供技术支持及信息分享的协议，只因 20 世纪 50 年代 J&L 钢铁公司曾经提供给住友钢铁公司类似的援助。通过这些案例我们可以了解，社会资本理论对于解释跨组织关系的形成及效益有很大的贡献——第一，社会资本提供了“组织间各种关系组成”的理解和描述；第二，社会资本解释了组织如何通过联盟关系对资源（如知识、信息、其他资本）进行存取及流转的影响。

（二）企业与利益相关者的关系及竞争优势的获取

企业与其利益相关者的关系作为企业间一项重要的社会资本，可提供他人无法进行相关资源及能力存取的价值。瑞典 Uppsala 大学两位学者 Johanson 和 Mattsson（1987）通过资源基础理论将关系网络与战略管理结合，提出网络研究法（Network Approach），开创了产业网络（Industry Network）研究的先河。网络理论研究发现，企业本身掌握的资源可分成两种，一种是企业自行控制的内部资源，另一种则是通过网络联结关系所获得的外部资源。所谓网络资源是指企业通过网络联结关系所获得的外部资源，可将其视为企业在产业网络中的地位。企业掌控的资源愈多，其在产业中的影响力就愈大，同时在产业中的网络地位也就愈高（Johanson 和 Mattsson, 1985）。Langlois（1992）进一步将网络资源从外部能力中区分出来，认为企业网络资源的形成起因于参与产业网络并从中取得的信息优势，因此，网络资源是经验和路径依赖①的过程。另一方面，网络亦可视为一种产业专业分工的方式，企业借由网络的联结关系获得外部资源，并借由网络其他成员的分工合作与资源能力互补，以建立企业持续竞

---

① 网络成员间关系的路径依赖性显而易见。随着时间的推移，关系的形态也会发生变化。例如，Ford（1980）认为关系大致可分五个阶段（不包括“结束”阶段）：①预备阶段（pre-relationship）。如由于某些环境的改变促使买方重新考虑现有的业务伙伴关系。②早期（early）阶段。初步尝试，如索取样品。③发展（development）阶段。持续购买，积累与新业务伙伴的交易经验。④长期（long-term）意向阶段。双方都认识到了两者关系的重要性，承诺长期关系以最小化不确定性。⑤终极（final）关系阶段。关系制度化，任何一方企图解除关系都必须得到另一方许可。

Wackman，Salmon 和 Salmon（1987）考察了广告代理领域的关系生命周期，将关系分成四个阶段：①预备（pre-relationship）阶段。该阶段买卖双方互相了解，卖方尝试销售产品。②发展（development）阶段。该阶段代理商开始为客户制作早期广告。③维持（maintenance）阶段。从广告活动的次数、效率和利润等方面判断，双方关系进入了更高阶段。④终止（termination）阶段。

Dwyer 等（1987）提出了买卖关系发展的一个五阶段模型，强调渠道关系的发展是一个具有明显阶段特征的过程。他们认为，买卖关系的发展一般要经历认知（awareness）、考察（exploration）、扩展（expansion）、承诺（commitment）和解体（dissolution）五个阶段（Dwyer，Schurr 和 Oh，1987）。

Jap 和 Ganesan（2000）参考 Dwyer 五阶段模型，将供应商和零售商之间关系的发展划分为考察（exploration）、形成（buildup）、成熟（maturity）、退化（decline）和恶化（Deterioration）五个阶段。其前三个阶段分别与 Dwyer 模型的“考察”、“扩展”和“承诺”阶段相似，“恶化”阶段类似于 Dwyer 模型的“解体”阶段，两者的主要区别是后者省略了 Dwyer 模型中的“认知”阶段，而增加了 Dwyer 模型中没有的“退化”阶段，但两种模型没有本质区别。

Locobucci 和 Zerrillo（1997）将商务关系周期简化为关系发展（开始）、关系维持（中间）和关系解体（结束）三个阶段，并用“网络——二元关系——网络（network - dyad - network）”动态概念解释这三个阶段。他们认为所有供应商、客户之间的相互关系形成一个大的关系网络，供应商、客户都是网络中的角色，就某个角色而言，刚开始与许多其他角色保持一种“弱的关系”，该角色与其他角色之间的关系是整个大的关系网络中一个小的关系“网络”，是一种多元关系，这就是所谓的“关系开发”阶段；在这个小网络中，当这个角色认识到其中的某个角色对它特别有价值，并且对方也有相同认识时，双方都把对方作为最重要的关系角色，都希望持续这种双赢关系，由此，双方关系得到“加强”，形成所谓的“二元关系”，这就是“关系维持”阶段；最后由于种种原因（如不满意、业务调整等），在某个时点，当双方发现当前的二元关系对实现各自组织的目标不再那么有效时，双方结束这种二元关系，这就是“关系解除”阶段。关系的解除迫使双方再次回到“网络”，回到多元关系，重新开始寻找新的二元关系。

争优势（Thorelli，1986；Jarillo，1988）。

例如，Kohli 和 Park（1989）研究发现，通过卖方与买方双边的紧密合作，可以在订单数量与价值上各获其利。Reyniers 和 Tapiero（1995）也指出，通过跨组织双方在制造技术与产品瑕疵侦测技术上的合作，可以有效地达成产品质量控制带来的收益。组织间信息系统（interorganizational information system）的成功施行（Barrett 和 Konsynski，1982）、航空定位系统 SABRE 的成功（Hopper，1990）以及 ECONOMOST①（Clemons 和 Row，1988）所带来的冲击与影响，均为合作关系双方及其关系带来了深远的效益与影响。Srinivasan 等（1994）对克莱斯勒（Chrysler）公司的考察发现，由于其供应商对 EDI（Electronic Data Interchange,电子数据交易或无纸贸易）的使用，大大地减少了买卖双方船运船期以及库存量不一致的问题。

Dyer 和 Singh（1998）进一步提出，通过长期的合作关系，企业间会积累相当的惯例（routines）和程序（processes），从而创造“关系租（relational rents）”（如图 3-6 所示）。而这些惯例、程序乃至关系租本身，不一定从属于个别企业，而是由合作双方共同拥有和控制。此外，长期合作关系使得企业间的资源产生错综复杂的交互联结（interconnectedness），创造了运用市场机能所无法取得的资源专属性以及合作对象的稀缺性。这些都成为使“关系租”得以维系的模仿的障碍。

此外，从交易成本理论的观点来看，企业进行垂直性整合可以减少因组织及供应商有限理性（bounded rationality）、投机行为（opportunism）、交易的不确定性（uncertainty）与频率所引发的交易成本（Coase，1937；Williamson，1975）。

在企业间关系备受关注的同时，企业与顾客之间的关系也引起了学术界的重视。关系营销②甚至被称为“营销学研究范式的转变”。许多学者认为，顾

---

① 以美国 McKesson 药品公司为例，其原本在所属产业中即是市场占有率数一数二的大厂商，其开始时交易的对象主要是大型的客户，而后，为了整合其他独立的中、小药店，McKesson 引进一套称为 Economost 的信息系统，不仅使本身业务扩充、配销单位成本降低、市场占有率增加，更能用以协助独立药店清点存货与自动订货、提供相关的采购管理信息（如最新产品信息、最适当产品组合、货架空间管理等），使这些药店得到最大的服务与利益。

② 克里斯汀·格罗鲁斯（Christian Gronroos）认为，关系营销是建立、维持、加强商业化顾客关系（不一定一直都是长期的关系），以保证各参与方的目标得以满足，这要通过相互交换和履行承诺来实现，彼此的信赖相当重要。

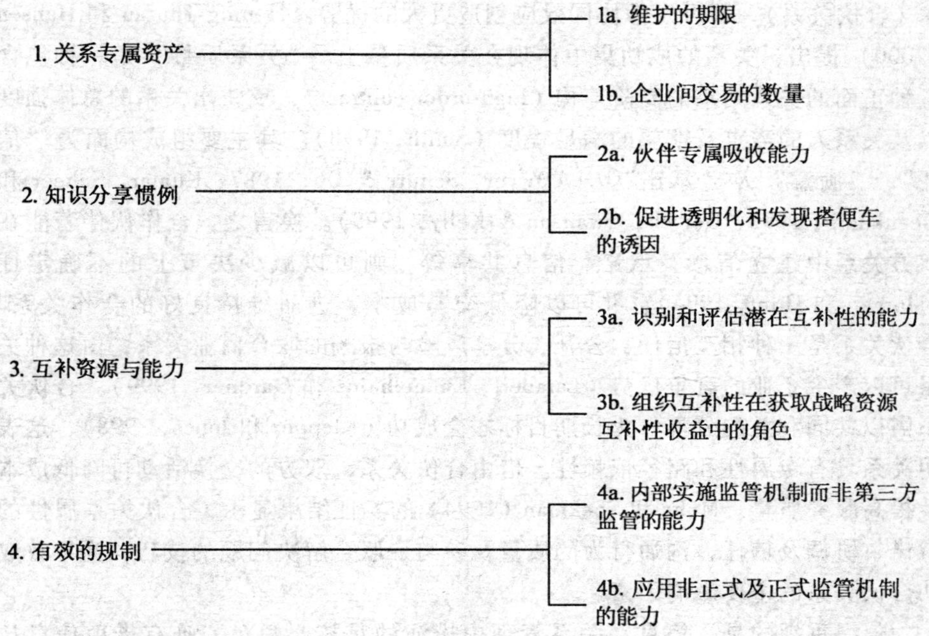

图 3-6　组织间竞争优势的关系解析

资料来源：DYER，J. H.，H.，SINGH. The relational view：cooperative strategy and sources of interorganizational competitive advantage. Academy of Management Review，1998，23（4）：663.

客关系①是公司最宝贵的资源，培育顾客忠诚，与有价值的顾客保持长期稳定的关系是公司获得持续竞争优势的关键。Reichheld 和 Sasser（1990）为这一观点提供了强有力的证据，他们对美国 15 个行业的调查数据表明，顾客保持率增加 5%，行业平均利润增加幅度在 25% ~85% 之间。由于日益认识到顾客关系的至关重要性，许多公司纷纷实施关系营销（relationship marketing）和顾客关系管理（customer relationship management，CRM）战略，以保持住有价值的顾客。

---

① Voss（2000）认为，企业与顾客间的关系活动，主要包括交易与服务两大类，谈的是顾客交易前、交易中、交易后的关系，也就是进行消费者行为分析，并拟定有效的促销方案以便吸引顾客，如：交易过程中的采购及付款协助与建议，以及交易后的支持服务与抱怨处理服务等。

组织间若能利用彼此间的良好关系（关系质量），及运用双方的资源与技术（合伙关系），即可发挥协同效应创造更大的优势。Hennig-Thurau 和 Hansen（2000）提出，关系的成功集中体现在关系质量上。"关系质量"是一种包含各种正面的关系结果的高阶建构（high-order contract），反映出关系的总体强度以及关系人的需求及期望的满足程度（Smith，1998）。其主要组成构面为"信任"、"满意"及"承诺"① （Dwyer，Schurr & Oh，1987；Kumar，Scheer 和 Steenkamp，1995；Dorsch，Swanson & Kelly，1998）。换言之，合作伙伴若能在双方关系中建立信赖、承诺、信息共享等，则可以减少决策上的不确定性（Morgan 和 Hunt，1994），并可以降低交易成本，进而维持良好的合作关系。合伙关系是一种相互信任、公开、分享风险与报酬的联合商业关系，由这种关系可以产生企业的竞争优势（Lambert，Emmelhainz 和 Gardner，1999）。合伙关系需以共同利益的分享作为长期目标才会成功（Klepper 和 Jones，1998），这表明关系具有专属性和路径依赖性。借由合伙关系，双方的交换活动可降低成本及提高服务质量。Mohr 和 Spekman（1994）的实证结果显示，合伙关系属性的承诺、协调及信任，沟通行为的质量及参与，联合解决问题的技巧，为导致成功合伙关系的主要影响因素。

值得重视的是，信息在关系管理中扮演的是核心角色，唯有借由信息技术，搜集大量的、关于现有及潜在顾客和竞争者的信息，才能跨职能整合企业的营销资源，分析市场价格的变化、预测市场趋势以及妥善规划市场活动管理，让营销人员能掌握人口统计、地理区域、收入水平、购买行为等信息，以便更有效率地的制定产品和市场策略。关系管理最终的目的在于促进企业与其网络伙伴间的信任、承诺和满意，继而促进网络伙伴与企业间的长期互惠关系。

---

① 信任是指在特定的条件下一方对另一方行为的期望。一般来说，信任这一概念可以分为 4 个层次：一般性信任、系统性信任、基于个人品德的信任和经验性信任。一般性信任一般来自社会准则。例如，一个顾客如果知道一家大的供应商有良好的信誉和较大的规模，那么他会期望与这家公司建立长期的部件供应协议。系统性信任取决于法律、行业规则和协议，也取决于对方的职业化程度。基于个人品德的信任是合作双方对对方的个人品德给予的信任，并以此为基础开展合作。而经验性信任则是双方所具有的行业或过去的经历所决定的。在这一模型中所说的信任包括了基于能力的信任（即信守承诺的能力）和基于主观意愿的信任（信守承诺的意愿）。不管导致信任的原因是什么，它都是减少未来的经营风险和不确定性的重要因素。承诺是指合作关系中的一方在某种程度上有与另一方合作的积极性，即承诺是一种保持双方都非常珍视的关系的长期愿望。承诺同时还表明双方为保持长期关系而愿意作出短期的牺牲（Weitz，1992）。此处特别感谢岳海龙同学的知识分享。

竞争优势的产业基础观点、资源基础观点、关系观点在分析单位、优势的主要来源、竞争优势的维持机制、资源的控制和拥有权等方面的区别如表 3-3 所示。

表 3-3 产业基础观点、资源基础观点、关系观点对竞争优势的解释

项 目	产业基础观点	资源基础观点	关系观点
分析单位	产业内的企业	单个企业	企业与其网络成员之间
理论基础	哈佛学派 芝加哥学派	资源基础观点	社会资本观点 资源基础观点 交易成本理论 关系营销理论
优势的主要来源	产业结构的五种力（进入威胁、强有力的买家、强有力的卖家、替代威胁和现有的竞争者）	内部发展的资源（如财务、人力等）	企业间关系（如战略联盟、合资企业等；取决于关系专属投资、知识分享惯例、互补资源与能力和有效的规制）和企业与顾客关系的有效管理，以关系质量——信任、满意、承诺作为衡量成功与否的标准
假设	• 产业内的企业是同质的 • 企业资源同质 • 由于资源的同质性，企业资源短寿且流动性高	• 产业内的企业是异质的 • 企业资源异质 • 由于资源的异质性，企业资源既不容易获得，亦不易在市场中交易	• 产业内的企业是异质的 • 由于资源的异质性，企业资源既不容易获得，亦不易在市场中交易
竞争优势的维持机制	产业进入壁垒 • 政府规制 • 生产经济/沉没成本	个别层次的模仿障碍 • 资源稀缺性 • 专属性 • 因果模糊性 • 路径依赖	对偶/网络层级的模仿障碍 • 因果模糊性 • 路径依赖 • 组织间资产的交互联结 • 合作对象稀缺性 • 资源的私有化 • 制度环境
分析重点	• 产业作用力—结构—绩效关系 • 企业在产业中的定位	• 内部资源—战略—绩效关系 • 发展企业独特资源	• 内部资源—企业与网络伙伴间资源—绩效 • 建立和保持伙伴关系

续表

项　目	产业基础观点	资源基础观点	关系观点
提出战略	差异化和低成本	差异化和低成本	N/A
代表文献	Porter（1980，1985）	Barney（1991）； Wenerfelt（1984）	Dyer 和 Singh（1998）； Lambert，Emmelhainz 和 Gardner（1999）； Sanzo，Santos，Va′zquez，和 A′lvarez（2003）

第二节　竞争优势来源的分析框架整合

在动态复杂的环境中，企业竞争优势受到众多因素的影响。显然，要系统地回答竞争优势的来源问题，不仅要从企业所面临的产业环境，从企业追求自身经济利益、积累资源能力的角度进行思考，对于企业与其关系网络成员互动关系的分析也是必要的。而现有理论大多关注于企业竞争优势形成的某一方面的关键要素，并没有全面、系统地给出竞争优势的完整解释。因而，有必要构建一个竞争优势来源的整合分析框架，以全面分析企业如何才能得以在竞争中胜出。

一、竞争优势产业基础观点、资源基础观点与关系观点的局限互补

以 Porter（1980，1985）为代表的竞争优势产业基础观点从市场、产业结构角度出发，提供了对竞争优势的有价值的分析框架，回答了竞争优势“是什么”的问题，即企业可通过成本领先、差异化等策略以谋取竞争优势。显然，竞争优势产业基础观点的前提假设源于新古典经济学中的“黑箱”理论与企业同质性的假设，即认为企业是同质的投入产出系统，因此企业的竞争优势只能来自于行业结构、市场机会、竞争关系等外部因素，这就使研究难以深入企业内部，从企业内部找原因，因此无法解释同一产业内盈利率存在差异的原因。而且，Porter 的产业考虑是基于已存在或完全结构化的产业，没有考虑产业自身的变动或新产业的出现，而且在分析企业竞争优势的内涵时，只注意企业的成本、质量和营销等表层因素，忽略了“为什么”的深层探讨；对企业竞争优势也只停留在产品层次，没有深入到中间及源头。虽然 Porter（1980，1985）提出了价值链的分析工具，但对于“为什么会产生竞争优势”

的问题却无法给出答案，即对于如何开发自身的能力以实现成本领先、标新立异，进而实现企业定位语焉不详。

竞争优势资源基础观点打破了企业同质性的假设，将研究深入到企业内部，体现了对内因的重视，解释了企业之间的差异，使竞争优势来源的研究向前推进了一大步。以资源基础观点为代表的竞争优势资源基础观点认为，除非企业能拥有稀缺的、对顾客有价值的、不可模仿的资源，否则企业定位进而竞争优势是无法实现的。这些资源包括专利、技术诀窍、独有的原料供应、品牌声誉等。许多公司取得了成功，仅仅是因为他们开发了竞争对手所没有的核心技术和资源，但正如 Priem 和 Butler（2001）所指出的，资源基础观点对产品市场的重要角色没有进行很好的阐发。这种由内而外的战略思考逻辑似有从一个极端走向另一个极端之嫌。综观企业竞争优势资源基础观点的有关文献，对产业演进规律与外部环境重视不够，无论是核心竞争力还是资源与知识均不能解释企业的关键成功因素与竞争优势之源，同时存在着复杂的应用问题。例如，资源基础观点没有分析在不同市场、行业竞争的背景下，不同类型的资源、能力的适用性和重要性的问题。换言之，不同的市场、产业结构需要不同的核心技术和资源。高科技企业与日用消费品企业所需的核心能力资源不可能是一致的，关于管理开发、管理能力和资源也缺乏一个明晰的战略方向和重点。

竞争优势的关系观点跳出企业自身的框框，转而从企业与企业间关系的角度来诠释竞争优势，因为企业必然置身于这样或那样的关系网络之中，并与网络中的某些成员休戚与共，这一点在战略联盟、合作竞争盛行的今日显得尤为重要。① 但是，仅仅强调企业间的关系，而不考虑企业所处的产业环境以及企业自身的资源状况显然是不切实际的。事实上，以战略联盟为例，企业组建战略联盟正是因为当资源不能有效地通过市场交易或并购获得的时候，战略联盟可用来与其他企业共享或交换有价值的资源。

二、竞争优势产业基础观点、资源基础观点与关系观点的兼容

以 Porter（1980，1985）为代表的竞争优势产业基础观点与以竞争优势资源基础观点的差异，引发了关于产业竞争与企业影响在解释企业竞争优势时孰轻孰重的争议（Rumelt，1991；McGahan 和 Porter，1997；Brusch 等，1999）。Porter 最

---

① Dess（1984）认为，由于科技的迅速扩散、成本不断提升以及贸易保护主义的盛行，联盟已成为企业策略中不可或缺的一部分。Caves 和 Porter（1977）也认为，基于资源整合的效用以及伴随而来的策略弹性，使得联盟成为优于并购与直接投资的策略选择。Aaker（1995）更指出，战略联盟是企业进行全球化策略时优秀且重要的工具之一。

初将重点放在了产业结构分析上，而 Hamel 和 Prahalad 所传递的重要信息之一就是战略的精髓在于破坏这样的产业结构,① 尽管如此，两个学派在解释竞争优势时仍存在相当的重叠。两个学派所提出的术语就能证明这一观点。

如前所述，Porter（1980）认为，一般战略要实施成功，就必须有各种不同的资源、能力和组织安排、控制程序、创造发明体系等要素,② 因此必须选

① Hamel 和 Prahalad 认为，战略是一种延伸（stretch）(Hamel 和 Prahalad，1993)。经理人应当发展长期的“战略意图（strategic intent）”(Hamel 和 Prahalad，1989)，“为未来竞争（compete for the future）”(Hamel 和 Prahalad，1994)，从规则的遵循者（rule takers）转变为规则的破坏者（rule breakers)。在他们 1994 年的著述中，这些概念作为“产业远见(industry foresight)”提出来，备受学者们推崇。他们认为，战略是通过发展和运用核心能力来改变游戏的竞争规则。

② Porter（1980）对其提出的三种一般战略所需的资源与组织共同要素作出了说明，如以下附表所示。

附表　　三种一般性竞争战略的资源与组织共同要素

三种一般性竞争战略	资源与能力的共同要素	组织的共同要素
低成本战略	• 大量投注资金，且有资金获取渠道 • 流程加工技术 • 严格地督导员工 • 产品易于制造 • 低成本的分销体系	• 严格的成本控制 • 频繁详细的管制报告 • 组织与权责分明 • 以达成严格量化目标为基础，进行激励
差异化战略	• 卓越的营销能力 • 产品处理技术 • 创造力充沛 • 很强的基础研究能力 • 企业以品质或科技领先享有声誉 • 有产业内有悠久历史，或撷取其他事业的技术作独特的结合 • 得到分销渠道的充分配合	• 密切整合研发、产品开发、营销等功能 • 以主观评价与激励取代量化考评 • 以良好的环境吸引高技术劳工、科技人才和创意人才
目标集中战略	将上述政策中，有助于促成特定战略目标者加以结合	将上述政策中，有助于促成特定战略目标者加以结合

资源来源：PORTER，M. E. Competitive strategy. New York：Free Press，1980.

定一项战略为主要目标，即战略的选择必须与资源基础相结合。Porter（1991，1996）在近期的研究中，发展了他关于竞争优势来源的观点，开始将资源基础观点纳入分析，并建立了“因果链（causal chain）”。Porter 争论道，竞争优势实质上就是定位优势，其差异来源于不同的流程效率。但在有关术语的有趣缠绕中，他继续争论道，接着，我们必须了解这些效率的“驱动因素（drivers）”。虽然 Porter 一再强调他并不赞赏资源基础方法，甚至批评 Prahalad 和 Hamel 是套套逻辑推理（tautological reasoning）（Porter，1991），但是，我们很难看出他关于流程效率驱动因素的提法与能力基础学派关于资源的提法有何不同。与此相类似，尽管 Hamel 和 Prahalad（1994）强调资源基础的观点，认为应当培育核心能力，并将之转换为创造性破坏的杠杆，但他们对于顾客价值的关注与 Porter 的观点是完全兼容的——Porter 认为，产品市场的定位优势是竞争战略的要义所在。

此外，产业基础观点与资源基础观点关于企业的论述也是非常相似的。事实上，把企业作为投入的组合者（input combiner）是两派学者的中心观点。两派学者对于竞争优势解释的主要区别在于，产业基础观点采纳了芝加哥学派关于关键经营流程（价值链）的效率差异的观点，而资源基础观点则将战略性资源作为竞争优势的源泉。Porter（1985，1991，1996）其后的论述将驱动因素作为定位优势的来源之一，可视为弥合两派差距的努力。因而，尽管产业基础观点与资源基础观点看起来存在较大差异，关于企业竞争优势根源的共识似乎正在形成，其观点却是完全兼容的。

而竞争优势的关系观点，强调企业与其网络成员，特别是企业与上、下游企业，企业与顾客之间的关系是竞争优势的来源。显然，企业的关系网络与产业架构所涉及的五种力存在着交集。而无论是企业与企业之间、企业与顾客之间关系的成功要素均显现出资源基础理论中所强调的战略性资源的特征。例如，企业间关系竞争优势的决定因素之一，关系专属资产与战略性资源的特征之一——专属性显然是相同的。战略性资源的另一特征或曰隔离机制，路径依赖性同为企业与其伙伴关系的优势来源之一。因而某种程度上，竞争优势的关系观点甚至可视为资源基础观点在企业与其网络成员关系层面的运用。此外，企业与其网络成员关系的成功受组织资源的影响，例如企业文化、决策制定过程、员工间信息共享等（Dyer 和 Singh，1998）。这些组织资源使得组织可以通过企业间的关系创造价值。由于内部资源影响企业和网络成员间关系与企业绩效的因果关系，关系优势理论对资源基础理论形成了有益的补充。

三、竞争优势来源分析框架的整合

如前所述，竞争优势产业基础观点、资源基础观点、关系观点的局限存在一定的互补性，关于竞争优势来源的解释也存在着一定的交叉与重叠，这表明这三种观点存在整合的基础。每种观点均有助于理解如何从不同的来源获得企业竞争优势，但由于各自的解释角度不同，每种观点都各自忽略了一些问题——产业基础观点忽略了产业内的企业，其资源具有异质性，而独特的资源恰恰能带来竞争优势；资源基础观点忽视了以市场为基础的资源对竞争优势的获取与保持至为关键；关系观点忽视了企业的战略应当以资源为基础。因而，一个整合的竞争优势来源的分析框架将有助于我们理解竞争优势来源的全景。

图 3-7 描绘了整合后的竞争优势来源的解释框架。

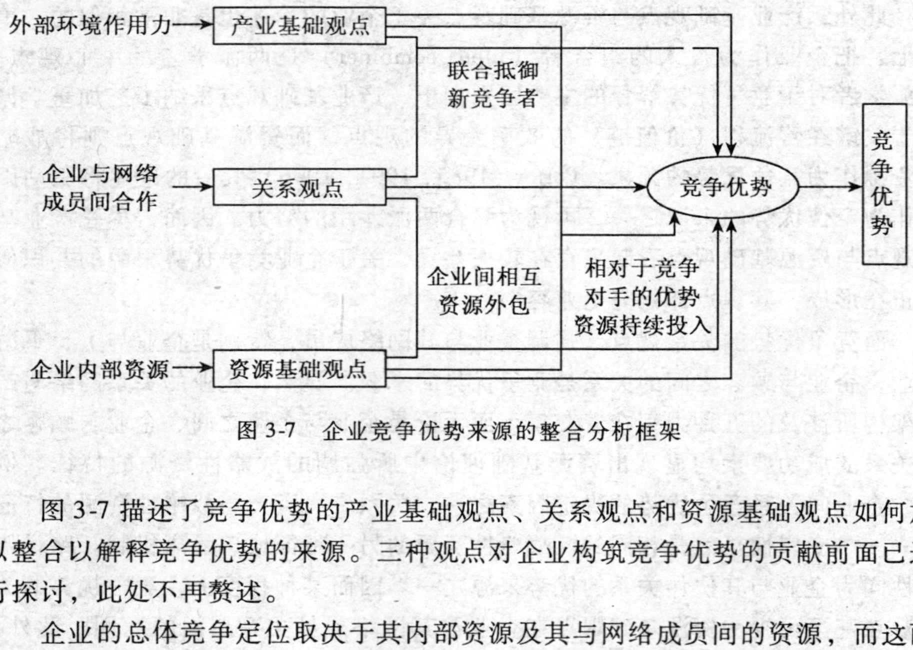

图 3-7 企业竞争优势来源的整合分析框架

图 3-7 描述了竞争优势的产业基础观点、关系观点和资源基础观点如何加以整合以解释竞争优势的来源。三种观点对企业构筑竞争优势的贡献前面已进行探讨，此处不再赘述。

企业的总体竞争定位取决于其内部资源及其与网络成员间的资源，而这两类资源均受到外界环境的影响（例如，Porter（1980，1985）所提出的五种力量）。竞争的加剧令企业寻求发展与网络伙伴（如上下游企业、顾客）的关系。而由 Porter（1980）所提出的产业竞争五种力所形成的竞争强度迫使企业为顾客提供比竞争者更为优秀的产品和服务。据此，企业应积极寻求与其供应商建立密切的合作关系。B2B 环境下的买方—卖方关系有助于降低成本，提高为最终买者（顾客）所提供的供应物的质量。而购买成本的降低和产品/服务质量的提高将使企业更有效地执行其战略，如低成本和差异化（Porter，1980）。因而企业可从与供应商的互惠互利关系中获得优异绩效，与顾客的密切关系更是有助于企业从激烈竞争中胜出并实现盈利。如图 3-7 所示，企业与网络成员间的合作（关系观点）联结外部环境作用力（产业基础观点）有助于企业构建或高筑竞争壁垒，继而获得并保持竞争优势。

企业与其网络成员关系的成功受组织资源的影响，例如企业文化、决策制定过程、员工间信息共享等（Dyer 和 Singh，1998）。这些组织资源使得组织可以通过企业间的关系创造价值。如图 3-7 所示，企业与网络成员间的合作（关系观点）联结企业内部资源（资源基础观点），以企业间资源互相外包的形式获得竞争优势。

产业基础观点与资源基础观点的联结则以 Day 和 Wensley 的观点为代表。Day 和 Wensley（1988）提出，在市场上地位的优越，是基于提供给顾客优越的价值感或相对较低的成本而获得市场占有率及较佳的绩效。两位学者提出竞争优势发展的理论架构，优势形成的连续过程为优势资源投入形成优势地位而产生绩效，再回馈对于优势资源投资的循环过程，如图 3-8 所示。Day 和 Wensley（1988）指出，即使组织持有异质资源和能力，但若非顾客所需且相对于竞争对手并不是最好的，则仍无法形成竞争优势。

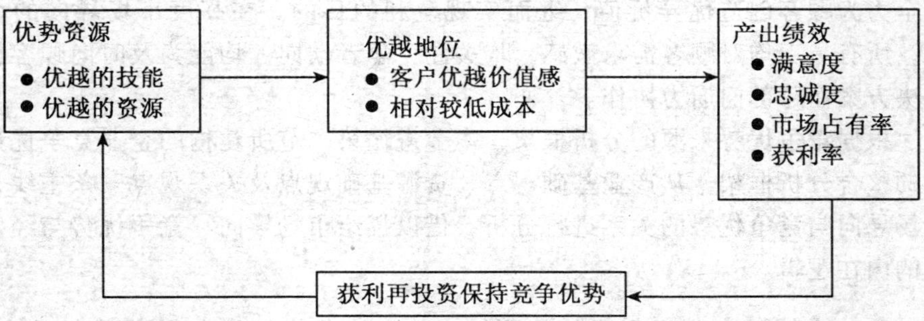

图 3-8　Day 等（1988）竞争优势要素架构图

资料来源：DAY，WENSLEY．Assessing advantage：a framework for diagnosing competitive superiority．Journal of Marketing，1988，52（4）：3.

整合的竞争优势来源分析框架有助于企业为获得竞争优势，实现长期成长和收益而奠定坚实基础。总之，为了实现可持续发展，企业应适应快速变化的产业环境（产业基础观点），持续发展新的战略资源（资源基础观点），与顾客及供应商等网络伙伴建立互利、互信的持久关系（关系观点）。不同的竞争优势来源将令竞争对手难以模仿，从而确保企业得以实现可持续竞争优势。

第三节　市场导向与组织绩效：基于竞争优势来源的理论逻辑建构

在讨论市场导向与竞争的联结之前，我们有必要先回顾市场导向的含义。市场导向是一种包含行为要素的组织文化，其特征为：

①以创造获利与优越的顾客价值为最高原则，并同时考虑其他利益相关者的利益；

②提供有关组织发展与响应市场信息的行为规范。

这一行为规范要求组织贯彻顾客导向、竞争者导向和职能间协调。其中，顾客导向要求企业充分理解顾客需求，通过增加顾客收益、降低顾客成本来创造具有优异顾客价值的产品或服务；竞争者导向要求企业理解现有和潜在竞争对手的优势和弱点，及其长远的能力和战略，并能把握竞争的动向；职能间协调要求企业在为顾客创造优异价值的过程中，协调利用和整合企业资源，密切各职能部门的相互协作。由于掌握了顾客及竞争者信息，市场导向企业能够开发顾客的潜在需求，并通过创新产品和服务来回应顾客的需求。这种能力让市场导向企业在面对机会与威胁时，有快速及有效回应的能力，因而达到举组织之全力为顾客创造优异价值，继而实现盈利的目的。在高度市场导向的企业中，所有员工均对顾客需求敏感，均关注竞争者动向，均能为及时向顾客提供解决方案而跨部门通力协作。

根据竞争优势来源的分析框架，本节遵循第二节所建构的企业竞争优势来源的整合分析框架，从产业基础观点、资源基础观点及关系观点三条主线，对市场导向与竞争优势的关系进行分析，借以描绘市场导向、竞争优势与经营绩效的内在逻辑。

一、市场导向与竞争优势的联结：企业竞争优势产业基础观点的检视

（一）从定义来看，竞争优势是市场导向的目的

Porter（1985）在其著作《竞争优势》中指出，“竞争优势归根结底来源于企业为顾客所能创造的超过其成本的价值。价值是顾客愿意支付的价钱，而超额价值产生于以低于对手的价格提供同等的效益，或者所提供的独特的效益补偿高价而有余”，而市场导向是一种文化的特定形式，要求企业持续地为顾客传递优异的价值。市场导向的三个构件——顾客导向、竞争者导向和职能间协调，使得整个组织对变化中的顾客要求和市场状况保持在预测和响应状态，

它们均以创造优异的顾客价值为依归。从竞争优势与市场导向的界定来看，竞争优势是市场导向的目的。

（二）市场导向有助于竞争优势的建立

Porter（1985）提出，取得竞争优势要求企业拥有不同的技能和要求，它们一般又转化为组织结构和组织文化的差异。“如果企业文化与竞争战略相结合，企业文化可以强有力地巩固一种基本战略以寻求建立竞争优势。”企业文化“是获取竞争优势的一种手段，而不是目的”。

同理，市场导向作为以持续创造顾客优异价值为目标的一种文化，有助于企业获得竞争优势。Naver 和 Slater（1990）认为，作为企业文化的特定形式，市场导向使企业能够通过职能间协调，更有效地回应顾客需求和竞争威胁，因而相对于其竞争者处于更佳的定位，继而获得竞争优势。

1. 市场导向与差异化优势的构建

顾客价值链是认识差异化的根本基础的关键——通过降低顾客费用或提高顾客效用来为顾客创造价值。差异化优势来源于为顾客创造价值的实际独特性和将这种价值传达给顾客使之接受的能力。

Porter（1985）强调，“成功的差异化策略源于企业所有活动之间的相互协调”。“独特性如果对买方没有价值，就不可能获得差异性。”（Porter，1985）企业通过两种机制为买方创造他们所需要的价值：降低买方成本和提高买方效益。“如果企业能深刻理解买方是如何使用产品的，企业的各种市场营销、发货及其他活动是怎么影响买方成本的，就会有很多办法可以降低买方成本。”（Porter，1985）。提高买方效益的关键在于了解对买方来说什么是最理想的效益，因而企业“必须理解买方的需要并应采用与买方分析价值相同的方法”。

而对顾客来说，其购买决策取决于其对企业创造价值的推断。买方通过广告、信誉、包装、专业性、外观、卖方员工特征、设备吸引力，以及销售所提供的信息来推断企业正在或即将创造的价值。Porter 将影响买方价值推断的因素称为价值信号。因为“买方绝不购买他们未认同的价值，无论这种价值多么真实”。Porter（1985）总结道，“差异化优势来源于为顾客创造价值的独特性，可以通过满足使用标准或信号标准加以实现”。

Day（2000）指出，市场导向企业，“整个组织自始至终坚持从顾客的需求出发，提供优越的质量和服务”。市场导向通过搜集市场信息，充分理解顾客需求，并透彻理解竞争对手满足顾客同样需求的能力，从而为顾客提供具有独特价值的产品和服务。从差异化优势的驱动因素（参见表 3-2）来看，市场导向可确保企业对顾客特殊要求的响应性、产品的独特性，有助于企业根据顾客要求提供有优异价值的产品。不仅如此，市场导向的行为构面之一——职能间协调还可促使企业内部各职能部门为向顾客提供具有独特价值的产品而团结协作，从而可确保企业为寻求差异化优势所采取的各项措施得以顺利实施，因为“成功的差异化策略源于企业所有活动之间的相互协调”。

2. 市场导向与低成本优势的构建

Porter（1985）认为，获得低成本优势的方法有两种：①控制成本驱动因素；②重构价值链。控制成本驱动因素的关键在于识别成本驱动因素，如规模经济、学习、产能利用、联结、整合、时间安排等因素（参见表3-2）。

从成本驱动因素来看，市场导向至少可作用于学习和联结这两大因素。就学习而言，Slater和Naver（1995）强调，“市场导向为组织学习提供了文化基础”，从而激励员工持续改进工作方法，提供工作效率，有效降低成本。不仅如此，市场导向还可以密切营销与产品设计、制造等价值链环节的联结。对顾客信息与竞争者行为的准确把握，有助于企业生产出适销对路的产品，避免资源浪费。内部职能部门间的默契与协作，更可有效缩短产品上市的时间，有助于企业获得先行者优势。

识别成本驱动因素，重构价值链，要求企业把价值链活动的成本与竞争对手进行比较，对竞争者的成本结构进行分析。Porter（1985）强调，“事实上，分析一个企业的成本曲线和确定竞争对手的相对成本常常是一个反复进行的过程”。“因此，成本领先的企业多半具有来自高层管理加强这种行为的文化。”作为包含行为要素的组织文化，市场导向通过搜集竞争者有关情报，有助于企业作出降低成本决策，而且，在市场导向文化氛围之中，所有员工均致力于以低成本生产高价值的产品，从而也有利于决策的推行。

此外，Porter（1985）还提出，“无论在什么企业中，所有类型的基本活动都在一定程度上存在并对竞争优势发挥作用”。“竞争优势来源于活动间的联系”，“联系可以通过优化和协调一致这两种方式带来竞争优势。”联系反映着协调各种活动的需要。例如，发货按时，会要求生产作业、外部后勤或服务（如安装）这些活动协调配合。“协调各种联系的能力常常能削减成本或增加经营差异性。”而且，“对各种联系的利用常常要求信息或信息系统允许优化或协调配合的发生。因此，信息系统对于从联系中获取竞争优势至关重要”。市场导向的基础正是有关市场信息的产生、散播与响应。通过各种正式和非正式的机制，市场导向排除部门间的沟通障碍，使企业所有职能部门均能获得相关的信息，从而为所有部门行动一致提供了共同的基础。如此，各职能部门在对信息作出决策之前，管理人员均相互了解彼此之间的前提假设，从而制定适当的决策，促进各部门与流程间的默契配合以及企业经营目标的顺利实现。

总之，市场导向企业不断投资于市场情报搜集活动，而令其能够适应顾客不断变化的需求，因应竞争者不断变化的行为，因而与其竞争者相比，高度市场导向的企业，其目标市场更具潜力，其提供物能更好地满足顾客偏好。

二、市场导向与竞争优势的联结：资源基础观点的检视

市场导向被视为深植于文化层面的一种独特资源（Desphande 和 Webster，1989；Hunt 和 Morgan，1995）。并且，市场导向呈现出前述战略性资源的许多特征，例如，市场导向需要时间才能构建（路径依赖），市场导向具有社会复杂性，由内隐的技能和经验构筑，难以从一家企业转移至另一家企业等。因此，市场导向构成了企业的基础资源，并影响着企业的人力资源管理、运营管理、创新甚至财务管理（Hooley 等，2005）。

（一）市场导向是一种无形的资源

Hunt 和 Morgan（1995）提出，市场导向是一种无形的资源，“例如，如果其提供的信息使得企业能够生产符合某一细分市场特定的品味和偏好的提供物”。那么，市场导向能否引致竞争优势呢？Langerak 和 Commandeur（1998）分析认为，市场导向是竞争优势的来源，是企业发展、创造并向顾客提供优异价值的能力。市场导向强调战略制定过程中使用顾客和竞争者信息的重要性，因而，由执行市场导向收集而来的关于竞争对手的知识（例如产品、价格、战略）可使企业比其竞争者更有效率、更具效能地为某些细分市场提供产品和服务（Grant）。因此，市场导向是一种能引致竞争优势的资源。

Hunt 和 Lambe（2000）认为，市场导向不仅是一种资源，同时还是一种能力。“能力（competence）是一种保持资产以协同方式部署继而帮助企业实现其目标的能力（ability）。”（Sanchez 等，1997）能力是资源的一种形式，这是由其定义所决定的，“以协同方式部署继而帮助企业实现其目标”表明资源是一种“无形的存在（intangible entity）”，而“无形的存在（intangible entity）”正好落入资源的定义范畴之中。

根据资源基础理论，能力可视为一种高阶的资源，以组织更多的基本资源为特征（Hunt 和 Morgan，1995）。例如，索尼公司的“小型化（miniaturization）”能力就是若干有形资源（例如，具体的设备）与无形的基本资源（如技术专长）的整合。为了实施市场导向，企业部署有形资源，如信息系统储存、分析和散播关于竞争者和竞争的信息。此外，组织还必须运用无形资源，如激励市场导向行为的组织政策，管理人员必须具备有效运用顾客和竞争者信息的知识和经验等。

（二）市场导向具有战略资源特性

1. 稀缺性

研究表明，市场导向具有稀缺性。Day（1994）指出，许多企业的有效管理时间中，花在顾客身上的不足15%，而花在思考竞争对手上的时间不超过5%，其余80%的时间只是用在处理与顾客和竞争对手间接相关的企业内部事务上。这些数据来源于计划文件资料、会议日程表、会议时间记录，以及企业对员工的奖励是取决于今年与去年相比的废品率这样的内部因素还是竞争中的业绩表现。结果表明，大多数企业对于决定企业命运的两个关键因素——顾客与竞争者没有给予足够的重视。Greenley（1995）的研究也表明，在英国，仅仅有36%的企业实施了市场导向。

"如果市场导向不是稀缺资源，那么，它就无法引致竞争优势，继而导致优异绩效。（Hunt 和 Morgan，1995）"例如，市场导向培育并滋养企业的洞察力，使企业有能力预测市场未来的演变趋势，从中发现机会并善加利用。这样，企业就有可能获得先行者优势（Kerin 等，1992）。比如把 Perrier 矿泉水从竞争对手中区分出来。Perrier 已经成了矿泉水的代名词，这是通过理解其产品既不是普通的水又不是软饮料，而是一种天然的饮料。这也许看来是一种细微的差别，但它对如何进入市场有着深刻的影响，并被包括百威和雀巢在内的一些强大的竞争对手所忽视，而它们在很大程度上放弃了这个市场。由此看来，市场导向是稀缺的，甚至是独特的。

2. 专属性

以市场为导向的企业，可借由顾客偏好和购买标准的认识，调适其制造和管理流程，从而为顾客提供能满足其需求的产品和服务（Pine，1993）。企业通过市场导向提升顾客价值的过程，是一个持续提高和更新的交互过程。企业与顾客的交互次数越多，顾客价值与企业的联结越紧密，企业为顾客所创造价值的无形要素（如关系长度和信任）越难以辨认和模仿，从而令竞争者无从复制。例如，以市场为导向的银行，在与顾客交互的过程中不断增进对顾客现有及潜在需求的了解，并为顾客订制产品和服务，银行与顾客间建立的联系与信任，与人员、组织、管理制度融为一体，即使竞争者推出相同的产品，甚至高薪延聘有关的员工，也未必能获得相同的效果。

3. 因果模糊性

市场导向文化根植于企业最深处关于市场的认识，它强烈地影响着企业对于市场变化的认识及采取的行动。这种认识往往潜存于企业管理层和员工的头脑中，具有很强的内隐性，其他企业只能从其活动或结果中进行模仿，但由于原因与结果关系的模糊性，这种模仿和学习很难取得效果。而且，不同的企业以不同的方式实施市场导向，其因果关系很难辨认，因而无法模仿，其结构具有社会复杂性（Reed 和 de Fillippi，1990；Lippman 和 Rumelt，1982；Jaworski 和 Kohli，1993）。

此外，在日常的研发、生产、销售、分销过程中，已经隐含了大量的信息沟通与交换，而这样的信息交换具有无形性，更是难以模仿的。例如，通过顾客导向，企业可以洞察顾客的有关知识，更好地开展创新（Varadarajan 和 Jayachandran，1999）。员工对于如何做到对市场导向的了解，不仅源于企业规范手册或教科书，而且源于其他已经实施市场导向的员工。不仅如此，市场导向可增加员工的心理和社会收益，特别地，它将导致所有部门和员工都朝着满足顾客需求这一共同目标而努力工作，继而增进员工的团队精神（esprit de corps）以及员工对组织的承诺（Jaworski 和 Kohli，1990，1993；Selnes 等，1996；Shoham 和 Rose，2003）。通过内部职能部门间的协同合作，可针对具体的顾客要求组建团队，并赋予团队一定的职权，可解决跨职能领域的复杂问题（Tansik，1990）。因为市场导向使用了诸如组织资源和信息资源之类的无形资源，因而可作为可持续竞争优势的来源之一（Hunt 和 Morgan 1995）。

4. 路径依赖性

Day（1990）认为市场导向象征着强有力的竞争优势，因为市场导向是一种“无形的胜利（invisible triumph）”，市场导向需要大量的时间来加以执行，因此很难模仿。Day（1990）通过对市场驱动管理的维度来加以说明，如图 3-9 所示。

Day（1990）认为，市场导向企业沿着四个相互联系的维度采取正确的步骤：共同的信仰和价值观、组织结构与系统、战略制定过程及辅助性计划与活动。其回报是资产负债表外的“无形资产”，体现在理解并满足顾客要求的优秀技能当中。这是所有竞争优势中最能持久的，因为它需要花很长时间才能实现，并且很难模仿。

Hunt 和 Morgan（1995）肯定了这一论点，并提出，“采纳和执行市场导向，必须假以时日，方可以文化的形式（culturelly）根植于企业之中”。正如 Barney（1991）所言，企业的市场导向是历史和社会的综合体，如果时空不再，企业就无法再实现完全相同的市场导向。一旦市场导向确立，由于存在收益递增和沉淀费用，后来的发展将沿着这一确立的方向惯性运行。过去所累积的关于顾客、竞争者的知识，以及各职能部门之间的默契，不仅得到巩固和支持，而且能在此基础上一环紧扣一环，沿着良性循环轨迹发展，这是竞争者难以复制与逾越的。

不仅如此，市场导向隐含了适应性的组织学习（Naver 和 Slater，1990），

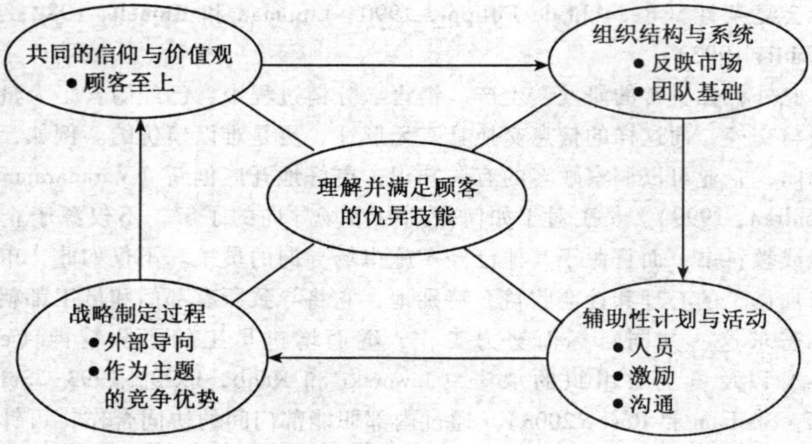

图 3-9 Day（1990）：市场驱动管理的维度

学习过程包括诸如试验、定点超越（benchmarking）、全面质量管理评价、回馈程序控制、消费者满意追踪等。"市场导向为组织学习提供了文化基础"（Slater 和 Naver，1995），学习（获取、散播和解释新知识）能力是市场导向的精髓所在（Hoffman，2000）。而学习导致组织能力进化和发展的路径依赖性，使得某些建立资源结构的方式由于低成本而更具有吸引力。在收益递增的条件下，路径依赖性的作用会进一步放大（ Teece ，1997），使竞争对手很难克服其成本劣势。市场领先者通过不断学习，提高对手的竞争成本，从而保住自己的竞争优势。

（三）市场导向有助于企业获取及培育战略资源和能力

资源基础观点的逻辑是，企业是一个追求经济租或超额利润的经济组织，其目的是建立能够创造超额利润或能力以及善用和萃取这些资源或能力所创造的超额利润。因此，战略资源或能力的获取及培育对于企业举足轻重。

市场导向有助于企业获取及培育战略资源和能力，表现在以下几个方面：

首先，市场导向促进组织提升管理能力。如前所述，市场导向作为包含行为要素的文化，深植于组织之中，并渗透至组织的各个层面。在高度市场导向的组织中，所有职能部门均以向顾客传递优异价值为己任。因此，市场导向影响了这些职能部门的管理方式和方法。例如，在高度市场导向的企业中，人力资源管理部门"以为顾客创造价值为目的"而开展各项工作，其培训项目和员工职业生涯发展规划目标均直指顾客满意和顾客忠诚，其薪酬架构必然按照鼓励员工完成与市场相关的绩效指标等标准来设计。类似地，运营和财务部门也会以更高效地为顾客服务为指针，而不仅仅满足于其职能领域范围内的优化。一个真正市场导向的企业，其标志便是所有职能活动均支持营销活动，为创造优异的顾客价值作出贡献。

其次，市场导向有助于组织提升创新能力。实证研究表明，组织市场导向水平越高，其市场创新能力越强（Slater 和 Naver，1995；Han 等，1998），从而有助于企业生成并培育专利权、经登记注册的设计、成功运用技术资源的知识等无形资源。Zaltman、Ducan 和 Holbek（1973）提出的组织变革创新的典范，认为通过适当的市场情报搜集与决策制定后的创新执行，可以有效地达成企业的目标，这实际上确认了市场导向有助于提升企业的创新能力。而且，正如 Kohli 和 Jaworski（1993）所指出的，市场导向本质上是涉及对市场情况作出某些不同或新的回应，基本上可视为一种创新性行为的形式。Slater（1997）也提出成功的创新是市场导向文化与企业家精神结合而产生的结果。总之，高度的市场导向将有效增强组织的创新能力，继而推动其资源的优化组合。

最后，高度的市场导向促使组织更多地关注品牌和商誉资产的建设（Dechernatony 和 McDonald，1992；Doyle，2000）。并且，Siguaw 等人的（1994）实证结果表明，组织的市场导向水平直接影响员工的工作满意度以及员工对组织的承诺，从而促进企业人力资源的培育和发展。此外，组织管理能力的增强，使得组织与顾客联系更为紧密，继而提高组织的声誉，而纵向整合和团队协作更能强化组织的创新能力。

综上所述，市场导向有助于企业培育和滋养战略资源和能力，从而使得企业资源得到优化配置，善用和萃取这些资源或能力所创造的超额利润。

三、市场导向与竞争优势的联结：关系观点的检视

根据竞争优势的关系观点，市场导向如果能提升企业与其网络伙伴间的关系质量，或能推动跨组织关系管理，那么，市场导向就有助于企业竞争优势的获取。

（一）实施市场导向有助于企业提高关系质量

从关系质量的三个构面，即信任、满意和承诺来看，市场导向有助于企业提高关系质量。Garbarino（1999）关于市场导向中顾客满意、信任及承诺的角色研究表明：

第一，市场导向可增进企业与其网络伙伴间的信任。信任可增进网络伙伴对企业的满意，并使企业关系网的价值随着时间而增长（Anderson 和 Narus，1990）。大量的实证研究表明，对维持关系意愿的研究集中于促进一方对另一

方依赖度的变量上（Anderson 和 Weitz，1989；Anderson 和 Weitz，1992；Frazier，1993；Frazier，Gillm 和 Kale，1989；Ganesan，1994；Skinner，Gassenheimer 和 Kelley，1992；Wilson 和 Vlosky，1998）。这些研究多以 Williamson 的交易成本理论作为理论基础，而且几乎毫无例外的，这些研究均以特定资产投资、获取产品的战略重要性、变更成本、销售百分比成为愿意长期维持关系的解释变量。然而，依赖性仅仅构成忠诚的调节因素之一。事实上，基于依赖性的忠诚可能是一种被迫的忠诚，依赖的一方随时有可能中止关系，除非存在其他类型的调节因素。信任正是这种调节因素，它可以在很大程度上确保长期关系的维持。买方的信任因卖方或其销售人员表现出来的值得信任而增长，例如，通过一系列甚至可能损害卖方利益的行动来履行承诺，在说明产品优点的同时指出产品的欠缺，给予买方更为具体的信息而不只是一般化的说明，通过证据和公开的验证，以及免费提供服务等（Bitner，1995；Hawes，1994）。保持与顾客的沟通，服务保证同样也构成了信任的关键构面。

而要将上述活动付诸实践，企业必须能够依赖于下列资源、能力和产能：产品质量、卓越服务、成本控制、行动速度、持续创新、高效的组织运作以及基于市场导向的文化（Siguaw，Simpson 和 Baker，1998）。

第二，市场导向有助于企业提高网络伙伴的满意度（Slater 和 Narver，1995）。市场导向对顾客满意的影响源于有效的信息沟通。市场导向促使企业获取顾客、竞争者、供应商和环境变化方面的信息，并且能够融会贯通这些信息，用于创造和保持提供优异的价值。企业的最终目标是对市场需求作出响应，预测市场需求并提供较竞争者更为令顾客满意的产品和服务，以获得优势竞争地位。作为促进全体员工创造优异价值的企业文化，市场导向影响着企业的行为，使企业适应竞争环境、为顾客创造优异价值成为可能。

Kohli 和 Jaworski（1990）的研究也支持了这一论点，他们认为，市场导向将提升顾客满意，满意的顾客将会向其他潜力顾客传播溢美之词，促进顾客重复购买。Kotler（1998）也提出，市场导向可能导致顾客满意提升和重复生意。Raju 等（1995）则声称市场导向程度的提升有望导致企业较好的经营绩效，因为市场导向使组织战略的焦点和愿景得以明晰，并能鼓舞员工斗志，使员工对组织产生强烈的归属感。进一步的结果是顾客满意，体现为重复购买和将新顾客“拉”到该企业。Sanzo 等（2003）从文化的视角测度产业市场背景下企业市场导向水平与其主要供应商满意水平之间的关系。对 171 家西班牙企业的实证研究结果发现，企业的市场导向水平与其供应商的满意度呈正向相关关系，并对与顾客关系的改进形成积极影响。

第三，市场导向可促进组织成员对组织的承诺。组织承诺可视为组织成员对留在组织这一义务的情感（Allen 和 Meyer，1990；Bar-Hayim 和 Berman，1992；Meyer 等，1993；Hackett 等，1994）。Kohli 和 Jaworski（1990）主张，市场导向提供给员工心理和社会收益，特别地，它将导致对组织的归属感，这种归属感使得所有部门和员工均朝着满足顾客这一共同目标而努力工作，从而促进员工对组织的承诺。Jaworski 和 Kohli（1993）从实证上检验了这一观点，他们发现，市场导向和组织承诺之间存在很强的正向关系，因而他们提出，市场导向滋养并强化着员工与组织间的纽带，同时激发员工对组织大家庭的归属感，继而投身于满足和超越市场需求的活动之中。Caruana 等（1997）采用 Allen 和 Meyer（1990）设计的 24 项量表来测度组织承诺，用 MARKOR 来测度市场导向，逐步线性回归的结果发现，市场导向直接影响组织承诺。与此相似，Blankson 和 Omar（2002）的探索性研究也提出，市场导向与组织承诺之间存在线性因果关系。

（二）实施市场导向有助于推进关系管理

关系管理任务与市场导向各维度的联结是多重的，由于市场导向企业以理解顾客需要并时刻准备着满足顾客需求为关注焦点，因而企业层面的顾客导向可视为关系管理任务——交换、协调、解决冲突和适应的引擎（enabler）。而且，如果顾客满意的测量比较到位，员工为使顾客满意受到激励而完成关系管理任务。此外，竞争者导向也有助于企业理解竞争性订单（competitive orders），为解决冲突和协调奠定基础。最后，由于大多数的关系都是由团队进行处理（Helfert 和 Vith，1999；Narus 和 Anderson，1995），交易比较复杂，内部职能间协调就成了服务顾客的关键。支持这一论点的研究是，Ritter（1999）主张，只有整合的沟通架构，即高度的职能间协调才是企业管理其关系和网络的关键。

为了完成关系管理任务，企业需要信息资源、物质资源、人力资源和财务资源（Herfelt，1998；Ritter，1999）。市场导向不仅可转换为关系管理，在市场导向企业中，这些重要的资源同样存在。市场导向以有关顾客和竞争者信息的传播和扩散为基础，那么，在市场导向企业中，处理关系的有关人员对顾客和竞争者的信息也有很好的把握。而且，由于内部职能间的合作程度较高，员工对企业内部程序、能力和战略也有很好的理解。市场导向企业也会为关系的促进与维持而投入财务资源、物质资源和技术资源，因而，市场导向确保了实施关系管理、维持成功关系所需资源的可获得性。

四、不同视角阐释市场导向与竞争优势关系的总结

从不同的视角出发，市场导向与竞争优势的关系总结如图 3-10 所示。综

上所述，从产业基础观点来看，市场导向可以强有力地巩固企业的基本战略，有助于企业获得以优异顾客价值为基础的竞争优势；从资源基础观点来看，市场导向作为一种深植于文化层面的独特资源，具有战略性资源的特征，如稀缺性、专属性、因果模糊性、路径依赖性，有助于企业建构隔离机制、获取及培育战略资源和能力，因而能有效促进企业建立和巩固竞争优势；从关系观点来看，市场导向有助于提高企业与其网络伙伴间的关系质量，推进和强化关系管理，使累积在关系网络中的信任、满意和承诺成为企业竞争优势的来源。总之，企业市场导向水平与其竞争优势相联系，而竞争优势又与组织绩效密切相关。据此我们可以推断，市场导向—竞争优势—组织绩效之间存在因果关系。

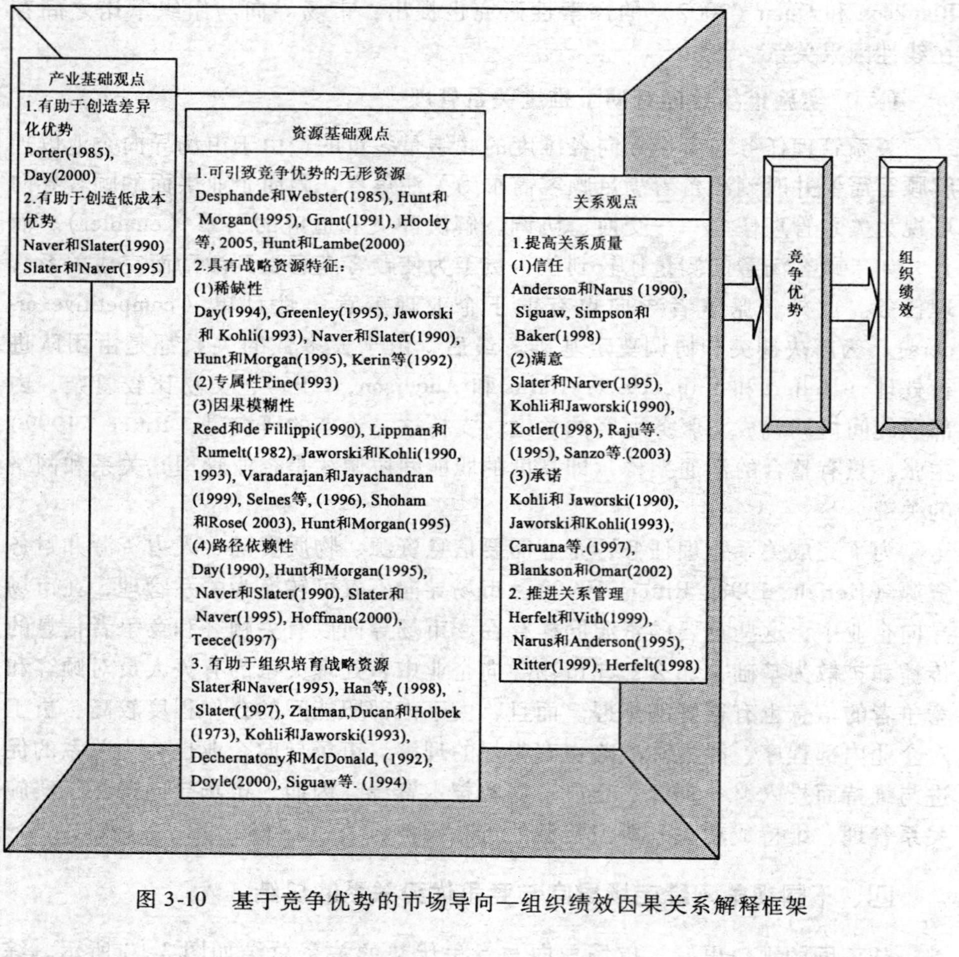

图 3-10　基于竞争优势的市场导向—组织绩效因果关系解释框架

第四章 市场导向、竞争优势与组织绩效：研究框架与研究方法

本章在前述文献回顾和推演的基础上，提出了研究框架与研究假设，并对市场导向、竞争优势、组织绩效、环境特征、战略类型的衡量问题进行了探讨和界定，并介绍了资料来源、问卷收集及数据分析方法。

第一节 研究框架与研究假设

一、研究框架的建立

根据前述文献回顾及推演可知，市场导向对组织绩效的正面影响，已为大多数学者所验证与讨论，即组织的市场导向程度越高，组织绩效越好。但是亦有研究表明，市场导向与组织绩效的关系并不是十分明确，因而有学者开始探讨在市场导向与组织绩效的直接关系中，是否尚有其他中介或情境变量会影响到其间的关系。

市场导向是一种包含行为要素的组织文化，以持续为顾客创造优异价值为目标；而从顾客的视角来看，“竞争优势归根结底来源于企业为客户所能创造的超过其成本的价值”（Porter，1985）。基于顾客优异价值这一共同点，本书试图引入竞争优势作为中间变量，来细化市场导向与组织绩效之间的关系。通过对竞争优势来源理论分析框架的整合，本书依据产业基础观点、资源基础观点、关系观点三条主线进行推演，认为市场导向有助于企业建构竞争优势，而竞争优势将引致优异的组织绩效。

本书的实证研究架构及研究假设如图 4-1 所示。本书采用包含行为要素的文化观点来描绘市场导向，将市场导向分为顾客导向、竞争者导向和职能间协调三个构面；竞争优势分为低成本优势和差异化优势。本书认为，市场导向通过竞争优势而影响组织绩效，其中，顾客导向、竞争者导向和职能间协调三个构面均影响差异化优势的构建，竞争者导向和职能间协调影响企业的低成本优势的构建。换言之，竞争优势是市场导向与组织绩效的中间变量。依据以往

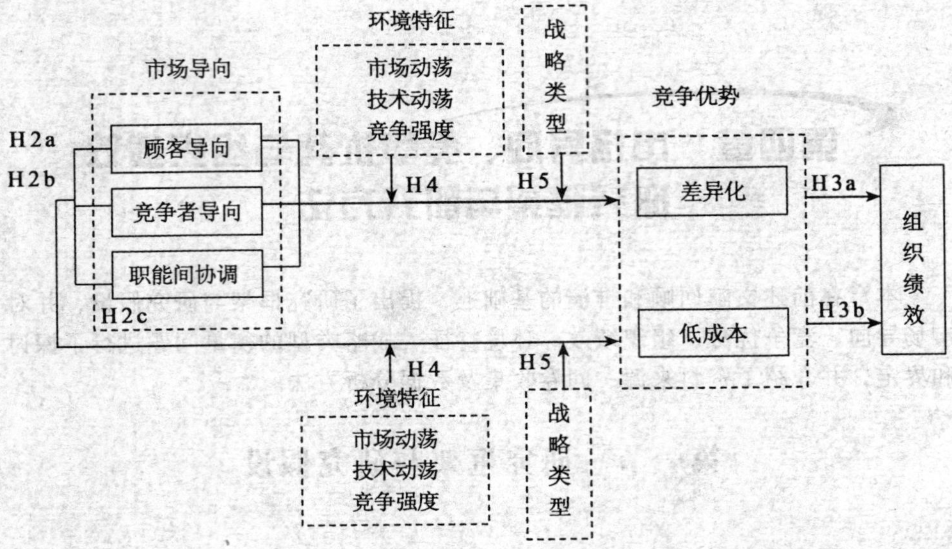

图 4-1　本书实证研究框架

的文献研究结论，本书将环境特征和战略类型作为市场导向与竞争优势关系的调节变量。其中，环境特征分为市场动荡、技术动荡和竞争强度，战略类型因循 Miles 和 Snow（1978）的分类，分为防御者、前瞻者、分析者和反应者。

二、研究假设

（一）市场导向与竞争优势之间的关系

Greenley（1995）从战略的角度出发，认为市场导向的概念仍不完整，尚不足以说明可以提升消费者价值和增进组织绩效。而竞争优势是持续为顾客创造优异价值的结果（Woodruff，1997）。为顾客创造的优异价值源于顾客所感知的购买产品的价值超过同类竞争产品的价值。对于顾客而言，企业产品的价值是顾客所感知的产品带来的全部收益减去产品的获取成本和使用成本的差额（Zeithmal，1988）。为了实现为顾客创造优异价值的目标，企业必须运用优势资源，以获取相对于竞争者的定位优势（Day 和 Wensley，1988）。这就要求企业具有强烈的市场导向，因为如果不知道顾客想要什么，竞争者提供什么，没有充分的内部协调，企业很难建立竞争优势，为顾客创造附加价值。

Naver 和 Slater（1990）提出，市场导向企业为了创造优异的顾客价值，会致力于降低买者的成本，提高产品和服务的差异化程度。如前所述，为了获得差异化优势，企业“必须理解买方的需要并应采用与买方分析价值相同的方法”（Porter，1985），且差异化是相对于竞争对手而言的差异化，“成功的差异化策略源于企业所有活动之间的相互协调”。据此提出假设一：

H1：市场导向对差异化优势有正向的影响。

H1a：顾客导向对差异化优势有正向的影响。

H1b：竞争导向对差异化优势有正向的影响。

H1c：职能间协调对差异化优势有正向的影响。

为了获得低成本优势，企业通常致力于通过在价值链实施成本削减计划，与主要竞争对手的成本结构进行比较要求企业运用定点超越（benchmarking）的技巧，因此企业必须坚持竞争者导向。而为了获得低成本优势，内部职能部门间的密切协作也是非常必要的。Siguaw 等（1994）研究表明，采取市场导向对于企业来说，是一项与减少成本相关的经济决策。Day（1998）提出，市场导向提高了成本效率。Chang 等（1999）也指出，市场导向对低成本效率有着积极的影响。据此提出假设二：

H2：市场导向对低成本优势有正向的影响。

H2a：竞争者导向对低成本优势有正向的影响。

H2b：职能间协调对低成本优势有正向的影响。

H2c：职能间协调对低成本优势有正向的影响。

（二）竞争优势与组织绩效之间的关系

通过为顾客提供更优异的价值而获得的竞争优势，将导致优越的市场绩效（例如，市场份额、顾客满意）和财务绩效（如投资回报、股东财富创建Bharadwaj，Varadarajan 和 Fahy，1993；Hunt 和 Morgan，1995）。Buzzell 和 Gale（1987），Jacobsen（1988）以及 Jacobsen 和 Aaker（1985）的研究表明，市场份额和盈利是企业寻求成本与差异化优势的结果。对 PIMS 数据库的分析也表明了竞争优势与组织绩效存在关联。据此提出假设三：

H3：竞争优势对组织绩效有正向的影响。

H3a：差异化优势对组织绩效有正向的影响。

H3b：低成本优势对组织绩效有正向的影响。

（三）环境特征对市场导向—竞争优势关系的影响

市场导向水平受市场环境（即市场动荡、竞争强度和技术动荡）和供需方因素的影响，继而调节市场导向和经营绩效之间的关系（Kohli 和 Jaworski，1990）。环境的不确定性因素又与企业的竞争优势目标有关，企业通常先对环境产生认知，再根据环境分析结果制定经营决策。据此提出假设四：

H4：环境特征调节市场导向对竞争优势的影响。

H4a：市场动荡调节市场导向对竞争优势的影响。

H4a1：市场动荡调节市场导向对差异化优势的影响。

H4a1-1：市场动荡调节顾客导向对差异化优势的影响。

H4a1-2：市场动荡调节竞争者导向对差异化优势的影响。

H4a1-3：市场动荡调节职能间协调对差异化优势的影响。

H4a2：市场动荡调节市场导向对低成本优势的影响。

H4a2-1：市场动荡调节顾客导向对低成本优势的影响。

H4a2-2：市场动荡调节竞争者导向对低成本优势的影响。

H4a2-3：市场动荡调节职能间协调对低成本优势的影响。

H4b：技术动荡调节市场导向对竞争优势的影响。

H4b1：技术动荡调节市场导向对差异化优势的影响。

H4b1-1：技术动荡调节顾客导向对差异化优势的影响。

H4b1-2：技术动荡调节竞争者导向对差异化优势的影响。

H4b1-3：技术动荡调节职能间协调对差异化优势的影响。

H4b2：技术动荡调节市场导向对低成本优势的影响。

H4b2-1：市场动荡调节顾客导向对低成本优势的影响。

H4b2-2：市场动荡调节竞争者导向对低成本优势的影响。

H4b2-3：市场动荡调节职能间协调对低成本优势的影响。

H4c：竞争强度调节市场导向对竞争优势的影响。

H4c1：竞争强度调节市场导向对差异化优势的影响。

H4c1-1：竞争强度调节顾客导向对差异化优势的影响。

H4c1-2：竞争强度调节竞争者导向对差异化优势的影响。

H4c1-3：竞争强度调节职能间协调对差异化优势的影响。

H4c2：竞争强度调节市场导向对低成本优势的影响。

H4c2-1：竞争强度调节顾客导向对低成本优势的影响。

H4c2-2：竞争强度调节竞争者导向对低成本优势的影响。

H4c2-3：竞争强度调节职能间协调对低成本优势的影响。

（四）战略类型对市场导向—竞争优势关系的影响

Matsuno 和 Mentzer（2000）指出，战略的执行要求对其在市场中的效果进行控制和监测，组织采用的特定战略类型决定了组织所追求的绩效水平。Lukas（1999）对 SIC 系统制造类部门的 194 个战略业务单位进行研究的结果表明，前瞻者、分析者、防御者以及分析者的市场导向水平呈降序排列。在四种类型之中，前瞻者最重视职能间协调，分析者最重视竞争者导向，两者均比防御者表现出更强烈的顾客导向。Langerak（2003）对275家制造企业的实证研究的结果表明，战略类型对市场导向各构面与定位优势的关系有着显著的调节作用。据此提出假设五：

H5：战略类型调节市场导向对竞争优势的影响。

H5a：战略类型调节市场导向对差异化优势的影响。

H5a1：战略类型调节顾客导向对差异化优势的影响。

H5a2：战略类型调节竞争者导向对差异化优势的影响。

H5a3：战略类型调节职能间协调对差异化优势的影响。

H5b：战略类型调节市场导向对低成本优势的影响。

H5b1：战略类型调节顾客导向对低成本优势的影响。

H5b2：战略类型调节竞争者导向对低成本优势的影响。

H5b3：战略类型调节职能间协调对低成本优势的影响。

第二节　变量的操作性定义与衡量

为了确保测量工具的效度与信度，本书尽量采用国内外文献已发展出来的量表，再根据本书的研究目的加以修改作为收集实证资料的工具。在市场导向、竞争优势及组织绩效等构面的操作性定义及衡量方法上，主要取材于国外已发表的学术文章，采用双向翻译的方法，先将这些量表翻译成中文，再由精通外语的企业管理专业博士翻译成英文，经过翻译与反翻译程序之后，再请有关的专家逐项加以比对并反复讨论，再根据本书的研究目的稍加修改而成初步的问卷。

在问卷正式定稿之前，先进行问卷的预试，以评估问卷设计及用词上的适当性，再根据预试者提供的意见修订成最后定稿的问卷。为确保质量，选择了30名企业中层以上管理人员作为预试的对象。除战略类型量表之外，问卷均采用Likert五点量表形式，其中，“1”代表非常不同意，“2”代表不同意，“3”代表普通，“4”代表同意，“5”代表非常同意，要求受测者在1~5的数字中圈选一个数字以代表非常不同意至非常同意的程度。

一、市场导向

自20世纪90年代以来，市场导向的第一个实证量表是由Naver和Slater（1990）提出的MKTOR。这一量表最初由三个行为构面，即顾客导向、竞争者导向和职能间协调，以及两个决策尺度构面，即注重长期和利润目标组成（Narver和Slater，1990）。然而，两个决策尺度构面的Cronbach α系数非常之低，以至于 Narver 和 Slater 最终决定删除这两个构面。尽管 Narver 和 Slater (1990) 建议未来的研究应就这两个决策尺度构面发展出更好的测量语句，有趣的是，他们在随后的几项研究中均忽略了这两个构面，而采用市场导向的三个行为构面（Narver 和 Slater，1991；1993；Slater 和 Narver 1994，2000）。MKTOR 量表如表 4-1 所示。

表 4-1　**MKTOR 量表**

顾客导向
—本公司的目标是依据顾客满意而定的
—我们密切关注及评估服务顾客的热忱
—我们的竞争优势是基于对顾客的了解
—公司的经营策略是以增加顾客价值为目标制定的
—我们经常有计划地评估顾客的满意度
—我们非常注重售后服务
竞争者导向
—我们的销售人员经常分享有关竞争对手策略的信息
—我们能够快速回应竞争者的行动
—公司的高级管理层经常讨论竞争者的优势和劣势
—有机会拥有竞争优势时就能锁定目标顾客
职能间协调
—公司每一个部门的高层管理人员经常访问我们现有及预期的顾客
—在公司内部关于顾客的信息沟通是没有障碍的
—公司各个部门的整合是为了满足目标市场的需求
—公司所有的管理人员均认识到员工为创造顾客价值所作的贡献
—公司各部门均能共享资源

Kohli，Jaworski 和 Kumar（1993）根据 Kohli 和 Jaworski（1990）提出的三个构面，情报产生、情报扩散和情报响应，发展出市场导向量表，即 MARKOR量表。这一量表最初为 32 个题项，最后精简为 20 个题项（Kohli，Jaworski和 Kumar 1993），参见表 4-2。然而，最终形成的量表却招致了多方的批评，例如，将情报扩散和响应作为单一的要素来考虑等（参见 Farrell 和

Oczkowski, 1998)。应当指出的是，相对而言，MARKOR 量表的心理计量特征比较弱，因而其最终模型的拟合优度低于可接受的及格线（cut-off scores）(参见 Kohli, Jaworski 和 Kumar, 1993, Table 2)。实际上，Kohli, Jaworski 和 Kumar (1993) 亦承认，“总的来说，这些研究结果适度地支持了市场导向架构的有效性”。

表 4-2　　MARKOR 量表

—每年至少一次会见顾客以了解其未来需要的产品或服务
—我们做大量的市场调研工作
—在监测顾客产品选择变化上较慢（R）
—至少每年一次从最终顾客处了解他们对产品及服务的评价
—对产业基本变化了解较慢（R）
—定期地评估经营环境变化对顾客的影响
—每年度至少一次跨部门会议以讨论市场趋势及其发展
—营销部门与其他部门一起讨论顾客未来需求
—在顾客或市场发生重大变化时，能够很快地知道
—顾客满意的信息定期地在业务各层次分享
—某部门发现竞争对手的重要信息，但传递给其他部门的速度较慢（R）
—对竞争对手价格变化的反应需要较长时间（R）
—忽视顾客产品或服务需求的变化（R）
—定期回顾产品或服务的发展，以保证符合顾客需要
—各部门一起计划对环境变化作出反应
—能够快速地就竞争者对本公司顾客的行动作出回应
—各部门能够很好地团结协作
—对顾客抱怨不闻不问（R）
—即使有很好的营销计划也难以及时执行（R）
—在顾客对改进的产品或服务更为欢迎时，相关部门即进行改进

注：R：Reverse-Scored，反向计分。

Deng 和 Dart (1994) 在文献回顾的基础上，试图对已有的市场导向的量表进行改进。他们提出，市场导向包括以下几个子构面：顾客导向、竞争者导向、职能间协调和利润导向（profit orientation）。他们从已有的文献和研究出

发，提出了44个题项，并在预测试之后减少为33个题项，采用单一的相关分析测试了效度。Deng和Dart（1994）总结道，他们的市场导向量表在以下方面作出了贡献：①包含了四个构面；②相对简明；③较以前的量表增加了更为全面合理的题项。

然而，Farrell（2002）对Deng和Dart（1994）量表提出了批评——首先是利润导向项目的纳入，众所公认，利润导向是市场导向的结果，而非市场导向的组成部分。Kohli和Jaworski（1990）就提到，“……毫无例外的，受访者均认为利润是市场导向的结果而不是市场导向的一部分”。并进一步说明道，“这一研究结论与Levitt（1969）强烈反对将利润视为市场导向的结果的观点是一致的，将利润视为市场导向的结果无异于将人类生活的目标视为吃饭”。无独有偶，Narver和Slater（1990）也发现，缺乏实证依据表明利润是市场导向的一个组成部分。其次，这一量表主要是源于MKTOR量表，仅附加了几个额外的题项，从理论上看，贡献有限。此外，最终的33个题项也比较麻烦，会浪费回答者的时间。

Pelham（1997）则从Narver和Slater（1990）Jaworski和Kohli（1993）的量表中提炼出了一个量表。这一量表包含9个题项，其中8个题项源于Narver和Slater的量表。他解释说，这是由于“相对于Jaworski和Kohli的题项和维度，Narver和Slater的题项和维度更具优越性、会聚效度和区别效度”（Pelham，1997）。换言之，Pelham发现Jaworski和Kohli（1993）的题项并不具有令人满意的心理计量特征。

Lado，Olivares和Rivera（1998）亦尝试提出一个取代原有MARKOR和MKTOR的市场导向的量表。他们将市场导向定义为企业运用其利益相关者的有关信息以协调和执行战略行动的程度（Lado，Olivares和Rivera，1998）。他们以4类市场参与者（最终顾客、分销商、竞争者和环境）为基础，认为市场导向包括9个构面，有2个主要的市场导向过程（分析和战略行动），以及职能间协调构面。分析的结果，最终形成了36个题项的量表，并通过协方差分析（covariance structure analysis）证明其具有很强的结构效度。从总体来看，该量表反对测量文化构面，而着重于行为/活动构面。与Deng和Dart（1994）不同的是，这一量表以企业理论为基础，而不仅仅是对已有量表的汇总。然而，正如Deng和Dart（1994）提出的量表一样，一个36项的量表也是相当令接受测试者厌烦的。

Gray等（1998）亦认为，现有的MARKOR和MKTOR量表不足以反映市场导向的内涵，因而决定“提出一个更好的量表”。他们研究的目的是复制和延展Jaworski和Kohli（1993），Narver和Slater（1990）的研究，并“证实什么量表更有前途，提出测试以新西兰为背景的市场导向的、更具管理意义和简明扼要的量表”。他们通过比较 Deng 和 Dart（1994），Jaworski 和 Kohli（1993）以及 Narver 和 Slater（1990）中题项的 Cronbach α 系数，撷取了 44 个题项。在探索性因子分析（exploratory factor analysis）和验证性因子分析（confirmatory factor analysis）的基础上，Gray 等学者提出了市场导向的五维度模型：顾客导向、竞争者导向、职能间协调、响应性（responsiveness）和重视利润（profit），并给出了包括 20 个题项的量表。

Farrell（2002）认为，尽管 Gray 等学者声称要提出一个“更优”的量表，但其量表的局限依然明显。首先，该量表在理论方面并无创新，对量表题项的随意组合没有积极的意义。如果能清晰地描绘市场导向的构架，正如 Lado，Olivares 和 Rivera（1998）的研究那样，那么该研究将会极大地丰富市场导向研究。既然作者试图以实证方法为基础，发展一个新的量表，那么他们究竟为何忽略不计 Ruekert（1992）的量表。而且，对架构的重新组合也不是没有问题的，因为这并不能减轻接受调查者猜测调查目的的意图（demand artefacts）。Perrien（1997）认为，这样会导致“需求偏差（demand biased）”，接受调查者辨别出研究假设，继而根据猜测选取某个角色（Perrien，1997）。类似地，作者也没有将填答问卷的顺序效应考虑在内。在被测者回答近似的题项而感到疲劳时，顺序效应就会发生。为了避免此类问题，研究者通常变换问卷题项的顺序（参见 Oczkowski 和 Farrell，1998）。测量重视利润的 4 个题项也同样犯了利润是市场导向的结果这一错误。从简洁的角度来看，该量表较 MKTOR 量表（14 个题项）长，与 MARKOR 量表（20 个题项）等长，因而在问卷长度上也没有优势。

类似的研究还有 Deshpande 和 Farley（1998）对 Narver 和 Slater（1990），Kohli，Jaworski 和 Kumar（1993），以及 Deshpande，Farley 和 Webster（1993）提出的量表所作的实证研究。值得注意的是，Deshpande，Farley 和 Webster（1993）提出的量表事实上测量的是顾客导向，而不是广义的市场导向。Deshpande 和 Farley（1998）请 27 家公司的 82 位营销执行官完成了前述市场导向量表组成的问卷，但并没有提及顺序效应的问题。对各量表的研究表明，“所有的量表看起来均可互相置换，主要的结论在一般意义上均适用于其他量表”（Deshpande 和 Farley，1998）。基于此，Deshpande 和 Farley（1998）对三个量表进行因子分析，以着手发展一个更为简洁的量表，最终形成了由 10 个题项组成的 MORTN 量表，如表 4-3 所示。

表 4-3 **MORTN 量表**

—业务目标主要受顾客满意驱动
—监测服务顾客需求的承诺水平
—跨部门自由交流已成功或失败的顾客经验的信息
—系统而频繁地测量顾客满意水平
—有程序并经常测定顾客服务
—比竞争者更以顾客为中心
—竞争优势基于对顾客需求的理解
—企业的存在主要是为了满足顾客需求
—至少每年一次走访最终顾客，以了解他们对产品或服务的评价
—顾客满意的数据在固定基础上要分享到组织的各个层次

但是，Narver 和 Slater（1998）批评道，MORTN 的概念基础过于狭窄。简言之，该量表的题项主要是关注顾客导向，而忽视了 Narver 和 Slater（1998）所称的为顾客创造优异价值的关键行为：①企业应当明确其价值观和价值主张；②企业通过发现和满足顾客的潜在需求，而不仅仅是其表达的需求来引导顾客；③企业视自身为服务企业并加以管理；④企业管理顾客的生涯价值。

Oczkowski 和 Farrell（1998）使用非巢式检定（non-nested tests）和二阶最小二乘法（two stage least squares estimators）比较 MARKOR 和 MKTOR 的预测能力，结果表明采用普通最小二乘法（OLS）回归和求和量表会扭曲量表的测量效果，例如在更为严格的程序下用二阶最小二乘法（2SLS）进行估计时，OLS 可能适用于一个量表，而这个量表实际上不如另一个量表。此外，在使用二阶最小二乘法进行回归预测时，MKTOR 更为适用。这项研究为 MKTOR 量表的预测能力提供了明证，同时也表明了采用普通最小二乘法（OLS）时存在的内在缺陷，这一点恰恰是市场导向文献研究所容易忽略的。

Caruana（1999）通过两项调查——对英国大型服务企业的邮寄调查和马耳他各行业部门员工的访谈，使用 LISREL 验证性因子分析（confirmatory factor analysis），对 MARKOR 的维度及题项的稳定性进行了评估。结果表明，MARKOR 缺乏跨行业、跨经济、跨文化应用的普适性，因而 Caruana（1999）提出，MARKOR 的概念基础需要重新进行评估。

基于上述文献探讨，加之本书认为，市场导向的本质是一种包含行为要素的组织文化，以持续为顾客创造优异价值为目标，以市场情报的充分沟通和传递为基础，包括三个行为构面：顾客导向、竞争者导向和职能间协调，故本书采用

Naver 和 Slater(1990)所提出的关于市场导向的操作性定义与量表(参见表 4-1)。

二、竞争优势

本书认可 Porter（1985）从顾客视角定义竞争优势的观点并认为，竞争优势指的是企业为顾客提供优于竞争对手的价值，且能够在一定时期内掌握市场主导权、获得超出行业平均利润水平的属性或能力。竞争优势可分为差异化优势和低成本优势。

在可检索到的文献之中，仅有 Langerak（2003）对差异化优势和低成本优势进行了描述。Langerak（2003）从 Day 和 Wensley（1988），Dess 和 Davis（1984）的关于竞争优势的论述中分别萃取了 11 条语句，来描述差异化优势和低成本优势。其中，差异化优势表述为 6 条语句：

①我们的竞争优势在于产品优质；
②我们将产品与服务相结合，为顾客创造优异的价值；
③我们逐步建立了高品质的产品和品牌形象；
④我们比竞争对手高的定价得到市场的认可；
⑤我们开发顾客专用的解决方案和产品；
⑥我们的产品质量高于竞争对手。

低成本优势用 5 条语句来进行表述：

①我们的竞争优势在于运营效率；
②我们以比竞争对手低的价格为顾客创造更多的价值；
③我们在原材料/产品采购方面具有低成本优势；
④在很大程度上，我们采用新技术以做到运营成本低于竞争对手；
⑤我们通过规模经济实现低运营成本。

显然，Langerak（2003）对差异化优势的描述集中于产品和服务的差异化优势上，但差异化不仅只是产品或服务本身的差异化，它包括了企业与顾客之间相互作用的每一个方面。“拥有好的产品不一定称霸市场，相反，有能力管理不同渠道及其带来的经验和关系，才能使自己与众不同，脱颖而出。”① 由

① Steven Wheeler，Evan Hirsh. 寻求渠道差异化优势. 世界经理人网站. http://www.cec.globalsources.com/GC_200000_8800021055.HTM.

于在实务运作中，渠道的选择在很大程度上依赖于产品和服务的特点，企业很少讨论基本渠道形式这样的问题。这种对渠道的看法模糊了渠道对企业获得竞争优势的贡献。实践经验表明，在大多数市场，经销商的力量（覆盖范围、联系的紧密程度）在提高产品性能和保持在最终用户市场中的强大地位中扮演着很重要的角色。Best（2000）也提出，在分销、销售覆盖率或营销沟通方面的相对优势往往能控制（且常常阻碍）市场通路，这同样也是竞争优势的来源之一。在某种程度上，控制了渠道就意味着控制了市场通路。销售队伍的优势也很重要，无论是消费者市场还是B2B市场，均要求一定程度的业务拓展（sales call）和售后服务。销售队伍能否顺利完成销售任务，在很大程度上取决于对顾客需求和同类产品的理解，销售队伍的努力直接影响着企业的盈利。在与企业管理人员的访谈中，管理人员均强调了渠道和销售队伍的优势的重要性，并认为可以纳入广义的差异化优势之中。由于目前尚未发现有文献对渠道优势和销售队伍优势作出定义和测量，本书搜集了有关渠道优势和销售队伍优势描述的语句各50条，采用五点量表：a. 非常同意 b. 同意 c. 不确定 d. 不同意 e. 非常不同意，请部分企业管理人员进行测试。汇总个人态度总得分的结果，选定2条语句描述渠道优势，1条语句描述销售队伍优势。最终确定的差异化优势和低成本优势的量表如表4-4所示。

表4-4　　差异化优势和低成本优势量表

差异化优势
1. 我们的竞争优势在于产品优质
2. 我们将产品与服务相结合，为顾客创造优异的价值
3. 我们逐步建立了高品质的产品和品牌形象
4. 我们比竞争对手更高的定价得到市场的认可
5. 我们开发顾客专用的解决方案和产品
6. 我们的销售渠道覆盖率高于竞争对手
7. 我们与渠道成员保持着良好的互动
8. 我们的销售队伍比竞争对手更能发掘顾客的需求，继而提供令顾客满意的产品和服务
低成本优势
9. 我们的竞争优势在于运营效率
10. 我们以比竞争对手低的价格为顾客创造更多的价值
11. 我们依靠新技术的应用而做到运营成本低于竞争对手
12. 我们通过规模经济实现低运营成本
13. 我们在原材料/产品采购方面具有成本优势

三、组织绩效

（一）组织绩效的衡量方法

组织绩效是战略管理的核心，因为绩效是对战略的真实检验。尽管绩效的重要性得到广泛认同，但组织绩效的衡量问题尚无定论（Venkatraman 和 Ramanujam，1986），始终是战略管理学者所必须面对的最艰难的问题之一。

组织绩效的理论没有一般的理论沿革。因为组织绩效对不同的组织类型、不同的评估者的兴趣与价值来说，有着不同的意义。但对于组织绩效的定义，一般组织学者都同意，绩效并不是一个概念，而是构造（construct）。构造不能由现实世界的具体事件转化而来，而是必须经过抽象化的推演过程。Campbell（1977）指出，必须视组织绩效为一个构造，它没有直接的操作定义，而必须由组织绩效的理论模型来建构。而理论模型的功能，就在于找出值得测量的变量，变量间应有的关系，或变量间实际存在的关系。因此，学者们运用其他的科学方法与学说模型，如生产管理学、劳动经济学等，为组织绩效定义出衡量的方法，如 Ford 和 Schellenberg（1982）在文献回顾的基础上，得出定义绩效的三种方法：

①目标（goal）法：由 Etzioni（1964）提出，假定企业追求终级而明确的目标，而用目标的达成状况来定义绩效；

②系统资源（systems resource）法（Yuchtman 和 Seashore，1967）：强调企业与其所处环境的关系，以企业保有稀缺而有价值资源的能力来判定绩效的好坏。

③成分（constituency）法（Steers，1977）：用组织成员与组织或成员间互动行为定义绩效。

Ruekert，Walker 和 Roering（1985）将绩效定义为三个构面：

①效率（Efficiency）：企业所投入的资源与产出的比率，以投资报酬率表示。

②效能（Effectiveness）：企业所提供的产品或服务，通常与竞争者比较有关的销售成长率或市场占有率等。

③适应性（Adaptability）：企业面对环境威胁或机会时的应变能力，以在某一期间内所推出的产品成功上市所销售的数量或销售率表示。

尽管可以从不同的角度和方法来定义组织的绩效，但总的来说，绩效是对组织目标达成程度的一种衡量，不同学者的看法差别也就表现在对组织目标的分解角度或方法不同。从管理学角度看，绩效是组织期望的结果，是组织为实现其目标而展现在不同层面上的有效输出。由此可见，绩效指标是组织经营运作中不可或缺的指标之一。

（二）组织绩效衡量指标的分类

要完整地认识组织绩效指标、活用指标，由指标增进对组织的了解继而提升绩效，需要对绩效指标进行分类。通常，可以从三个不同的角度对组织绩效进行分类：单一指标和多项指标、财务指标和非财务指标、主观指标和客观指标。

1. 单一指标和多重指标

组织绩效的衡量可分为单一指标和多项指标。前者以某一指标作为组织成就的指标，如生产力、员工满足、利润、组织的稳定成长等。这种单一变量的绩效测量方式较容易进行调查与分析，因此广受欢迎。Capon，Farley 和 Hoening（1990）对 1921—1987 年 320 篇实证研究进行回顾，发现绩效衡量选择相当一致地采用单一指标。尤其对于企业来说，组织存在的目标就是利润最大化，所以单一的经济变量如生产力、效率等，往往是企业管理者最重要的组织绩效指标。Zahra 和 Covin（1993）的研究指出，以单一指标——销售报酬率作为企业战略与技术战略下的评估指标，有不错的评估效果。

多重指标的采用者则认为组织并非仅仅追求一种目标，因此以单一变量来评估整个组织的绩效无法表现其广泛性与系统观。不同的组织应以不同的指标来衡量，所以组织绩效应有多元化的指标才合理（Robbins，1990）。因此，目前大部分学者采用多项指标来评估组织绩效。例如 Kaplan 和 Norton（1990）从四个方面，即财务（包括投资回报率、经济附加值）、顾客（满意度、保留率、市场和顾客占有率）、企业内部流程（质量、成本、推出新产品）和学习与成长（员工满意、信息系统可用性）来衡量组织的经营绩效。

2. 财务指标和非财务指标

组织绩效的衡量指标可分为财务指标与非财务指标两种。财务指标是评断组织绩效的最基本的方法，常用的指标有获利率、营业额成长率、投资回报率（ROI）、资产报酬率（ROA）等（Dess 和 Robinson，1984；Venkatraman 和 Ramanujam，1986 等）。例如，Siguaw 等（1998）关于市场导向对供应商与分销商关系的影响研究，Matsuno 等（2000），Garbarino（1999）关于市场导向中顾客满意、信任及承诺的角色研究，Hurley 等（1998）对市场导向、创新、组织学习关系的研究中，均采用了财务指标。

财务指标的普遍采用主要是因为资料获取方便，可以根据被研究企业的年度财务报表获取所需的数据。而且，对于多数企业来说，特别是一个国家或地区的企业，由于遵循的是同样的财务会计制度，因而在绩效比较方面的信息的可比性比较强。即便是不同国别或地区的企业，虽然因为财务会计制度有所不同，但在全球化趋势下，其差别也越来越小，并且可以根据国际会计制度进行相应调整。

随着市场导向研究的进一步发展，越来越多的研究发现，财务指标并不能全面地反映企业的经营状况。如果企业以永续经营为目标，那么企业就会牺牲短期利益而为其长期发展打下基础，例如，在研发上的大额投资，在品牌方面的投资等。因而一些学者提出，除了财务指标外，一些非财务指标，如相对市场份额、相对品牌识别度、顾客满意度、顾客忠诚度等，在反映企业绩效方面具有更深层次的意义。例如，Venkatraman 和 Ramanujam（1986）便提出三个构面来衡量绩效：

①财务绩效：获利率、销售成长率。

②企业绩效：除财务绩效外，尚包含运营绩效（operational performance），亦即企业绩效是两者的总和。运营绩效是指市场占有率、产品品质、附加价值率等非财务性指标。

③组织绩效：是最广泛的组织绩效定义，非财务性且与人有关的绩效，但较少被使用。

Homburg 和 Pflesser（2000）在研究市场导向的企业文化与绩效关系时，把绩效分为财务绩效和市场绩效两部分。市场绩效被定义为企业营销活动的效果，通过企业实现的顾客满意、提供的顾客价值和实现的市场份额等指标来衡量。他们认为，基于关系的顾客满意、忠诚比单纯的利润等财务指标对企业来说具有长期增长的内涵。Homburg 等（2000）的研究成果表明，市场导向对企业绩效存在影响，不仅仅作用于企业的财务绩效，而且作用于市场绩效继而影响财务绩效。①

Reicheld 和 Sasser（1996）的研究也表明，顾客忠诚、顾客满意、顾客获得的产品及服务的价值、员工能力、员工满意度与忠诚度等企业市场绩效同企业的利润之间存在着直接的、牢固的关系。Reicheld（1989）研究发现，顾客保留率提高5%，每个顾客的平均价值就会增长25%～100%，因而企业更应关注留住顾客而不仅仅是争取利润。

---

① 这一结论与20世纪70年代的PIMS（profit impact of market share）的研究结果相同，但这一结论并不是绝对的。例如，Porter（1996）对日本汽车及电器行业的研究发现，尽管其市场份额在80年代比美国同行要大，但其资本利润却很低。Reicheld（1996）把市场份额分为质与量两个层面进行研究，量指的是市场份额的相对数量，质则是指顾客满意、顾客忠诚等与顾客未来行动特征有关的因素，认为这两者要匹配起来才能说明企业的优越绩效。

综上所述，对组织绩效的测量需要综合财务指标和市场绩效等非财务指标。虽然财务指标是组织活动在经济上的最终体现，但市场绩效对组织活动与财务绩效之间的调节作用是不能被忽视的。一些企业活动虽然对财务绩效没有直接影响，如企业在公共关系上的投资、对顾客服务的承诺等，但都可以产生良好的市场绩效，继而促进销售、提升财务绩效。纯粹考虑财务指标，只顾当前经济效益，容易导致竭泽而渔，寅吃卯粮，不及时维护修理设备，不进行必要的技术改造和投资，最终必然损害组织的可持续发展。因此，在评量组织绩效时，应综合考虑财务指标和非财务指标，只有这样，才能对组织的经营结果进行尽可能公正和客观的评价，才能从全局上把握企业的经营状况。

3. 客观指标和主观指标

企业绩效指标又可分为主观指标和客观指标。顾名思义，主观指标是指通过量表，以“非常好”、“非常差”，或是“非常低”、“非常高”来衡量与竞争者相比的企业的经营业绩。而客观指标往往指的是诸如销售增长百分比或盈利等确切的数据。有关市场导向与组织绩效的研究中，采用主观性指标、客观性指标或主观性指标与客观性指标相结合的兼而有之。以表4-5为例。

表4-5　关于市场导向与绩效的研究

文　献	样　本	绩效指标	结　论
主观性绩效衡量指标			
Narver 和 Slater (1990)	某公司的140家战略业务单位	本单位及与竞争者相比的ROA（Return on Asset，资产回报，下同）	正向关系
Jaworski 和 Kohli (1993)	美国跨行业的222个业务单位的230个经理人	主观：整体绩效 客观：市场份额	与主观绩效有关，与客观绩效无关
Narver (1993)	森林产品公司的140个战略业务单位	与竞争者相比的ROA、销售增长、新产品成功	正向关系
Deng 和 Dart (1994)	跨行业的248公司	对财务绩效、流动性、销售额的主观评估	正向关系
Slater 和 Narver (1994)	某公司的81个战略业务单位和另一公司的36个战略业务单位	对与竞争者相比的ROA的主观评价	正向关系

续表

文　献	样　本	绩效指标	结　论
Greenley (1995)	240 家英国公司	对 ROI、新产品成功和销售增长的主观评价	依环境而定
Pelham 和 Wilson (1996)	68 家美国企业	对与预期相比的企业地位的主观评价	正向关系
Pitt 等 (1996)	1 000 家跨行业的英国企业及马耳他企业	对资本回报率和销售增长率的主观评价	正向关系
Slater 和 Narver (1996)	228 家跨行业的制造企业	对与竞争者相比的资产回报率和销售增长率的主观评价	与销售增长有正向关系，但与利润无正向关系

资料来源：本研究整理

Dess 和 Robinson（1984）建议，在一般管理领域进行组织绩效的相关研究时，研究者经常面临绩效比较标准无法一致或财务资料无法取得的问题，建议可以采用主观绩效衡量标准作为衡量工具。Delaney 和 Huselid（1996）也认为，在判断一个企业或事业单位有无达到目标时，必须加入一些主观判断来评价组织的绩效，而且认知的指标通常都会与客观指标有高度的相关性。

许多文献采用财务指标与非财务指标、主观指标与客观指标相结合的方式。但各种指标究竟如何配对，并无一定的原则，基本上是研究者基于模型的因果关系来决定变量。有些学者认为，指标应具有区别能力，而且应减少其相依性，但在实际运用时，仍应以相关研究所普遍采用的指标作为首要选择。显然，这种方式增加了研究模式与结论的可比性。

有关市场导向与组织绩效的文献中，有以资产回报率、销售成长、新产品成功作为衡量指标的（Naver 和 Slater，1990；Slater 和 Naver，1994），也有以市场占有率和整体绩效（Jaworski 和 Kohli，1993）来作为衡量指标的。此外考虑增加市场绩效作为衡量指标，因为市场绩效代表企业在营销活动上的效能，可以用提高顾客满意、顾客价值、顾客保留率、市场占有率等项目来衡量，而且市场绩效观点较能反映出市场导向企业的特征（Homburg 和 Pflesser，2001）。

基于下述原因，本书拟采用主观的自我评价的方式，来衡量企业的经营绩效：

其一，正如 Dess 和 Robinson（1984）所指出的，管理人员基于商业敏感或保密的考虑，可能不愿意透露企业业绩的具体数字。Merchant（1981）、Govindarajan（1984）也指出，匿名填答问卷也会造成使用客观资料的困难。

其二，在跨行业利润绩效研究中，主观性指标比客观性指标更为适用——这是由于不同行业的利润水平不一，如果用客观指标可能会混淆各因变量与企业绩效的关系。在这种情况下，采用主观性衡量指标，便于管理人员在填答问卷时将本企业的绩效与行业的利润水平做比较。

其三，诸如利润等绩效指标并不一定能够准确地反映企业的财务状况。且不谈利润可能因会计处理方法不同而产生差异，假如企业处于不同的投资期间，研发投资或营销活动投入较大，则其盈利能力可能需要较长时间才会体现在报表上。

其四，Dess 和 Robinson（1984），Pearce，Robbins 和 Robinson（1987）以及 Venkatraman 和 Ramanujam（1985）等学者的研究表明，客观绩效和主观绩效之间存在很强的相关关系。Brownell 和 Dunk（1991）也认为，没有证据能证明企业内部的管理会计报表、现金流量表、投资回报率等资料会比自我评价的绩效更客观。

本书采用 Ford 和 Schellenberg（1982）所提出的目标法，以如下绩效指标进行测量，如表 4-6 所示。

表 4-6　　绩效指标测量表

—相较于主要的竞争者能够提升顾客满意
—相较于主要的竞争者能够吸引新的顾客
—相较于主要的竞争者能够实现更高的销售增长率
—相较于主要的竞争者能够实现更高的市场份额增长率
—与去年比较比主要竞争者的盈利能力增强
—与去年比较新产品带来的销售增长率比竞争者高
—与去年比较投资回报率（ROI）或内部收益率（IRR）实现提高

四、环境特征及战略类型

（一）环境特征

Kohli 和 Jaworski（1990）最早将外部环境变量加入市场导向对绩效影响

的研究之中，此后 Jaworski 和 Kohli（1992，1993），Slater 和 Naver（1994），Greenley（1995），Appiah-Adu（1998）等学者也在其研究中加入了环境变量。① 在第二章对影响市场导向的外部因素的讨论中，本书归纳了学者们提出的四类环境变量，即竞争强度、市场动荡、技术动荡和市场成长。从产品生命周期的观点来考察，市场成长对于企业行为的影响，最终体现在市场竞争激烈与否上，因而本书采用 Jaworski 和 Kohli（1993）发展的量表，通过三个构面，即市场动荡、技术动荡和竞争强度来描绘环境特征。所谓市场动荡是指顾客及其偏好组合变化的速率,需要企业采用不同的生产方法和营销策略来迎合顾客的需要（Miller, 1987；Kohli 和 Jaworski, 1990）；技术动荡是指在生产/服务技术和研发活动上改变的程度（Miller, 1987）；竞争强度是指市场内既存厂商间彼此对抗的程度，Houston（1987），Kohli 和 Jaworski（1990）均认为，如果没有竞争，企业无须达到较高的市场导向水平，便可实现盈利。各构面的测量指标如下：

1. 市场动荡

——就本公司所处的行业而言，顾客的偏好快速地改变；
——顾客总是倾向于寻求新的产品；
——顾客有时候对价格非常敏感，但有时候又觉得价格相对来说并不十分重要；
——我们始终关注潜在顾客对我们产品和服务的需求。

2. 技术动荡

——本公司所处的行业，技术变化非常迅速；
——技术变化为行业的发展提供了重要的机遇；
——很难预测 2～3 年之后，本行业的技术会发展到何种地步；
——由于技术实现突破，一大批新产品创意得以付诸实现；
——技术发展在我们所处的行业处于次要地位。

3. 竞争强度

——本行业的竞争很激烈；
——本行业经常爆发促销大战；
——某公司推出新产品之后，其竞争者能够很快地进行模仿；
——价格竞争已经成了本行业的特色标志。

① 研究结果详见第三章。

（二）战略类型

如前所述，由于 Miles 和 Snow（1978）划分的战略类型——防御者、前瞻者、分析者、反应者——“将战略导向视为组织适应感知环境（市场）的计划模型，因而特别适用于与市场导向相关的研究”（Matsuno 和 Mentzer，2000：2）。因此，本书拟采用这一分类方法。

战略的识别、测量方法可分为四种：①自我定型（self-typing）；②客观指标（objective indicators）；③外部评估（external assessment）和④调查者推论（investigator inference）（Snow 和 Hambrick，1980）。这四种方法均被用于测量 Miles 和 Snow 提出的四种战略类型，如表 4-7 所示。

表 4-7　有关 Miles 和 Snow（1978）战略分类的测量方法、具体研究、优点与局限

测量方法	测量描述	具体研究	优　点	局　限
自我定型	要求回答者根据四种战略类型的描述，将组织划分为防御者、前瞻者、分析者、反应者	Snow 和 Hambrick（1980）；McDaniel 和 Kolari（1987）；Segev（1987）；Zahra（1987）；Matsuno 和 Mentzer（2000）；Langerak（2003）	易于完成和解释；所有的 4 种类型均可穷尽；样本数量大时尤为有用	单项量表；对战略描述过于简单，可能只能部分描述战略特征；反应者一描述偏差（reactor description bias）
自我定型，辅以调查者特定的决策规则	多项的封闭式量表；企业战略与防御者、前瞻者、分析者和反应者类型的吻合度用多项量表（如李克特量表）推断而得	Segev（1987）	多项量表；穷尽了所有的 4 种类型；样本数量大时尤为有用	对战略原型架构过于简化，量表不能穷尽所有的战略特征；量表不一致，衡量项目因战略类型不同而不同（防御者 9 项，前瞻者 8 项，分析者 7 项，反应者 4 项）
客观指标	新产品销售百分比，区间尺度转化为定序尺度	Hambrick（1983）	样本数量大时尤为有用；易于解释	对多维度构面的单维度概念化；只有前瞻者和防御者适用

续表

测量方法	测量描述	具体研究	优　点	局　限
外部评估	专家团评估和定型	Meyer(1982)	公正评估； 4种战略均可穷尽； 样本数量大时使用潜力大	费时； 必须确定专家，并保证专家的参与； 必须提出分类决策的过程
调查者推论	在与企业管理人访谈的基础上进行推断	Ruekert 和 Walker(1987)	相对客观； 4种战略均可穷尽	费时； 受样本数量限制
调查者介入，辅以外部评估和客观指标	与企业管理人员和行业专家进行访谈，查阅企业年报、政府文件和出版物	Miles 和 Cameron (1982)	4种战略均可穷尽； 深度分析； 多种测量方法	昂贵且费时； 样本数量受限
客观指标，外部评估和调查者介入	从年度行业出版物获取有关产品/市场状况的数据，专家团评估，与CEO进行访谈	Hambrick (1981)； Hambrick(1982)	运用多种测量方法，更能纯粹地提炼出战略类型	客观指标的单一维度化； 费时； 样本数量受限； 样本损耗—与最初设计相比，最终样本量可能锐减； 唯能获知前瞻者和防御者两类

由于本书所设计的样本数量较大，时间及经费受限，且目前仅有的战略类型对市场导向—组织绩效调节作用的文献均采用自我定型法，故本书亦拟采用自我定型法。各战略类型描述如下。

1. 防御者 (defender)

“我们试图处于相对稳定的产品范围并保持固定的地位。与竞争者相比，我们的产品市场范围更窄，并试图以更高的质量、更好的服务、更低的价格等措施来保护我们的地位。我们通常不会处于本行业的前沿。我们倾向于忽略不直接影响运营现状的产业组织变化，而将精力集中在有限的范围内将工作尽可能做得最好。”

2. 前瞻者（prospector）

“我们在几经重新定义的、较为宽广的产品市场范围内运营。我们致力于新产品开发和新市场的开拓，即使这些努力并不一定能带来收益。我们能迅速响应新机遇出现的早期信号，继而引发新一轮的竞争。但是，我们并不一定能在所有涉足的领域保持市场优势。”

3. 分析者（analyzer）

“我们一方面努力保持现有产品及市场的稳定增长，另一方面积极寻求新的市场机会，以适时引入新产品及开发新市场。我们通常不是新产品的首推者，但是，如果对主要竞争者的行动进行密切关注的结果表明新产品与我们既有的产品市场兼容，我们常常能够于第二位推出成本更低的产品。”

4. 反应者（Reactor）

“我们看起来没有一致性的市场导向。我们不像我们的竞争者那样雄心勃勃地维护已有的产品和市场地位，我们也不愿意像其他的竞争者那样承担风险。我们只有在不得不面对环境压力时，才在相关的方面作出回应。”

第三节　资料收集及数据分析方法

一、资料来源及问卷收集

本书的目的在于探讨市场导向、竞争优势与组织绩效之间的关系，研究构想及量表的运作均无特殊的行业限制。由于竞争优势涉及企业战略管理层面，故本书选择了企业管理人员作为受访者。由于时间及经费所限，本书选取了几所重点大学的 MBA 学员作为调查对象，在有关教学管理人员的协助下，采取现场发放问卷并于当天回收的方式，以确保问卷的质量和回收率。进行调查的问卷包括市场导向量表、竞争优势量表、组织绩效量表、战略类型及环境特征量表，问卷的结果为本研究资料的主要来源。在此基础上，另行搜集相关的二手资料，并对部分接受调查者就其所属企业的经营管理状况进行深入访谈，为分析结果作辅助说明。

此次研究历经一个多月的发放和催收，共发放问卷 400 份，总计共收回

287 份，回收率为 71.75%。经过初步检查，剔除漏项过多及填答一致（如均选 3）的无效问卷 66 份，有效回卷共 221 份，有效问卷回收率为 55.25%。与一般营销研究认为问卷回收率达 20% 即可接受相比，本研究问卷回收率十分理想。

就样本数目而言，一般来讲，结构方程模型分析所需的样本数要求样本数减去模型中所欲估计的参数数目须大于 50，而且一般认为样本数最少应在 100 到 150 之间才适合用最大似然估计法（maximum likehood）来估计结构方程模型（Ding 等，1995）。但样本数太大时，如果超过 400 到 500，MLE 会变得过度敏感，容易使所有的配合度指标检验都出现配合不佳的效果（Tanaka，1987；Marsh 等，1988）。Boomsma（1982）认为，样本容量 N 最少大于 100，但大于 200 更好。因为容量少于 100 的样本，所产生的相关矩阵不够稳定，使得结构方程分析的信度（可重复性）低。因而，本书所搜集的样本数（N = 221）是适当的。

按照国家统计局对行业的行业分类标准（GB/T 4754-2002）①、企业员工人数、成立时间，样本分布情形如表 4-8 所示。从行业分布情况来看，调查范围涉及了除采矿业外的所有行业；从企业员工人数来看，小型企业、中型企业及大型企业均有一定的分布，且大型企业（员工人数超过 1 000 人）占总样本数的 37.1%；从企业成立时间来看，从 0 到 3 年到成立时间长于 20 年，各个时段均有分布，尤以成立时间大于 20 年的企业居多，占总样本数的 27.1%。

表 4-8　　　　样本分布情况

基本特征	分　类	频次（N = 221）	占比（%）
行业	农、林、牧、渔业	3	1.4
	制造业	40	18.1
	电力、燃气及水的生产和供应业	19	8.6
	建筑业	8	3.6
	交通运输、仓储和邮政业	6	2.7
	信息传输、计算机服务和软件业	26	11.8
	批发和零售业	15	6.8
	住宿和餐饮业	2	0.9

① 参见中国国家统计局网站．http：//www.stats.gov.cn/tjbz/hyflbz/.

续表

基本特征	分　类	频次（N=221）	占比（%）
	金融业	31	14.0
	房地产业	11	5.0
	租赁和商务服务业	7	3.2
	科学研究、技术服务和地质勘察业	3	1.4
	水利、环境和公共设施管理业	4	1.8
	居民服务和其他服务业	8	3.6
	教　育	9	4.1
	卫生、社会保障和社会福利业	7	3.2
	文化、体育和娱乐业	5	2.3
	公共管理与社会组织	2	0.9
	小计	206	93.2
	缺失	15	6.8
合　计		221	100.0
雇员	0～20	14	6.3
	21～50	18	8.1
	51～100	20	9.0
	101～200	22	10.0
	201～500	26	11.8
	501～1 000	21	9.5
	>1 000	82	37.1
	总计	203	91.9
	缺失	18	8.1
总计		221	100.0
成立时间(年)	0～3	27	12.2
	3～5	16	7.2
	5～10	36	16.3
	10～20	56	25.3
	>20	60	27.1

续表

基本特征	分 类	频次（N=221）	占比（%）
	总计	195	88.2
	缺失	26	11.8
总计		221	100.0

二、数据分析方法

问卷回收后，运用 SPSS 11.5 for Windows 和 Lisrel 8.50 来进行资料分析和假设检验。采用的分析方法如下：

1. 描述性统计分析

包括样本基本资料的描述，作各变量的次数分配及百分比分析，以了解样本的分布情况。此外，以平均数和标准差来描述市场导向、竞争优势、组织绩效等各个构面，以了解样本企业的管理人员对这些相关变量的感知，并利用 t 检验及相关分析对背景变量所造成的影响做检验。

2. Cronbach's α 信度系数分析

信度是指测验结果的一致性、稳定性及可靠性，一般多以内部一致性（consistency）来加以表示该测验信度的高低。信度系数愈高即表示该测验的结果愈一致、稳定与可靠。针对各研究变量的衡量题项进行 Cronbach's α 信度分析，以了解衡量构面的内部一致性。一般来说，Cronbach's α 大于 0.7 为高信度，低于 0.35 为低信度（Cuieford，1965），0.5 为最低可以接受的信度水准（Nunnally，1978）。

3. 探索性因素分析（exploratory factor analysis）和验证性因素分析（confirmatory factor analysis）

用以测试各构面衡量题项的聚合效度（convergent validity）① 与区别效度（discriminant validity）。② 因为仅有信度是不够的，可信度高的测量，可能是完全无效或是某些程度上无效。所以我们必须对效度进行检验。效度是指工具

① 当各构面变量皆落于假设的因素构面中，表示量表具有聚合效度（Bagozzi，Yi 和 Phillips，1991；Allen 和 Yen，1979）。

② 同一构面下，某些特定变量的因素负荷显著高于同一构面下的其他变量，且在其他因素构面上仅为低度负荷量，即量表具有区别效度（Bagozzi，Yi 和 Phillips，1991；Allen 和 Yen，1979）。

是否能测出在设计时想测出的结果。在本书中，收敛效度的检验根据各个项目和所衡量的概念的因素的负荷量来决定；而区别效度的检验是根据检验性因素分析计算理论上相关概念的相关系数，检定相关系数的95%信赖区间是否包含1.0，若不包含1.0，则可确认为具有区别效度（Anderson，1987）。

4. 结构方程模型分析（structural equations modeling）①

由于结构方程模型结合了因素分析（factor analysis）和路径分析（path analysis），并纳入计量经济学的联立方程式，可同时处理多个因变量，② 容许自变量和因变量含测量误差，③ 可同时估计因子结构和因子关系。④ 容许更大弹性的测量模型，⑤ 可估计整个模型的拟合程度（Bollen 和 Long，1993），⑥

---

① 结构方程模型为统计控制的方法，具有多重测量的功能，学理基础是建立协方差分析。因果关系模式（casual models）用于度量与检测变量间的因果关系或分析变量间的协方差结构，利用因果模式（理论）所产生的相关系数矩阵（或协方差矩阵）与调查资料的相关系数矩阵（协方差矩阵）的差异，衡量因果模式的拟合优度（Joreskog 和 Sorbom，1993）。

② Bollen 和 Long（1993）指出，在回归分析或路径分析中，就算统计结果的图表中展示多个因变量，其实在计算回归系数或路径系数时，是对每个因变量逐一计算。所以图表貌似多个因变量同时考虑，但在计算对某一因变量的影响或关系时，都忽略了其他因变量的存在及其影响。

③ Bollen 和 Long（1993）指出，用传统方法计算的潜变量（如用指标的均值作为潜变量的观测值，含误差）间相关系数（或回归系数），与用结构方程分析计算的潜变量（通过测量方程排除了误差部分）间相关系数（或回归系数），可能相差很大，这种差距的大小取决于潜变量与其指标间关系（因子负荷）的强弱。

④ Bollen 和 Long（1993）解释道，欲了解潜变量之间的相关，须考虑因子与题目间的关系和因子与因子间的关系，在结构方程分析中，这两步是同一步骤中进行的。而传统的做法则是对每个潜变量（如自信），先用因子分析计算潜变量与题目的关系（即因子负荷），进而得到因子得分，作为潜变量的观测值（如自信的因子得分作为自信这个变量的观测值），然后再计算因子得分（如自信与外向性格因子得分）的相关系数，作为潜变量之间的相关系数。这是两个独立的步骤，用自信题目计算自信的因子得分时，并不考虑外向因子；反过来也一样。而在结构方程分析中，自信题目与自信因子、外向题目与外向因子，以及自信因子与外向因子的关系，全都在同一步骤中估计。

⑤ 传统的方法只容许每一题目（指标）从属于单一因子，但结构方程分析容许更加复杂的模型。例如，允许一个指标从属于多个因子或者考虑高阶因子等有比较复杂的从属关系的模型。

⑥ 在传统路径分析中，我们只估计每一路径（变量间关系）的强弱。在结构方程分析中，除了上述参数的估计外，我们还可以计算不同模型对同一个样本数据的整体拟合程度，从而判断哪一个模型更接近数据所呈现的关系。

因而适用于本书所欲探讨的整体模型的因果关系。在模型参数的估计上，采用最大似然估计法（Maximum Likelihood，ML）；在模型的适合度检验上，以基本的拟合标准（preliminary fit criteria）、整体模型拟合优度（overall model fit）以及模型内在结构拟合优度（fit of internal structure of model）（Bagozzi 和 Yi，1988）三个方面的各项指标作为判定的标准。在评价整体模式适配标准方面，本研究采用 χ^2（卡方）/df（自由度）值、拟合优度指数（goodness-of-fit-index，GFI）、平均残差平方根（root-mean-square-residual，RMSR）、近似误差均方根（root-mean-square-error-of-approximation，RMSEA）等指标；模型内在结构拟合优度则参考 Bagozzi 和 Yi（1988）的标准，考察所估计的参数是否都到达显著水平。

第五章 市场导向、竞争优势与组织绩效：实证检验及讨论

本章第一节先针对样本资料进行描述性统计分析，再运用单因素方差分析（ANOVA）、t检验及相关分析进行各变量的特性分析；第二节运用Cronbach's α系数及验证性因素分析就各构面的衡量量表进行信度及效度的讨论；第三节则以LISREL分析整体模型的关系并验证所提出的假设关系；第四节则对实证研究结果进行总结，并汇总假设检验结果。

第一节 样本特性分析

本节针对所搜集的资料，对各变量作描述性统计分析。然后，运用单因素方差分析（ANOVA）及t检验分析行业类型对各变量的影响，并用相关分析说明员工人数及成立时间对各变量的影响。

一、市场导向的特性分析

在市场导向方面，如表5-1所示，顾客导向、竞争者导向以及职能间协调的平均数均在3~4，表明接受调查的样本企业，其市场导向意识已经萌芽，普遍认识到应以顾客和竞争者为导向，但强化职能间协调的意识相对来说还比较淡薄。这可能与研究样本特征相关——大型企业占37.1%，成立20年以上企业占27%，表明样本中有相当数量的国有企业。而国有企业处于改革攻坚过程中，产权制度方面的改革还没完全到位，在市场环境下有效运作的机制还未完全建立，在传统体制下多年养成的思维方式、行为习惯和管理模式还需要继续改变、调整。

由顾客导向各变量的平均分值可看出，企业已经开始表现出对售后服务及员工对顾客服务质量的关注，这是日趋激烈的竞争环境所决定的。在竞争者导向上，企业对竞争的忧患意识已经浮出水面，例如，接受调查者认同企业的高级管理层开始讨论竞争者的优劣势等，但平均分值均介于3.5~4，因而仍有待于进一步加强。相对而言，职能间协调的平均分值最低。

表 5-1　　市场导向特性分析（N=221）

市场导向	平均数	标准差
顾客导向		
CO1 公司的目标是依据顾客满意而定的	3.45	1.097
CO2 公司密切关注及评估服务顾客的热忱	3.66	0.981
CO3 公司的竞争优势是基于对顾客的了解	3.44	1.067
CO4 公司的经营策略是以增加顾客价值为目标制定的	3.27	1.031
CO5 公司经常有计划地评估顾客的满意度	3.52	1.012
CO6 公司非常重视售后服务	3.85	0.955
竞争者导向		
PO1 公司的销售人员经常分享有关竞争对手策略的信息	3.64	0.965
PO2 公司能够快速回应竞争者的行动	3.62	1.031
PO3 公司的高级管理层经常讨论竞争者的优势和劣势	3.81	0.958
PO4 有机会拥有竞争优势时就能锁定目标顾客	3.56	0.973
职能间协调		
IC1 公司每一个部门的高层管理人员经常访问我们现有及预期的顾客	3.14	0.966
IC2 在公司内部关于顾客的信息沟通是没有障碍的	3.02	1.055
IC3 公司各个部门的整合是为了满足目标市场的需求	3.49	0.989
IC4 公司所有的管理人员均认识到员工为创造顾客价值所作的贡献	3.24	1.028
IC5 公司各个部门均能共同分享资源	3.15	1.120

在不同行业类型的影响方面，市场导向三个构面的各组织变量均表现出无明显差异。在员工人数的影响上，从 Pearson 相关系数来看，员工人数越多的企业，其竞争优势并不是源于对顾客的了解，其经营策略的制定更不是以增加顾客价值为目标，且并不太重视售后服务。究其原因，本样本中的员工规模较大的企业均为国有大型企业，这些大型企业还没有褪去计划经济的烙印，一些

企业的领导班子思想落后，市场意识淡薄，已经很难适应新的市场经济形势。从成立时间来看，成立时间越长的企业，对关注及评估服务顾客的热忱相对来说比较淡漠，更没有将增加顾客价值作为经营的目标，更勿论对售后服务的重视、认识到员工为创造顾客价值所作的贡献以及部门间实现资源共享了。这些成立时间较长的企业，均处于由计划经济向市场经济转轨过程中的国有企业，体制比较僵化，缺乏服务意识、市场意识和竞争意识，管理方式比较落后，对人才的作用不够重视。如表 5-2 所示。

表 5-2　　市场导向特性分析（N=221）（续）

市场导向	行业类型的影响		员工人数的影响（相关系数）	成立时间的影响（相关系数）
	F 值（ANOVA）	t 值（t 检验）		
顾客导向				
CO1 公司的目标是依据顾客满意而定的	0.983	0.479	−0.046	−0.061
CO2 公司密切关注及评估服务顾客的热忱	0.992	0.469	−0.107	−0.145*
CO3 公司的竞争优势是基于对顾客的了解	0.678	0.822	−0.144*	−0.103
CO4 公司的经营策略是以增加顾客价值为目标制定的	0.888	0.589	−0.244*	−0.289**
CO5 公司经常有计划地评估顾客的满意度	1.057	0.400	−0.124	−0.109
CO6 公司非常重视售后服务	1.872	0.023	−0.186**	−0.192**
竞争者导向				
PO1 公司的销售人员经常分享有关竞争对手策略的信息	0.807	0.684	−0.023	−0.051
PO2 公司能够快速回应竞争者的行动	0.580	0.904	−0.020	−0.074
PO3 公司的高级管理层经常讨论竞争者的优势和劣势	1.214	0.256	−0.037	−0.072
PO4 有机会拥有竞争优势时就能锁定目标顾客	0.690	0.811	0.032	−0.023
职能间协调				
IC1 公司每一个部门的高层管理人员经常访问我们现有及预期的顾客	0.605	0.886	−0.121	−0.124

续表

市 场 导 向	行业类型的影响		员工人数的影响（相关系数）	成立时间的影响（相关系数）
	F 值（ANOVA）	t 值（t 检验）		
IC2 在公司内部关于顾客的信息沟通是没有障碍的	2.019	0.012	-0.040	-0.109
IC3 公司各个部门的整合是为了满足目标市场的需求	0.969	0.495	-0.087	-0.138
IC4 公司所有的管理人员均认识到员工为创造顾客价值所做的贡献	1.397	0.141	-0.137	-0.212**
IC5 公司各个部门均能共同分享资源	1.649	0.056	-0.114	-0.154*

** Correlation is significant at the 0.01 level (2-tailed).

* Correlation is significant at the 0.05 level (2-tailed).

二、竞争优势的特性分析

根据表 5-3 所示，竞争优势各变量的平均值与市场导向相当，均处于 3 ~ 4。相对来说，在产品与服务结合、高品质产品和品牌形象的建立方面的分值相对较高，显示出样本企业竞争优势并不十分明显，其中又以在比竞争对手低的价格为顾客创造更多的价值方面表现最差。在低成本优势方面，企业对通过新技术、规模经济来降低成本较为认同。

表 5-3　　**竞争优势特性分析（N = 221）**

竞争优势	平均数	标准差
差异化优势		
DA1 我们的竞争优势在于产品优质	3.51	1.077
DA2 我们将产品与服务相结合，为顾客创造优异的价值	3.82	0.920
DA3 我们逐步建立了高品质的产品和品牌形象	3.90	0.904
DA4 我们比竞争对手更高的定价得到市场的认可	3.11	1.054
DA5 我们开发顾客专用的解决方案和产品	3.57	0.954
DA6 我们的销售渠道覆盖率高于竞争对手	3.44	1.024
DA7 我们与渠道成员保持着良好的互动	3.50	0.887

续表

竞争优势	平均数	标准差
DA8 我们的销售队伍比竞争对手更能发掘顾客的需求，继而提供令顾客满意的产品和服务	3.43	1.040
低成本优势		
CA1 我们的竞争优势在于运营效率	3.35	1.019
CA2 我们以比竞争对手低的价格为顾客创造更多的价值	3.11	1.045
CA3 我们依靠新技术的应用而做到运营成本低于竞争对手	3.51	2.392
CA4 我们通过规模经济实现低运营成本	3.47	0.956
CA5 我们在原材料/产品采购方面具有低成本优势	3.33	0.960

在不同行业类型方面，竞争优势的各个变量均无显著的差异。就员工人数对竞争优势的影响而言，员工较多的企业，其销售渠道覆盖率更高，差异化优势也更明显，这表明销售渠道优势已成为差异化优势的一个重要构面（至少在我国如此），从而验证了本书对原有竞争优势量表进行补充的正确性。从成立时间对竞争优势的影响来看，成立时间越长的企业，其产品与服务结合的程度较低，销售队伍的质量及运营效率也有待进一步提高。如前所述，这些成立时间较长的企业均为老国有企业，相当一部分处于垄断性行业，如电信、电力、自来水、石油、天然气等，由于政策保护等种种原因，仍然占据着较为有利的市场地位。随着市场经济的日益完善和竞争机制的逐步建立，这些企业必然面临着极为严峻的挑战。如表 5-4 所示。

表 5-4　　竞争优势特性分析（N = 221）（续）

竞争优势	行业类型的影响		员工人数的影响（相关系数）	成立时间的影响（相关系数）
	F 值（ANOVA）	t 值（t 检验）		
差异化优势				
DA1 我们的竞争优势在于产品优质	1.321	0.183	0.007	-0.022
DA2 我们将产品与服务相结合，为顾客创造优异的价值	0.809	0.682	-0.124	-0.171*

续表

竞争优势	行业类型的影响		员工人数的影响（相关系数）	成立时间的影响（相关系数）
	F值（ANOVA）	t值（t检验）		
DA3 我们逐步建立了高品质的产品和品牌形象	0.599	0.890	-0.085	-0.047
DA4 我们比竞争对手更高的定价得到市场的认可	0.857	0.626	-0.002	0.013
DA5 我们开发顾客专用的解决方案和产品	0.688	0.812	0.012	-0.002
DA6 我们的销售渠道覆盖率高于竞争对手	0.942	0.526	0.171*	0.056
DA7 我们与渠道成员保持着良好的互动	0.672	0.828	0.102	0.026
DA8 我们的销售队伍比竞争对手更能发掘顾客的需求，继而提供令顾客满意的产品和服务	0.819	0.670	-0.097	-0.146*
低成本优势				
CA1 我们的竞争优势在于运营效率	0.754	0.744	-0.119	-0.180*
CA2 我们以比竞争对手低的价格为顾客创造更多的价值	0.796	0.697	-0.088	-0.111
CA3 我们依靠新技术的应用而做到运营成本低于竞争对手	0.641	0.856	0.022	0.000
CA4 我们通过规模经济实现低运营成本	0.813	0.677	0.003	0.042
CA5 我们在原材料/产品采购方面具有成本优势	1.024	0.434	0.012	-0.083

* Correlation is significant at the 0.05 level (2-tailed).

三、组织绩效的特性描述

在组织绩效方面，如表5-5所示，样本企业在组织绩效上的表现，普遍认为不是非常满意，平均值均未超过3.5。相对来说，在提升顾客满意方面尚可，在投资回报率或内部收益率的提高方面表现不尽如人意。不同行业类型、不同员工人数及成立时间不同的企业，均未表现出明显的差异。

表 5-5　　组织绩效特性分析（N = 221）

组织绩效	平均数	标准差
P1 相较于主要的竞争者能够提升顾客满意	3.50	0.882
P2 相较于主要的竞争者能够吸引新的顾客	3.48	0.850
P3 相较于主要的竞争者能够实现更高的销售增长率	3.47	0.912
P4 相较于主要的竞争者能够实现更高的市场份额增长率	3.42	0.914
P5 与去年比较比主要竞争者的盈利能力增强	3.45	0.903
P6 与去年比较新产品带来的销售增长率比竞争者高	3.45	2.185
P7 与去年比较投资回报率（ROI）或内部收益率（IRR）提高	3.39	0.935

表 5-6　　组织绩效特性分析（N = 221）（续）

组织绩效	行业类型的影响		员工人数的影响（相关系数）	成立时间的影响（相关系数）
	F 值（ANOVA）	t 值（t 检验）		
P1 相较于主要的竞争者能够提升顾客满意	0.512	0.945	-0.053	-0.111
P2 相较于主要的竞争者能够吸引新的顾客	0.945	0.522	0.012	-0.027
P3 相较于主要的竞争者能够实现更高的销售增长率	0.947	0.520	0.103	0.046
P4 相较于主要的竞争者能够实现更高的市场份额增长率	0.807	0.684	0.024	-0.056
P5 与去年比较比主要竞争者的盈利能力增强	1.375	0.153	0.059	0.013
P6 与去年比较新产品带来的销售增长率比竞争者高	0.561	0.917	0.043	0.048
P7 与去年比较投资回报率（ROI）或内部收益率（IRR）提高	1.219	0.253	0.028	-0.060

四、战略类型的特性描述

如表5-7所示，就样本企业选择的战略类型来说，选择分析者的企业最多，共83家，占样本总量的37.6%；其次是前瞻者，计66家，占29.9%；再次是防御者和反应者，分别为40家和32家，占比分别为18.1%和14.5%。这表明在样本中，勇于开拓创新者有之，审慎积极者有之，固守其成者有之，但也不乏被动应付者。在不同行业、员工人数和成立时间的影响上，企业对战略类型的选择并未表现出显著的差异（t值均未达到显著水平，参见表5-8）。

表5-7　　战略类型特性分析（N=221）

战略类型	频次	占比（%）	累计占比（%）
1. 防御者	40	18.1	18.1
2. 前瞻者	66	29.9	48.0
3. 分析者	83	37.6	85.5
4. 反应者	32	14.5	100.0
合计	221	100.0	

表5-8　　战略类型特性分析（N=221）（续）

		战略类型	行业	员工人数	时间
战略类型	Pearson Correlation	1	-0.012	0.026	-0.008
	Sig.	0.000	0.868	0.716	0.914
	N	221	206	203	195

五、环境特征的特性描述

在环境特征方面，从表5-9来看，市场动荡、技术动荡、竞争强度各组织变量的平均值在3.10~4.12，这表明，经过近30年改革，我国企业已经置身于竞争性市场环境中。其中表现尤为突出的是企业对市场竞争激烈程度的认同

(平均值为4.1)。此外，不同行业类型对企业所处环境特征的影响并无明显差异（t值均未达到显著水平，参见表5-10)。

表5-9　　环境特征特性分析（N=221）

环境特征	平均数	标准差
市场动荡		
MT1 顾客偏好快速地改变	3.10	0.958
MT2 顾客总是倾向于寻求新的产品	3.13	0.955
MT3 顾客有时候对价格非常敏感，但有时候又认为价格相对来说并不十分重要	3.77	0.790
MT4 我们始终关注潜在顾客对我们产品和服务的需求	3.78	0.862
技术动荡		
TT1 行业技术变化非常迅速	3.47	1.007
TT2 技术变化为行业的发展提供了重要的机遇	3.67	0.960
TT3 很难预测2~3年之后，本行业的技术会发展到何种地步	3.24	1.107
TT4 技术突破使一大批新产品创意得以付诸实现	3.56	0.911
TT5 技术发展在我们所处的行业处于次要地位（R）	2.88	1.042
竞争强度		
CI1 行业竞争非常激烈	4.10	0.961
CI2 本行业经常爆发促销大战	3.26	1.219
CI3 某公司推出新产品之后，其竞争者能够很快地进行模仿	3.55	1.046
CI4 价格竞争已经成了本行业的特色标志	3.16	1.195

表 5-10　　环境特征特性分析（N = 221）（续）

环境特征	行业类型的影响	
	F 值（ANOVA）	t 值（t 检验）
市场动荡		
MT1 顾客偏好快速地改变	0.880	0.599
MT2 顾客总是倾向于寻求新的产品	0.836	0.650
MT3 顾客有时候对价格非常敏感，但有时候又认为价格相对来说并不十分重要	0.719	0.781
MT4 我们始终关注对潜在顾客对我们产品和服务的需求	0.963	0.502
技术动荡		
TT1 行业技术变化非常迅速	1.593	0.069
TT2 技术变化为行业的发展提供了重要的机遇	0.938	0.530
TT3 很难预测 2～3 年之后，本行业的技术会发展到何种地步	1.131	0.328
TT4 技术突破使一大批新产品创意得以付诸实现	0.883	0.595
TT5 技术发展在我们所处的行业处于次要地位	1.176	0.287
竞争强度		
CI1 行业竞争非常激烈	1.814	0.029
CI2 本行业经常爆发促销大战	0.706	0.795
CI3 某公司推出新产品之后，其竞争者能够很快地进行模仿	1.696	0.046
CI4 价格竞争已经成了本行业的特色标志	1.078	0.378

第二节　信度与效度分析

一、信度分析

所谓信度是指一项测试所得的数值的可信度或稳定性，是一种测量一致性的指标。影响信度的来源主要来自误差，误差来源可分为三种：①抽样误差；②测量误差；③偏差。一般认为，Cronbach's α 系数适合测量一组“同义”或“平行测试”总和的信度，也由于 Cronbach's α 系数比其他方式计算信度要好，故本书采用 Cronbach's α 系数来检验各因素衡量问题间的内部一致性，Cronbach's α 系数越大，显示该因素内容各题项间的相关性越大，信度越高。Cuieford（1965）和 Joseph，Rolph，Ronald（1987）曾提出 Cronbach's α 系数的取舍标准：如果 Cronbach's α 系数大于 0.7，则表明信度相当高；如果介于 0.35 和 0.7 之间，则表明信度尚可；如果小于 0.35，则表明信度偏低。Wortzel（1979）认为 Cronbach's α 系数若介于 0.7～0.98，则表明各衡量指标间存在高信度值。Nunnally（1978）亦认为 Cronbach's α 系数应大于或等于 0.7，否则应拒绝使用。

（一）市场导向量表的信度分析

市场导向量表信度分析的结果如表 5-11 所示，顾客导向、竞争者导向和职能间协调的 Cronbach's α 系数分别为 0.818 2、0.718 2、0.815 7，而且删除任何一个题项都无法显著增加其 Cronbach's α 系数，市场导向的 Cronbach's α 系数为 0.885 9，信度水准①超过 Nunnally（1978）所建议的 0.7 的可接受水平，表示市场导向量表具有较高的内部一致性。

表 5-11　　　　市场导向量表的信度分析

量表题项	分项对总项的相关系数	删除该题项后的 α 系数	Cronbach's α 系数
顾客导向			0.818 2
CO1 公司的目标是依据顾客满意而定的	0.503 4	0.880 8	
CO2 公司密切关注及评估服务顾客的热忱	0.603 8	0.876 4	
CO3 公司的竞争优势是基于对顾客的了解	0.564 4	0.878 0	
CO4 公司的经营策略是以增加顾客价值为目标制定的	0.520 1	0.879 9	
CO5 公司经常有计划地评估顾客的满意度	0.552 9	0.878 5	
CO6 公司非常重视售后服务	0.561 1	0.878 2	
竞争者导向			0.718 2

① Nunnally（1967，1978）提出，α 系数低于 0.35 属低信度，应拒绝使用。介于 0.5～0.7 为尚可接受。α 系数高于 0.7 者为高信度，甚佳。Wortzel（1979）提出，高信度 α 系数应介于 0.7～0.98。

续表

量表题项	分项对总项的相关系数	删除该题项后的α系数	Cronbach's α系数
PO1 公司的销售人员经常分享有关竞争对手策略的信息	0. 497 4	0. 880 8	
PO2 公司能够快速回应竞争者的行动	0. 611 9	0. 875 9	
PO3 公司的高级管理层经常讨论竞争者的优势和劣势	0. 519 7	0. 879 9	
PO4 有机会拥有竞争优势时就能锁定目标顾客	0. 418 8	0. 885 5	
职能间协调			0. 815 7
IC1 公司每一个部门的高层管理人员经常访问我们现有及预期的顾客	0. 541 8	0. 879 0	
IC2 在公司内部关于顾客的信息沟通是没有障碍的	0. 535 7	0. 879 3	
IC3 公司各个部门的整合是为了满足目标市场的需求	0. 608 7	0. 876 2	
IC4 公司所有的管理人员均认识到员工为创造顾客价值所作的贡献	0. 649 9	0. 874 3	
IC5 公司各个部门均能共同分享资源	0. 572 8	0. 877 7	
市场导向（包含 15 个题项）			0. 885 9

（二）竞争优势量表的信度分析

本书遵照 Porter（1985）的划分，将竞争优势分为差异化优势和低成本优势。差异化优势用 8 个题项来测量，低成本优势用 5 个题项来衡量。竞争优势量表信度分析的结果如表 5-12 所示。从表中可发现，差异化优势 DA4 题项对整体构面的相关系数为 0. 398 7，略低于 0. 4 的标准。但将该题项删除后，差异化优势量表及整个竞争优势量表的 Cronbach's α 系数并没有显著提高，因而保留该题项。而低成本优势的 CA3 题项，其与整体构面的相关系数为 0. 329 1，把该项删除后量表的 Cronbach's α 系数有明显提高，因而删除该项。删除 CA3 题项后，低成本优势量表的 Cronbach's α 系数为0. 761 7，竞争优势量表的 Cronbach's α 系数为 0. 886 8，均超过了 Nunnally（1978）所建议的 0. 7 的可接受水平。

表 5-12　　　　**竞争优势量表的信度分析**

量表题项	分项对总项的相关系数	删除该题项后的 α 系数	Cronbach's α 系数	Cronbach's α 系数（删除题项后）
差异化优势			0.843 1	0.843 4（删除 DA4 题项）
DA1 我们的竞争优势在于产品优质	0.609 0	0.832 7		
DA2 我们将产品与服务相结合，为顾客创造优异的价值	0.580 0	0.835 9		
DA3 我们逐步建立了高品质的产品和品牌形象	0.609 9	0.834 5		
DA4 我们比竞争对手更高的定价得到市场的认可	*0.398 7	0.845 3		
DA5 我们开发顾客专用的解决方案和产品	0.629 8	0.832 8		
DA6 我们的销售渠道覆盖率高于竞争对手	0.483 1	0.840 5		
DA7 我们与渠道成员保持着良好的互动	0.628 9	0.833 8		
DA8 我们的销售队伍比竞争对手更能发掘顾客的需求，继而提供令顾客满意的产品和服务	0.659 8	0.829 9		
低成本优势			0.628 0	0.761 7（删除 CA3 题项）
CA1 我们的竞争优势在于运营效率	0.597 9	0.877 2		
CA2 我们以比竞争对手低的价格为顾客创造更多的价值	0.514 1	0.882 2		
CA3 我们依靠新技术的应用而做到运营成本低于竞争对手	*0.329 1	0.886 8		
CA4 我们通过规模经济实现低运营成本	0.669 9	0.830 5		
CA5 我们在原材料/产品采购方面具有低成本优势	0.584 4	0.835 2		
竞争优势（包含 13/12 个题项）			0.849 5	0.886 8（删除 CA3 题项）；0.887 5（删除 DA4 题项）

* 表示该题项与整体构面的相关系数低于 0.4 的临界值。

（三）组织绩效量表的信度分析

组织绩效量表的信度分析如表 5-13 所示，组织绩效各题项对整体构面的相关系数均在 0.6 以上，而且删除任何一个题项都无法增加其 Cronbach's α 系数，组织绩效的 Cronbach's α 系数为 0.896 0，信度水准超过 Nunnally（1978）所建议的 0.7 的可接受水平，表明组织绩效量表指标的内部一致性相当高。

表 5-13　　　　组织绩效量表的信度分析

量表题项	分项对总项的相关系数	删除该题项后的 α 系数	Cronbach's α 系数
P1 相比于主要的竞争者能够提升顾客满意	0.694 0	0.881 1	
P2 相比于主要的竞争者能够吸引新的顾客	0.671 0	0.883 8	
P3 相比于主要的竞争者能够实现更高的销售增长率	0.722 7	0.877 7	
P4 相比于主要的竞争者能够实现更高的市场份额增长率	0.736 4	0.876 0	
P5 与去年比较比主要竞争者的盈利能力增强	0.713 0	0.878 9	
P6 与去年比较新产品带来的销售增长率比竞争者高	0.646 8	0.886 5	
P7 与去年比较投资回报率（ROI）或内部收益率（IRR）提高	0.697 2	0.880 8	
组织绩效（包含 7 个题项）			0.896 0

（四）环境特征量表的信度分析

环境特征量表的信度分析见表 5-14。市场动荡、技术动荡和竞争强度的 Cronbach's α 系数分别为0.539 0、0.647 2、0. 764 2。显然市场动荡和技术动荡的信度水准未达 Nunnally（1978）所建议的 0.7 的水平。究其原因，市场动荡量表的 MT3 和 MT4 题项与整体架构的相关系数过低，分别为 0.227 5 和 0.339 0，删除这两个题项后市场动荡量表的 Cronbach's α 系数为 0.728 4；技术动荡的 TT5 题项在单项对总项的相关系数仅为 0.228 7，未及 0.4 的标准，因而删除该题项，修正后的技术动荡量表的 Cronbach's α 系数为0.775 2，修正后的环境特征量表的 Cronbach's α 系数为 0.821 5，均超过 Nunnally（1978）所建议的 0.7 的水平。

表 5-14　　　　环境特征量表的信度分析

量表题项	分项对总项的相关系数	删除该题项后的α系数	Cronbach's α系数	Cronbach's α系数（删除题项后）
市场动荡			0.539 0	0.728 4（删除 MT3、MT4 题项）
MT1 顾客偏好快速地改变	0.505 6	0.797 9		
MT2 顾客总是倾向于寻求新的产品	0.534 8	0.795 7		
MT3 顾客有时候对价格非常敏感，但有时候又认为价格相对来说并不十分重要	*0.227 5	0.816 7		
MT4 我们始终关注对潜在顾客对我们产品和服务的需求	*0.339 0	0.810 1		
技术动荡			0.674 2	0.775 2（删除 TT5 题项）
TT1 行业技术变化非常迅速	0.473 7	0.800 2		
TT2 技术变化为行业的发展提供了重要的机遇	0.469 3	0.800 7		
TT3 很难预测 2～3 年之后，本行业的技术会发展到何种地步	0.515 5	0.796 5		
TT4 技术突破使一大批新产品创意得以付诸实现	0.466 2	0.801 2		
TT5 技术发展在我们所处的行业处于次要地位	*0.228 7	0.820 0		
竞争强度			0.764 2	
CI1 行业竞争非常激烈	0.460 5	0.801 4		
CI2 本行业经常爆发促销大战	0.543 9	0.793 8		
CI3 某公司推出新产品之后，其竞争者能够很快地进行模仿	0.532 7	0.795 2		
CI4 价格竞争已经成了本行业的特色标志	0.541 2	0.794 1		
环境特征			0.814 5	0.821 5

*　表示该题项与整体构面的相关系数低于 0.4 的临界值。

二、效度分析

效度指所使用的衡量工具，是否真能量测出研究人员所想量测的事物的程度（Cooper，Emory，1995）。但效度的衡量较信度困难许多，事实上，多数研究仅以人为方式来判断衡量工具效度是否适合，但是这样只能得到表面效度。所以本书以探索性因素分析①来检验衡量量表的正确性，以验证性因素分析②衡量量表的拟合度，以确认各个构面是否有足够的收敛效度和区别效度。③

（一）市场导向量表的效度分析

由于市场导向量表是利用过去学者所发展的问卷题项进行访谈后发展而得的，所以不再进行探索性因素分析，直接进行验证性因素分析。根据 Anderson 和 Gerbing（1988）的建议，收敛效度可以用验证性因素分析检验衡量模型，以确定每个题项是否收敛到所要衡量的变量。本书采用最大概似法（MLE），④对市场导向量表进行验证性因素分析，来检验顾客导向、竞争者导向和职能间协调的各个题项是否收敛。市场导向量表收敛效度见表 5-15。

Hair 等（1992）认为，若问卷问项所属因素负荷量超过 0.5 以上时，则称该问项的变量，具有相当的解释能力。从图 5-1 中可看出，除 PO4 外，各因素负荷均大于 0.5，衡量指标的误差协方差均为正值，且具有统计显著性，符合 Hairs 等（1998）的建议值。整体而言，结果较为理想。PO4 的因素负荷为 0.397 7，低于 0.5 的标准，Jöreskog 与 Sörbom（1984）建议删除标准后

① 探索性因素分析（Exploratory Factor Analysis），这是一种通过数据本身特征来探索其支持的最佳模型。这种方法的优点是按照数据支持的最高程度来生成模型。但突出的问题是研究者对生成的模型中各因素可能很难解释，尤其是在建构变量本身的选择还处于尝试阶段时。这种方法的另一个重要缺陷就是对于高度相关的因素很难建立令人满意的模型，而因素间相关在研究中是普遍存在的。

② 验证性因素分析（Confirmatory Factor analysis），这是一种以研究者最初构建的模型为基础，通过对数据的迭代计算来验证数据对模型的支持程度。当数据对模型的支持程度不能达到可接受水平，可以在计算机软件系统的建议下，有选择地修改模型。这种方法的优点体现为整个分析过程是在研究者参与下进行的，模型的建构和修改都得到研究者的认可，成为一种有一定目的的决策过程。产生的模型必将能够由研究者解释，除非数据本身根本不能支持任何一种可解释的模型。

③ 所谓区别效度，是指理论体系中，某一构面与其他构面在特质（trait）方面的差别程度。

④ 一般认为，至少有 100 ~ 150 个样本，才适合使用最大概似法来估计结构模型（Ding，Verlicer，Harlow，1995）。

表 5-15　　　　　　　　市场导向量表收敛效度分析表

量表题项	因素负荷量	误差协方差
顾客导向		
CO1 公司的目标是依据顾客满意而定的	0.687 7	0.730 0
CO2 公司密切关注及评估服务顾客的热忱	0.727 9	0.431 8
CO3 公司的竞争优势是基于对顾客的了解	0.716 1	0.625 6
CO4 公司的经营策略是以增加顾客价值为目标制定的	0.604 8	0.696 5
CO5 公司经常有计划地评估顾客的满意度	0.681 1	0.559 7
CO6 公司非常重视售后服务	0.614 2	0.535 3
竞争者导向		
PO1 公司的销售人员经常分享有关竞争对手策略的信息	0.610 9	0.558 9
PO2 公司能够快速回应竞争者的行动	0.797 8	0.427 5
PO3 公司的高级管理层经常讨论竞争者的优势和劣势	0.683 3	0.451 4
PO4 有机会拥有竞争优势时就能锁定目标顾客	*0.397 7	0.789 3
职能间协调		
IC1 公司每一个部门的高层管理人员经常访问我们现有及预期的顾客	0.539 0	0.642 9
IC2 在公司内部关于顾客的信息沟通是没有障碍的	0.718 4	0.597 0
IC3 公司各个部门的整合是为了满足目标市场的需求	0.692 8	0.498 4
IC4 公司所有的管理人员均认识到员工为创造顾客价值所作的贡献	0.804 0	0.409 5
IC5 公司各个部门均能共同分享资源	0.799 9	0.615 1

*　表明因素负荷量低于 0.4 的临界值。

注：$\chi^2 = 139.89$，df = 87，p = 0.000 28，RMSEA = 0.053，GFI = 0.921 8，NFI = 0.881 8，NNFI① = 0.936 8，CFI = 0.947 6，IFI = 0.948 5

① 非基准拟合指数（non-normed fit index，NNFI）是将简效性加入比较性测量里，以降低样本数的影响。NNFI 可用来辅助 NFI 的检定，当该值大于 0.9 时，表示模式适合度佳。

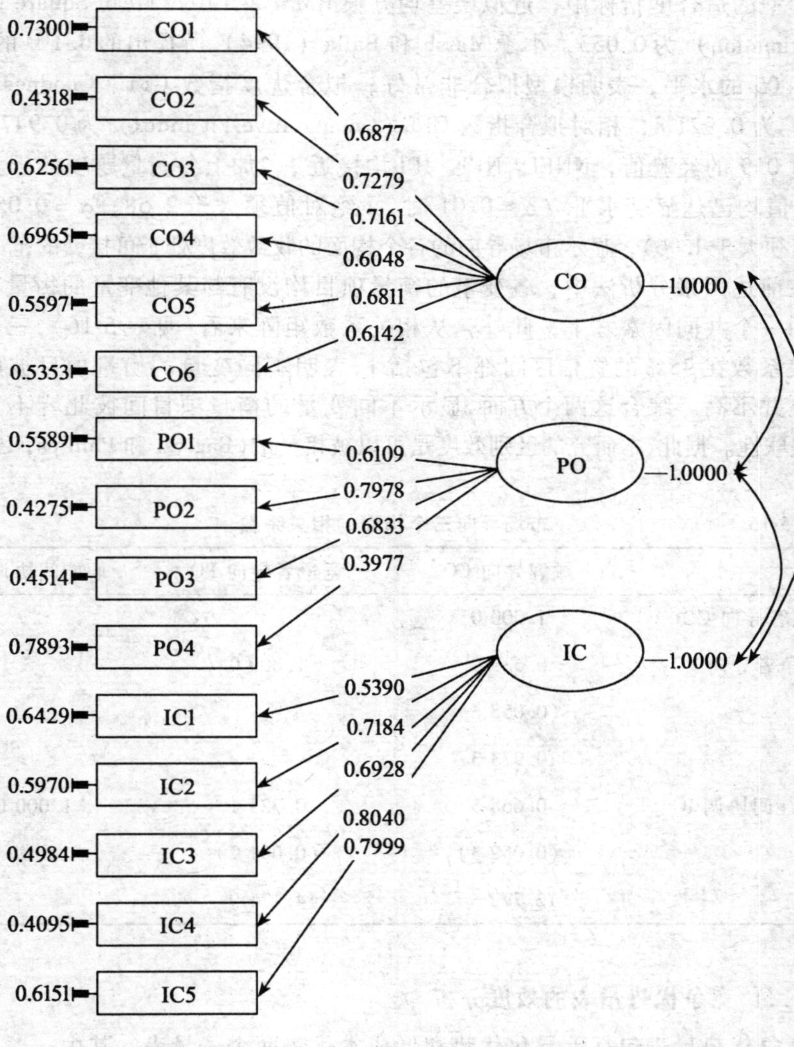

图 5-1　市场导向量表的验证性因素分析

残差值过高或因素负荷量在 0. 4 以上的题项作为测量模型的观测变量，故删除 PO4 题项，即“有机会拥有竞争优势时就能锁定目标顾客”。χ^2（卡方）/df 是直接检验样本协方差矩阵和估计的协方差矩阵间的相似程度的统计量，理论期望值为 1，越接近 1，说明模型的拟合度越好；小于 5 时，可以认为模拟的拟合度比较好。χ^2（卡方）/df = 1.607 9，表明模型拟合较好。

模型的适合度指标中，近似误差均方根 RMSEA（Root Mean Square Error of Approximation）为0.053，小于 Marsh 和 Balla（1994）所提出的0.1①的水平，接近0.05的水平，表明模型拟合非常好；拟合优度指数 GFI（Goodness of Fit Index）为0.921 8，相对拟合指数 CFI（Comparative Fit Index）为0.947 6，均已超过0.9的经验值，NNFI，NFI，IFI 均接近1，加上各衡量题项的因素负荷量的 t 值均已达显著水平（α = 0.01 时，t 绝对值须大于2.58；α = 0.05 时，t 绝对值须大于1.96），显示市场导向的各个构面的收敛效度处于可接受的范围。

在前述因素分析法中，各变量的衡量项目均没有与其他变量的衡量项目收敛于同一个共同因素之下，此外，从相关系数矩阵来看(见表5-16)，三个构面的相关系数在95%的置信区间都不包括1，表明不同变量的衡量项目彼此之间关联性并不高。综合这两个方面，显示不同变量的衡量项目间彼此皆不具有强烈的关联性。据此，本研究的区别效度是可以被接受的(Bagozzi 和 Phillips，1982)。

表5-16 市场导向三个构面的相关系数

	顾客导向 CO	竞争者导向 PO	职能间协调 IC
顾客导向 CO	1.000 0		
竞争者导向 PO	0.639 9②	1.000 0	
	(0.058 3)		
	10.973 3		
职能间协调 IC	0.668 5	0.723 1	1.000 0
	(0.052 3)	(0.051 2)	
	12.772 3	14.131 9	

（二）竞争优势量表的效度分析

竞争优势量表包括差异化优势和低成本优势两个子量表。其中，差异化优

① Marsh 和 Balla（1994）认为，RMSEA 受样本数量影响较小，是比较理想的指数。Steiger（1990）认为，RMSEA 低于0.1表示好的拟合；低于0.05表示非常好的拟合；低于0.01表示非常出色的拟合，这种情形在应用上几乎碰不到。

② 参见侯杰泰等．结构方程模型及其应用．北京：教育科学出版社，2004．第一行是（未标准化的）参数估计值，第二行是标准误（standard error，SE），第三行是 t 值。一般认为，t 值大于2为显著。

势量表是在过去学者研究的基础上发展而来的，属首创的量表，所以均应当先进行探索性因素分析，再决定是否进行验证性因子分析。为了检验差异化优势的8个题项，本书采用Bartlett球形检验（Bartlett's Test of Sphericity）得到卡方值（chi-square）为652.445（df = 28），KMO统计量（Kaiser-Meyer-Olkin Measure of Sampling Adequacy）为0.846（见表5-17）（一般认为，当KMO大于0.9时效果最佳，0.7以上时效果尚可，0.6时效果很差，0.5以下时不宜做因子分析。张文彤），表明各变量间有共享信息，有公因子需要提取。采用主成分分析法（Principle Components）及正交旋转（Varimax）萃取出两个特征根（Eigenvalue）大于1的因素，解释51.38%的变异，结果如表5-18，表5-19所示。

表5-17　**KMO和Bartlett's的检验**

Kaiser-Meyer-Olkin Measure of Sampling Adequacy. （KMO样本充足度测度）		0.846
Bartlett's 球形检验 （Bartlett's Test of Sphericity）	近似卡方分配（Approx. Chi-Square）	652.445
	自由度（df）	28
	显著性（sig.）	0.000

表5-18　**差异化优势的因素分析**

量表项目	初始特征根		
	特征根	解释变异（%）	累计解释变异（%）
DA1 我们的竞争优势在于产品优质	3.886	48.574	48.574
DA2 我们将产品与服务相结合，为顾客创造优异的价值	1.126	14.081	62.655
DA3 我们逐步建立了高品质的产品和品牌形象	0.822	10.280	72.935
DA4 我们比竞争对手更高的定价得到市场的认可	0.597	7.464	80.399
DA5 我们开发顾客专用的解决方案和产品	0.463	5.787	86.185
DA6 我们的销售渠道覆盖率高于竞争对手	0.412	5.155	91.341
DA7 我们与渠道成员保持着良好的互动	0.364	4.547	95.887
DA8 我们的销售队伍比竞争对手更能发掘顾客的需求，继而提供令顾客满意的产品和服务	0.329	4.113	100.000

表 5-19　　差异化优势的因素分析（续）

量表项目	萃取后			旋转后		
	全部	解释变异（%）	累计解释变异（%）	全部	解释变异（%）	累计解释变异（%）
DA1	3.420	42.756	42.756	2.396	29.953	29.953
DA2	0.690	8.624	51.380	1.714	21.427	51.380
DA3						
DA4						
DA5						
DA6						
DA7						
DA8						

虽然萃取了两个因素，但题项分配差异很大，有些题项较难以合理解释，详见表5-20，采用正交旋转法进行分析，结果亦是无差异，故决定以原来的定性分析为主。成本优势的4个题项是Langerak（2003）发展的量表，故直接进行验证性因素分析，检验其收敛效度。竞争优势各题项的收敛效度分析如表5-21所示。

表 5-20　差异化优势衡量题项的因素负荷量（Varimax-Rotated Factor Loadings）

量表项目	因素一	因素二
DA1 我们的竞争优势在于产品优质	0.787	0.152
DA2 我们将产品与服务相结合，为顾客创造优异的价值	0.716	0.269
DA3 我们逐步建立了高品质的产品和品牌形象	0.781	0.179
DA4 我们比竞争对手更高的定价得到市场的认可	0.530	0.199
DA5 我们开发顾客专用的解决方案和产品	0.772	0.195
DA6 我们的销售渠道覆盖率高于竞争对手	0.085	0.871
DA7 我们与渠道成员保持着良好的互动	0.283	0.823
DA8 我们的销售队伍比竞争对手更能发掘顾客的需求，继而提供令顾客满意的产品和服务	0.448	0.682

注：萃取方法（Extraction Method）：主成分分析法（Principal Component Analysis）.
旋转方法（Rotation Method）：方差最大化正交旋转（Varimax）

表 5-21 竞争优势量表收敛效度分析表

量表题项	因素负荷量	误差协方差
差异化优势		
DA1 我们的竞争优势在于产品优质	0.707 2	0.660 1
DA2 我们将产品与服务相结合，为顾客创造优异的价值	0.624 2	0.456 4
DA3 我们逐步建立了高品质的产品和品牌形象	0.601 3	0.455 8
DA4 我们比竞争对手更高的定价得到市场的认可	0.479 4	0.880 1
DA5 我们开发顾客专用的解决方案和产品	0.639 2	0.501 8
DA6 我们的销售渠道覆盖率高于竞争对手	0.560 9	0.733 3
DA7 我们与渠道成员保持着良好的互动	0.619 3	0.404 0
DA8 我们的销售队伍比竞争对手更能发掘顾客的需求，继而提供令顾客满意的产品和服务	0.766 8	0.497 4
低成本优势		
CA1 我们的竞争优势在于运营效率	0.675 4	0.582 3
CA2 我们以比竞争对手低的价格为顾客创造更多的价值	0.613 2	0.715 7
CA4 我们通过规模经济实现低运营成本	0.686 1	0.443 2
CA5 我们在原材料/产品采购方面具有成本优势	0.660 8	0.485 5

注：χ^2 = 250. 23，df = 53，p = 0. 000 00，RMSEA = 0. 130，GFI = 0. 840 6，NFI = 0. 811 2，NNFI = 0. 812 4，CFI = 0. 849 4，IFI = 0. 859 2

除 DA4 外，各因素负荷均大于 0. 5，衡量指标的误差协方差均为正值。而 DA4 的因素负荷为 0. 479 4，亦接近于 0. 5 的标准。① χ^2（卡方）/df = 250. 23/53 = 4. 712 3 < 5，表明模型拟合较好。绝对拟合指数 RMSEA 值为 0. 13，接近 0. 1 的较好拟合的水平。拟合优度指数 GFI 为 0. 840 6，相对拟合指数 CFI 为 0. 849 4，均接近 0. 9 的经验值，NNFI，NFI，IFI 均接近 1，加上各衡量题项的因素负荷量的 t 值均已达显著水平，显示竞争优势的各个构面的收敛效度处于可接受的范围，如图 5-2 所示。

在前述因素分析法中，各变量的衡量项目均没有与其他变量的衡量项目收敛于同一个共同因素之下，此外，从相关系数矩阵来看（见表 5-22），三个构面的相关系数在 95% 的置信区间都不包括 1。综合这两个方面，显示不同变

① 在过去探索性研究中，绝大多数学者进行问卷编制时，均以因素负荷量（loadings）大小作为删题的准则。其中，有些研究者系以因素负荷量作为取舍题目的临界值（如 Lederei 和 Sethi，1991），但有些研究者则以 0. 50 作为删题的临界值。

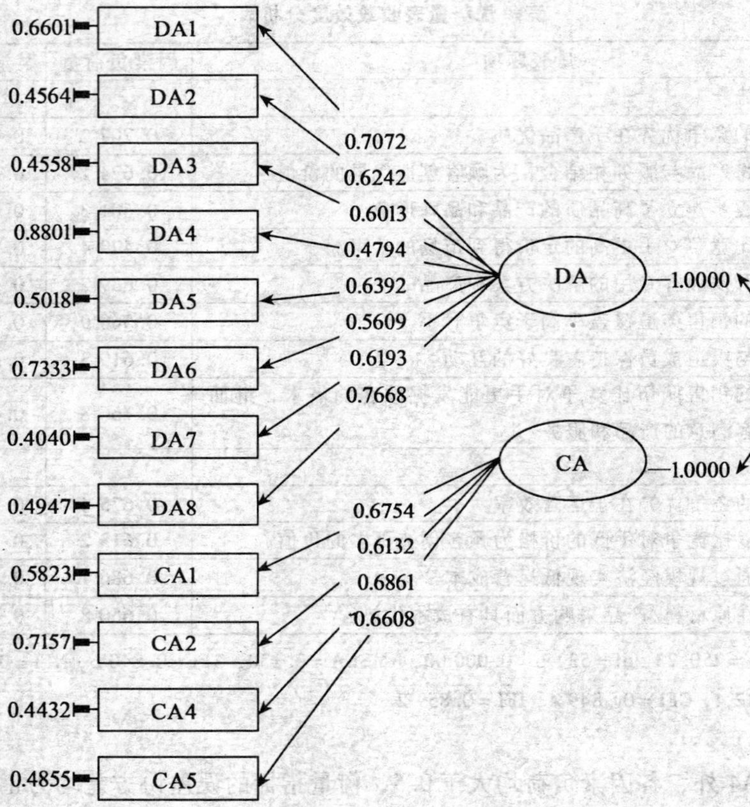

Chi-square = 250. 23， df = 53， P-value = 0. 00000， RMSEA = 0. 130

图 5-2　竞争优势量表的验证性因素分析

量的衡量项目间彼此皆不具有强烈的关联性。据此，本研究的区别效度是可以被接受的。

表 5-22　　　　　　　　**竞争优势两个构面的相关系数**

	差异化优势 DA	成本优势 CA
差异化优势 DA	1. 000 0	
低成本优势 CA	0. 913 6 (0. 031 8) 28. 727 8	1. 000 0

（三）组织绩效的量表分析

组织绩效量表的收敛效度分析如表 5-23 所示。从因素负荷量来看，七个题项均超过 0.6，误差协方差均为正数。卡方/自由度 = 28.14/14 = 2.01 < 5，表明模型拟合较好。绝对拟合指数 RMSEA 值为 0.068，小于 0.1。拟合优度指数 GFI 为 0.964 7，相对拟合指数 CFI 为 0.982 0，均大大超过 0.9 的经验值，NNFI 值为 0.973 0，NFI 为 0.964 3，IFI 为 0.982 1，均十分接近 1 的水平，加上各衡量题项的因素负荷量的 t 值均已达显著水平（p = 0.001 365），显示组织绩效的收敛效度处于可接受的范围，如图 5-3 所示。

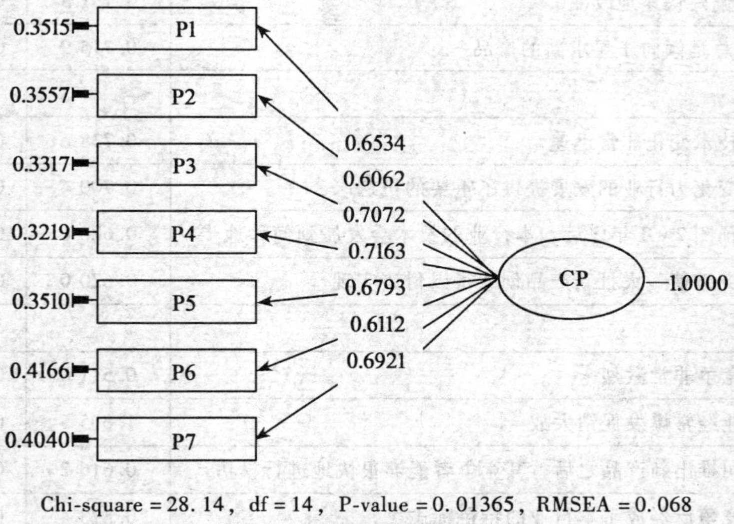

图 5-3　组织绩效量表的验证性因素分析

表 5-23　　组织绩效量表收敛效度分析表

量表题项	因素负荷量	误差协方差
P1 相比于主要的竞争者能够提升顾客满意	0.653 4	0.351 3
P2 相比于主要的竞争者能够吸引新的顾客	0.606 2	0.355 7
P3 相比于主要的竞争者能够实现更高的销售增长率	0.707 2	0.331 7
P4 相比于主要的竞争者能够实现更高的市场份额增长率	0.716 3	0.321 9
P5 与去年比较比主要竞争者的盈利能力增强	0.679 3	0.351 0
P6 与去年比较新产品带来的销售增长率比竞争者高	0.611 2	0.416 6
P7 与去年比较投资回报率(ROI)或内部收益率(IRR)提高	0.691 2	0.396 2

注：χ^2 = 28.14，df = 14，p = 0.001 365，RMSEA = 0.068，GFI = 0.964 7，NFI = 0. 964 3，NNFI = 0.973 0，CFI = 0.982 0，IFI = 0.982 1

（四）环境特征量表的效度分析

由于环境特征量表直接取自 Jaworski 和 Kohli（1993）发展的量表，因而只针对量表的各个构面的题项作验证性因素分析。分析结果如表 5-24 所示。

表 5-24　　　　环境特征量表收敛效度分析表

量表题项	因素负荷量	误差协方差
市场动荡		
MT1 顾客偏好快速地改变	0.731 5	0.382 2
MT2 顾客总是倾向于寻求新的产品	0.715 9	0.398 6
技术动荡		
TT1 行业技术变化非常迅速	0.738 6	0.468 4
TT2 技术变化为行业的发展提供了重要的机遇	0.700 4	0.431 6
TT3 很难预测 2～3 年之后，本行业的技术会发展到何种地步	0.626 6	0.833 6
TT4 技术突破使一大批新产品创意得以付诸实现	0.670 0	0.380 9
竞争强度		
CI1 行业竞争非常激烈	0.511 0	0.616 6
CI2 本行业经常爆发促销大战	1.005 5	0.474 4
CI3 某公司推出新产品之后，其竞争者能够很快地进行模仿	0.616 2	0.714 2
CI4 价格竞争已经成了本行业的特色标志	0.873 4	0.665 1

注：$\chi^2=91.81$，df = 32，p = 0.000 00，RMSEA = 0.092，GFI = 0.923 0，CFI = 0.915 3

从表中可看出，各因素负荷均大于 0.5，且均达到显著水平，衡量指标的误差协方差均为正值。χ^2（卡方）/df ＝2.869 1，表明模型拟合较好。

模型的适合度指标中，近似误差均方根 RMSEA（Root Mean Square Error of Approximation）为 0.092，小于 0.1，表明模型拟合较好；拟合优度指数 GFI（Goodness of Fit Index）为 0.923 0，相对拟合指数 CFI（Comparative Fit Index）为 0.915 3，均已超过 0.9 的经验值，显示环境特征各个构面的收敛效度处于可接受的范围，如图 5-4 所示。

在前述因素分析法中，各变量的衡量项目均没有与其他变量的衡量项目收敛于同一个共同因素之下，此外，从相关系数矩阵来看（见表 5-25），三个

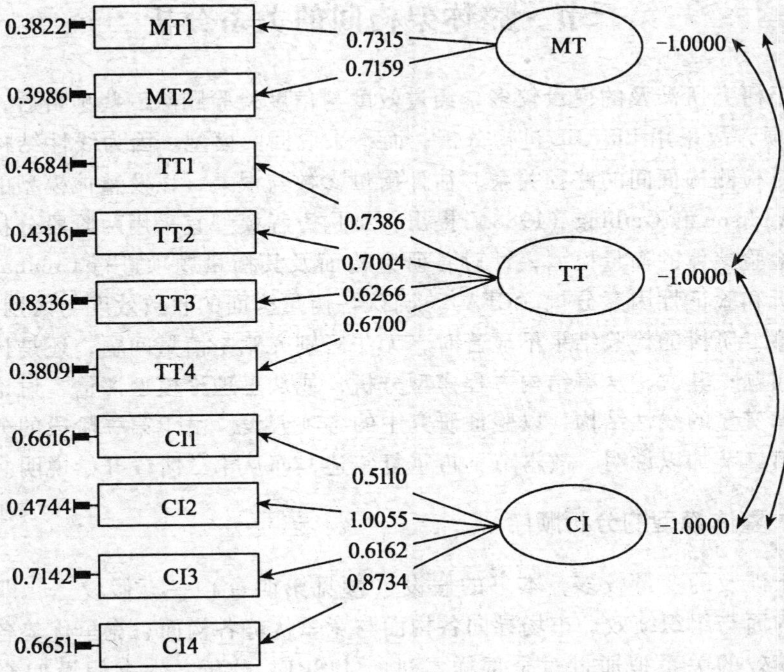

Chi-square = 91. 81， df = 32， P-value = 0. 00000， RMSEA = 0. 092

GFI = 0. 9230， NFI = 0. 8772， NNFI = 0. 8808， CFI = 0. 9153， IFI = 0. 9168

图 5-4　环境特征量表的验证性因素分析

构面的相关系数在 95% 的置信区间都不包括 1，不同变量的衡量项目彼此之间关联性并不高。综合这两个方面，显示不同变量的衡量项目间彼此皆不具有强烈的关联性。据此，环境特征三个构面的区别效度是可以被接受的。

表 5-25　　**环境特征三个构面的相关系数**

	市场动荡 MT	技术动荡 TT	竞争强度 CI
市场动荡 MT	1. 000 0		
技术动荡 TT	0. 459 2 (0. 075 4) 6. 093 6	1. 000 0	
竞争强度 CI	0. 651 9 (0. 062 2) 10. 474 8	0. 371 7 (0. 075 1) 4. 951 1	1. 000 0

第三节 整体架构间的关系分析

由于研究所涉及的变量较多，经过效度与信度检验删除一些项目后，仍有44个题项，故采用LISREL进行分析，而不采取回归模型。因为线性结构分析可以同时检测构面间的路径关系、估计衡量参数与误差，以及整体模型的拟合优度。Andrson和Gerbing（1988）提出，结构方程模型宜采用两阶段分析：首先，要检验整体的衡量模型，针对各研究构面及其衡量题项进行Cronbach's α系数分析和验证性因素分析（CFA），确认各衡量构面的收敛效度与区别效度，以免当第二阶段的检验结果不显著时，无法区别究竟是衡量问题，还是构面间的关系问题；其次，从事结构方程模型分析，或从事理论模型评估，讨论观察变量与潜变量的线性结构，以验证研究中的各项假设。由于第一阶段的分析已在本章第二节加以说明，故本节不再重复叙述，而从第二阶段开始说明。

一、整体模型的分析顺序

由于涉及的变量较多，本书的假设（参见第四章）一至假设三，即市场导向各构面与组织绩效、市场导向各构面与竞争优势各构面、竞争优势各构面与组织绩效的关系拟通过对全部样本进行LISREL分析。本书假设四至假设五，亦即环境特征各构面和战略类型对市场导向与竞争优势关系的影响，则通过分组处理的方式进行检验，作第二次LISREL分析，如表5-26所示。

表5-26 **LISREL模型的变量名称**

变量	自变量（X）	因变量（Y）
观察变量	CO1 目标依据顾客满意而定 CO2 密切关注及评估服务顾客的热忱 CO3 竞争优势基于对顾客的了解 CO4 经营策略以增加顾客价值为目标 CO5 经常有计划地评估顾客满意度 CO6 重视售后服务 PO1 销售人员经常分享有关竞争对手策略的信息 PO2 能够快速回应竞争者的行动 PO3 高级管理层经常讨论竞争者的优势和劣势	DA1 产品优质 DA2 产品与服务相结合 DA3 高品质产品和品牌形象 DA4 更高的定价得到市场认可 DA5 顾客专用解决方案 DA6 渠道覆盖率高 DA7 与渠道成员良好互动 DA8 销售队伍更能发掘和满足顾客需求 CA1 运营效率 CA2 低价创造更多价值

续表

变量	自变量（X）	因变量（Y）
观察变量	IC1 高层管理人员经常访问顾客 IC2 公司内部关于顾客的信息沟通无障碍 IC3 部门整合是为了满足目标市场的需求 IC4 所有管理人员均认识到员工为创造顾客价值所作的贡献 IC5 各个部门均能共同分享资源 SO 战略类型 MT 市场动荡 TT 技术动荡 CI 竞争强度	CA4 规模经济低成本运营 CA5 原材料/产品采购具成本优势 P1 提升顾客满意 P2 吸引新顾客 P3 实现更高的销售增长 P4 实现更高的市场份额增长 P5 盈利能力增强 P6 新产品带来的销售增长率比竞争者高 P7 投资回报率（ROI）或内部收益率（IRR）提高
潜在变量	ξ1：顾客导向 ξ2：竞争者导向 ξ3：职能间协调 ξ4：环境特征、战略类型	η1：差异化优势 η2：低成本优势 η3：组织绩效

二、整体模型评估

有关模型拟合优度的评估，Bagozzi 和 Yi（1988）认为必须从基本的拟合标准（preliminary fit criteria）、整体模型拟合优度（overall model fit）、模型内在结构拟合优度（fit of internal structure of model）等三个方面加以评估，所以本书据此三方面对整体模型加以评估如下：

（一）基本的拟合标准

基本的拟合标准用来检验模型的细列误差（specification error）辨认问题或输入有误等，这可以从衡量指标的误差和因素负荷量不能低于0.5，且是否达到显著水平来加以衡量。

（二）整体模型拟合优度

整体模型拟合优度是用来评价整个模型与观察资料的适配程度。拟合优度衡量有三种指标，主要分为三种类型：绝对拟合优度指标（absolute fit measures）、增量拟合优度指标（incremental fit measure）和简约拟合优度指标（parsimonious fit measuers）等。

①绝对拟合优度指标：是用来确定整体模型可以预测协方差矩阵（covariance matrix）或相关矩阵的程度，衡量指标包括卡方统计值、拟合优度指数（GFI）、平均残差平方根（RMSR）、近似误差均方根（RMSEA）等，GFI 高于 0.9，RMSR，RMSEA 低于 0.1 为经验理想数值。

②增量拟合优度指标：是比较所发展的理论模型与虚无模型，衡量指标如调整的拟合优度指数（AGFI）、基准拟合指数（NFI）、相对拟合指数（CFI）等，AGFI，NFI 高于 0.9 为理想数值。

③简约拟合优度指标：指要调整拟合优度指标，才能比较含有不同估计系数数目的模型，以决定每一估计系数所能获得的适配程度，衡量指标如简约基准拟合指数（PNFI）和简约拟合优度指数（PGFI）等，高于 0.9 为理想数值。

一些学者认为，要求上述指标，如 GFI，NFI 高于 0.9 才认为模型拟合优度理想的看法过于保守，如 Doll，Xai 和 Torkzadeh（1994）认为 GFI 高于 0.8 即代表模型具有合理的拟合。

（三）模型内在结构拟合度

模型内在结构拟合度是评价模型内估计参数的显著程度、各指标及潜在变量的信度等，这可从个别项目的信度是否在 0.5 以上，潜在变量的组合信度（composite reliability）是否在 0.7 以上来加以评估。从本章第二节可知，各个构面的信度及效度指标均达到了可接受的水平。

三、实证结果

（一）市场导向、竞争优势与组织绩效（第一次 LISREL 分析）

LISREL 模式分析结果如图 5-5 所示，所有因素负荷量均为正值；模型卡方统计值 χ^2（Chi-square）为 881.13，自由度（df）为 503，$\chi^2/df = 1.751 < 2$，表明模型拟合好；近似误差均方根 RMSEA 为 $0.058 < 0.08$，拟合好；GFI $= 0.9215$，CFI $= 0.9758$，NFI $= 0.9067$，NNFI $= 0.9555$。整体而言，模型整体适合度可被接受（McDonald 和 Ho，2002；Hu 和 Bentler，1999）。

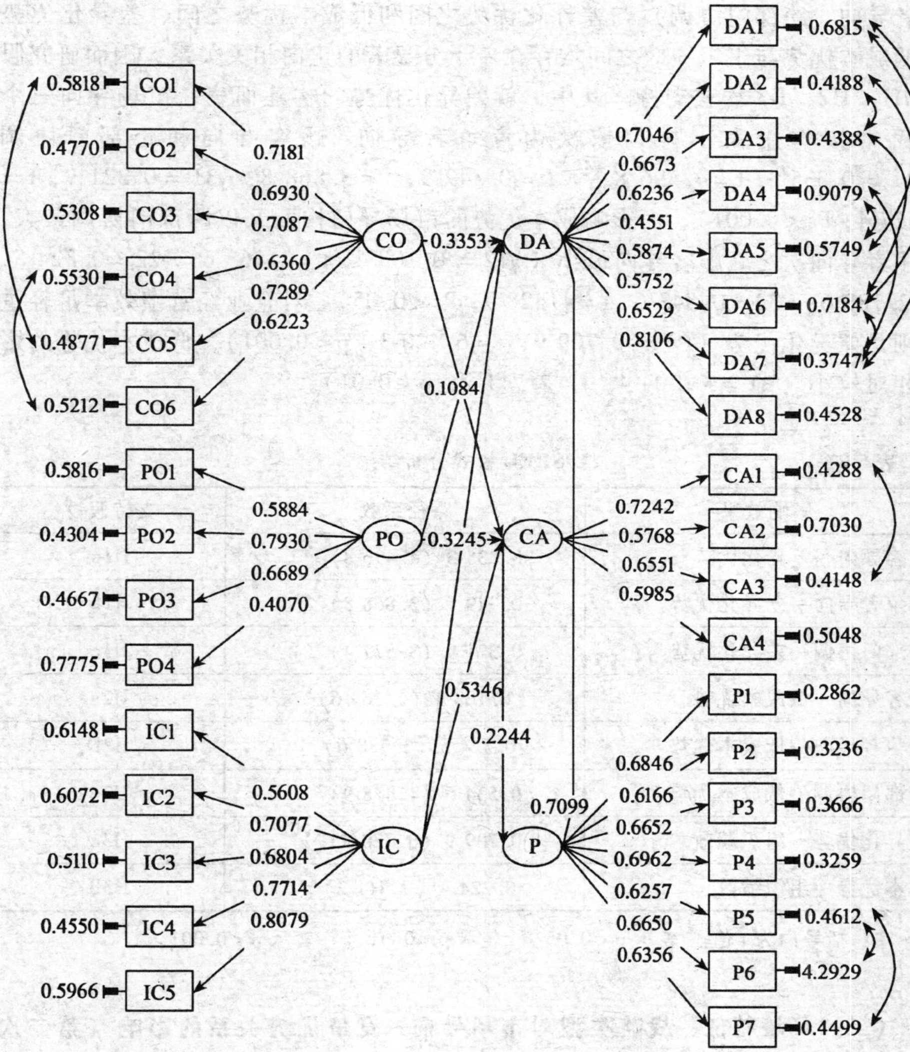

Chi-square = 881. 13，df = 503，P-value = 0. 00000，RMSEA = 0. 058

图 5-5

注：MO：市场导向；CE：竞争优势；P：组织绩效；EC：环境特征；CO：顾客导向；PO：竞争者导向；IC：跨部门协调；DA：差异化优势；CA：成本优势；MT：市场动荡；TT：技术动荡；CI：竞争强度；下同。

由检验结果（参见表5-27）可知，市场导向的三个构面（顾客导向、竞争者导向、跨部门协调）与差异化优势之间和低成本优势之间、差异化优势和低成本优势与组织绩效之间均存在着十分显著的正向相关关系，因而研究假设H1，H2，H3均获支持。其中，就差异化优势的构建而言，市场导向三个构面中按作用大小排列依次为竞争者导向、顾客导向和跨部门协调（$\gamma11 = 0.3353$，$t = 4.4968$；$\gamma21 = 0.3499$，$t = 3.8688$；$\gamma31 = 0.3219$，$t = 3.5774$；$Ps < 0.001$），而影响成本优势的市场导向构面又以跨部门协调最大，竞争者导向次之，顾客导向最小（$\gamma12 = 0.1084$，$t = 2.1636$；$\gamma22 = 0.3245$，$t = 2.7886$；$\gamma32 = 0.5436$，$t = 4.4289$；$Ps < 0.05$）。对企业经营绩效举足轻重的则是差异化优势（$\beta1 = 0.7099$，$t = 6.4203$，$p < 0.001$），低成本优势的影响相对较小（$\beta1 = 0.2044$，$t = 2.7112$，$p < 0.01$）。

表5-27　LISREL模式分析结果

影响效果	路径系数	支持假设
顾客导向→差异化优势	0.335 3 (4.496 8)***	H1a
竞争者导向→差异化优势	0.349 9 (3.868 8)***	H1b
跨部门协调→差异化优势	0.321 9 (3.577 4)***	H1c
顾客导向→低成本优势	0.108 4 (2.163 6)*	H2a
竞争者导向→低成本优势	0.324 5 (2.788 6)**	H2b
跨部门协调→低成本优势	0.534 6 (4.428 9)***	H2c
差异化优势→组织绩效	0.709 9 (6.420 3)***	H3a
成本优势→组织绩效	0.224 4 (2.711 2)**	H3b

注：括号内为t值。* 表示 $p < 0.05$，** 表示 $p < 0.01$，*** 表示 $p < 0.001$。

（二）环境特征、战略类型对市场导向—竞争优势关系的影响（第二次LISREL分析）

Nachmias和Nachimias（1992）认为处理干扰变量有两种方式，一种是通过分组处理的方式，将干扰变量依群组作情境的区分；另一种则是利用多元回归（multiple regression）的方式，探讨变量间的关系，并通过LISREL来进行。本研究采用第一种方式，依据环境特征分值及战略类型对样本进行分组处理。

1. 环境特征对市场导向—竞争优势关系的影响

本章第二节的分析结果显示，环境特征三个构面的信度、收敛效度和区别均已达到可以接受的水准，所以用单一指标取代多重衡量指标是可行的。因此本研究将市场动荡、技术动荡和竞争强度三个构面所包含题项的分值分别进行加总平均，以3.0作为分组标准。即，平均分值低于3.0者，表明动荡程度或竞争强度低，反之则表明动荡程度或竞争强度高。环境特征对市场导向—竞争优势关系的影响如表5-28所示。

表5-28 环境特征对市场导向—竞争优势关系的调节作用

环境特征	竞争优势	市场导向各构面的影响					
		顾客导向		竞争者导向		跨部门协调	
		参数估计	t值	参数估计	t值	参数估计	t值
市场动荡程度高	差异化优势	0.412 6	3.830 1***	0.800 3	6.890 0***	0.118 6	-1.037 9
	低成本优势	0.293 4	2.61**	0.857 7	7.833 9***	0.108 9	-0.967 8
市场动荡程度低	差异化优势	N/A	N/A	N/A	N/A	N/A	N/A
	低成本优势	N/A	N/A	N/A	N/A	N/A	N/A
技术动荡程度高	差异化优势	0.322 2	3.809 8***	0.285 8	3.139**	0.435 7	4.462 6***
	低成本优势	0.172 3	1.779 8	0.249 2	2.329 7*	0.528 7	4.651 7***
技术动荡程度低	差异化优势	-0.704 2	-1.992 0	-0.275 5	-2.754 5	1.821 1	4.942 4
	低成本优势	-8.779 3	-33.737 8	-2.448 5	-18.315 6	11.071 5	39.253 5
竞争强度大	差异化优势	0.75	7.00***	0.58	7.77***	-0.23	-2.32
	低成本优势	0.36	2.53**	0.66	5.86***	-0.018	-0.13
竞争强度小	差异化优势	0.746 6	3.458 4***	0.584 0	3.840 0***	-0.2328	-1.148 7
	低成本优势	0.356 0	1.251 7	0.660 8	2.897 6**	0.017 56	-0.065 18

注：* 表示 $p<0.05$，** 表示 $p<0.01$，*** 表示 $p<0.001$。

如表5-28所示，在市场动荡程度高的情况下，顾客导向和职能间协调与差异化优势呈正向相关关系，职能间协调与低成本优势正向相关。在技术动荡程度高的情况下，顾客导向、竞争者导向和职能间协调均与差异化优势正向相关，此时与低成本优势正向相关的是竞争者导向和职能间协调。在竞争强度大的情况下，顾客导向、竞争者导向均与差异化优势、低成本优势的获得呈正向相关关系。在竞争强度小的情况下，顾客导向、竞争者导向与差异化优势正向相关，竞争者导向与低成本优势正向相关。

2. 战略类型对市场导向—竞争优势关系的影响

战略类型对市场导向—竞争优势关系的影响见表 5-29。

表 5-29　　不同战略类型对市场导向—竞争优势关系的参数估计

路径到达 (path to)	路径从 (path from)	防御者		前瞻者		分析者		反应者	
		参数估计	t 值	参数估计	t 值	参数估计	t 值	参数估计	t 值
差异化优势	顾客导向	0.55	1.64	1.67	2.54*	0.30	2.24*	-0.74	-0.49
	竞争者导向	-0.04	-0.11	-0.20	-0.38	0.07	0.48	0.76	0.47
	跨部门协调	0.65	1.81	-0.57	-1.12	0.60	3.07**	0.96	0.73
低成本优势	顾客导向	0.18	0.58	1.41	3.72***	0.03	0.19	-0.74	-0.43
	竞争者导向	0.31	0.75	-0.35	-0.97	0.12	0.67	-0.21	-0.10
	跨部门协调	0.57	1.67	-0.39	-1.17	0.74	3.24**	1.86	0.60

注：* 表示 $p<0.05$，** 表示 $p<0.01$，*** 表示 $p<0.001$。

从分析结果来看，仅有前瞻者和分析者两种类型的战略采用者，其市场导向与竞争优势之间显现出正向相关关系。对于前瞻者而言，顾客导向对差异化优势的 ML 估计值为 b=1.67，t=2.54；顾客导向对低成本优势的 ML 估计值为 b=1.41，t=3.72，也就是说，执行前瞻者战略的企业，无论该企业欲获取差异化优势抑或低成本优势，均需以顾客导向为重。而对于分析者来说，顾客导向（b=1.67，t=2.54）和竞争者导向（b=1.41，t=3.72）对其获取差异化优势比较关键，跨部门协调（b=0.74，t=3.24）则在很大程度上影响了企业低成本优势的获得，因而部分支持了研究假设 H5，检验结果与 Matsuno 和 Mentzer（2000）的论点相符。

第四节　研究假设的检验与讨论

一、H1/H2：市场导向对竞争优势的影响

研究假设一、假设二是探讨市场导向对竞争优势的两个构面，即差异化优势和低成本优势的影响。H1 假设市场导向的三个构面对差异化优势有正向的影响，由实证分析结果可知，顾客导向与差异化优势的 ML 估计值为 0.335 3，

t值为4.496 8；竞争者导向与差异化优势关系的ML估计值为0.349 9，t值为3.868 8；职能间协调与差异化优势关系的ML估计值为0.321 9，t值为3.577 4，且均达到了显著水准，证明了市场导向三个构面与差异化优势的正向相关关系，因而支持了假设一。这一结果不同于Langerak（2003）的研究结论。Lanerak（2003）认为，职能间协调并不影响差异化优势的获取，但这一结论与Naver和Slater（1990）的提法一致。

H2假设市场导向的三个构面均与低成本优势存在正向相关关系。从LISREL分析结果可知，顾客导向与低成本优势显著正向相关（ML估计值为0.108 4，t=2.163 6）;竞争者导向与低成本优势有正向相关关系（ML估计值为0.324 5，t=2.788 6）；职能间协调与低成本优势的ML估计值为0.534 6，t值为4.428 9，显示两者之间显著正相关。据此可知，市场导向的三个构面与低成本优势呈正向相关关系，因而支持假设二。

研究结果表明，市场导向的三个构面，即顾客导向、竞争者导向和职能间协调对差异化优势和低成本优势的构建均有正向的影响关系。这一发现有助于我们理解为获得竞争优势而实施市场导向的重要性。也就是说，有效竞争的关键，在于实施市场导向。

市场导向的各个构面对于不同类型竞争优势的影响不一。在差异化优势的构建方面，竞争者导向的影响最大，其次是顾客导向，最后是职能间协调。正所谓“知己知彼、百战不殆”，更何况从营销的角度来讲，差异化优势意味着企业能向顾客提供优于竞争对手的价值。这就要求企业对目标竞争者进行衡量(Day和Wensley, 1988)，并以竞争对手为参照，分析自己的强势与劣势，继而发挥其强势，强化其市场地位。但是我们同时要注意到，市场导向的其他两个构面，即顾客导向和跨部门协调的影响与竞争者导向相差不大。这说明，要获取差异化竞争优势，除了有效地回应竞争威胁之外，必须以顾客利益为优先考量，协调利用和整合企业资源，密切各职能部门的相互协作。

在低成本优势的构建上，职能间协调的影响最大，竞争者导向次之，顾客导向影响最小。这是因为低成本优势主要来源于规模经济和范围经济，而实现规模经济和范围经济的努力主要来源于内部各职能部门间的协作，这就要求企业重视强化跨部门沟通，以共同的目标强化员工解决特定问题的能力（Han等，1998；Menon和Menon，1997）。

总而言之，企业如欲获取竞争优势，顾客导向、竞争者导向、职能间协调均不可偏废。企业应坚持顾客导向与竞争者导向并重，满足双重标准：接近顾客与走在竞争对手前面。同时，正如Naver和Slater（1990）所假设的，实施顾客导向与竞争者导向以获取竞争优势的活动，无不与职能活动间的协调配合密切相关。从实证研究结果来看，无论企业欲获取差异化优势抑或低成本优势，职能间协调的作用均不容忽视。内部职能协调可促使企业内部各职能部门为向顾客提供具有独特价值的产品而团结协作，从而可确保企业为寻求差异化优势所采取的各项措施得以顺利实施。值得一提的是，本书的实证研究结果表明，内部职能间协调对于企业竞争优势构建的影响不亚于顾客导向。这可能是因为在东方文化价值观下，职能活动间能够实现协调合作难能可贵，因而也就构成了对竞争优势的重要影响。这一发现的管理含义在于，企业如欲获得竞争优势，就必须实施市场导向文化，在为顾客创造优异价值的过程中，协调利用和整合企业资源，密切各职能部门的相互协作。特别是在“独善其身”的儒家文化氛围下，团结协作的能量可能会远远大于其在西方世界所发挥的作用。惟其如此，才能更有效地回应顾客需求和竞争威胁，因而相对其竞争者处于更佳的定位，继而获得竞争优势。

二、H3：竞争优势与组织绩效

H3 假设竞争优势对组织绩效有正向的影响。从实证分析结果来看，组织绩效 =0. 709 9 × 差异化优势 + 0. 224 4 × 成本优势，其中，差异化优势与组织绩效关系的 t 值为 2. 721 2，低成本优势与组织绩效关系的 t 值为 3. 420 3，表明竞争优势两个构面与组织绩效的正向相关关系均已达显著水准。因而支持假设三。

研究结果发现，竞争优势与组织绩效之间存在着显著的正向相关关系。其中，差异化优势对组织绩效的影响高于低成本优势对组织绩效的影响，前者几乎为后者的 3. 2 倍。对此可能的解释是，竞争优势的本质是企业和企业的差异性，哈佛大学的凯夫斯（R. E. Caves）1971 年在《国际公司：对外投资的产业经济学》、1974 年在《多国厂商、竞争及在东道国市场上的劳动生产率》、1982 年在《多国企业与经济分析》等文章中也指出，产品的差异性是企业产品的竞争力的原因。

这一发现的管理含义在于，管理层可以通过差异化优势、低成本优势而持续地为顾客提供优异的价值而作用于组织绩效。其中，对差异化优势的关注更有助于企业获得财务成功。差异化优势来源于为顾客创造价值的实际独特性和将这种价值传达给顾客使之接受的能力。这意味着企业应将更多的资源投入于理解顾客所重视的价值，并能够以独特的方式提供这些价值，且能为该价值提取一部分的溢价以确保盈利。企业可以通过多种方法使其产品或服务有别于其他的产品或服务。顾客重视的任一属性、特色或性能以及一家企业独家供应的产品都能建立在差异化基础上的竞争优势。

低成本优势对组织绩效的影响也不容忽视。“一个追求差异化的企业必须一直要探索能导致价格溢价大于为差异化而追加的成本的经营方式。由于追求差异化的厂商的价格溢价将会被其显著不利的成本地位所抵消，所以它绝不能忽视对成本地位的追求。”（Porter，1985）大多数成功的成本改进，即去掉不必要成本的同时不损害顾客的利益，往往需要整个企业的不懈努力，需要一个持续不断追求成本改进的文化氛围。此外，低成本优势的获取，要以竞争对手为导向，也就是要采用定点超越（benchmarking）的方法。通常，低成本优势的提升往往包含三个方面的内容：①学习，通过各种活动与设计实践以及技术的运用而累积起来的成本改进经验；②在诸如生产流程等方面取得技术进步；③通过扩大规模来提高效率而实现规模经济。

三、H4：环境特征的调节作用

H4假定环境特征调节市场导向对竞争优势的影响。其中，H4a假设市场动荡调节市场导向对竞争优势的影响。从实证分析结果来看，在市场动荡程度高的情境下，顾客导向（ML估计值为0.412 6，t=3.830 1）与竞争者导向（ML估计值为0.800 3，t=6.89）对差异化优势的获取有正向的影响，顾客导向对低成本优势的获取有正向影响（ML估计值为0.293 4，t=2.61），竞争者导向对低成本优势的获取亦有显著影响（ML估计值为0.857 7，t=7.833 9）。与未分组考量相比，顾客导向与竞争者导向对竞争优势的相应影响均有所增强。而相对地，本研究对在市场动荡程度低的情境下运营的样本进行研究的结果，未发现市场导向与竞争优势存在正向的相关关系。不仅如此，市场动荡程度较低环境下运营的企业，其市场导向水平（按均值计算，顾客导向=3.4，竞争者导向=3.52，职能间协调=2.94，n=75）也低于市场动荡程度较高环境下运营的企业（按均值计算，顾客导向=3.6，竞争者导向=3.78，职能间协调=3.35，n=146），这与Levitt（1960）所强调的，如果企业在一个熟悉的、平静的、可预测的市场环境中运作，那么，企业就无须发展市场导向的论点是一致的。据此，我们可推断，市场动荡程度在一定程度上影响着市场导向与竞争优势的相关关系，即部分支持H4a市场动荡调节市场导向对竞争优势的影响。

H4b假设技术动荡调节市场导向对竞争优势的影响。从实证结果来看，在技术动荡程度高的情况下，市场导向的三个构面，即顾客导向、竞争者导向、职能间协调均与差异化优势之间存在着显著的正向相关关系。其中，顾客导向与差异化优势间关系的ML估计值为0.322 2，t值为3.809 8；竞争者导向与差异化优势间关系的ML估计值为0.285 8，t值为3.139；职能间协调与差异化优势间关系的 ML 估计值为 0.435 7，t 值为 4.462 6。对于技术动荡较低环境下企业的低成本优势的构建而言，竞争者导向、职能间协调表现出了正向相关关系，其中，竞争者导向与低成本优势关系的 ML 估计值为 0.249 2，t 值为 2.329 7；职能间协调与低成本优势关系的 ML 估计值为 0.528 7，t 值为 4.651 7。相对地，在技术动荡程度低的情境下，企业市场导向的三个构面与竞争优势的两个构面未表现出显著的正向相关关系。这一点与市场动荡环境下的分析结果极为相似。而另一方面，在技术动荡程度高的环境下，企业的市场导向水平（按均值计算，顾客导向 = 3.66，竞争者导向 = 3.82，职能间协调 = 3.35，n = 174）明显高于技术动荡程度低的环境下运营的企业（按均值计算，顾客导向 = 3.04，竞争者导向 = 3.19，职能间协调 = 2.69，n = 47）。上述实证结果支持了技术动荡调节市场导向与竞争优势关系的假设。

H4c 假设竞争强度调节市场导向对竞争优势的影响。从实证结果来看，在竞争强度大的环境下，顾客导向、竞争者导向均呈现出与差异化优势和低成本优势的正向相关关系。其中，顾客导向与差异化优势关系的 ML 估计值为 0.75，t = 7.00；竞争者导向与差异化优势关系的 ML 估计值为 0.58，t = 7.77；顾客导向与低成本优势关系的 ML 估计值为 0.36，t = 2.53；竞争者导向与低成本优势关系的 ML 估计值为 0.66，t = 5.86。而在竞争强度小的环境下，顾客导向、竞争者导向与差异化优势正向相关，竞争者导向与低成本优势正向相关。其中，顾客导向与差异化优势关系的 ML 估计值为 0.746 6，t = 3.458 4；竞争者导向与差异化优势关系的 ML 估计值为 0.584 0，t = 3.84；竞争者导向与低成本优势关系的 ML 估计值为 0.660 8，t = 2.897 6。显然，竞争强度较大的环境下，市场导向对竞争优势的影响更为明显，因而支持了 H4c。从描述性统计分析结果来看，竞争激烈的环境下，企业的市场导向水平（按均值计算，顾客导向 = 3.56，竞争者导向 = 3.75，职能间协调 = 3.27，n = 177）高于竞争不太激烈环境下运营的企业（按均值计算，顾客导向 = 3.40，竞争者导向 = 3.44，职能间协调 = 2.95，n = 44）。H4 的验证结果与 Slater 和 Naver（1990），Jaworski 和 Kohl（1993），Greenley（1995）的实证研究结果不同，而与 Kohli 和 Jaworski（1990）最初关于环境影响市场导向和组织绩效的提法是一致的。这可能是因为 Slater 和 Naver（1990），Jaworski 和 Kohl（1993），Greenley（1995）采集的研究样本来自西方经济发达国家（参见表 1-1），其市场发育已经非常成熟，价格机制、供求机制和竞争机制比较健全，因而能够确保市场信号的有效传递、市场竞争充分有效。加之西方企业其管理制度比较健全，手段较为先进，不会因为市场出现波动而使经营管理陷入危机，继而影响经营绩效。而在我国，市场发育仍处在初级阶段，市场信号扭曲现象、行政壁垒和不公平竞争仍然存在。加上大多数企业从计划经济时代转入市场经济时期，市场意识虽逐步增强，但驾驭市场的能力依然很弱，因此面对环境变化，其经营绩效受到影响也就不足为奇了。

竞争强度对市场导向的三个构面和企业绩效均有显著的负面影响，从而支持了 H3 和 H4c。这一研究结果与 Akimova 等学者得出的竞争强度与市场导向、企业绩效正相关的结论刚好相反。为什么会得出这样的结论？我们必须与特定的历史文化背景联系起来加以解释。传统的经济学理论认为，如果同业间处于强烈的敌对之中，则彼此就会因明显的竞争降低利润。中国虽然已经在市场化和对外开放的道路上走了近 30 年，但目前的中国在市场机制的完善性、法律制度的健全性、政府行为的规范性、国际经济的开放性等方面仍然与现代意义上的市场经济体制有相当大的距离。竞争强度与市场导向的负相关折射出的正是我国比较混乱的竞争秩序，其表现形式多样，既表现为有法不依，机会主义、道德风险盛行，竞争过度，也表现为相关利益者的权益、社会的可持续发展能力受到严重损害，国际规则和国内规则存在冲突等。

研究结果表明，环境特征影响市场导向与竞争优势的关系。从实证分析结果来看，在市场动荡程度高的情境下，企业市场导向水平更高，顾客导向与竞争者导向影响企业差异化优势和低成本优势的获取；在技术动荡程度高的情况下，企业市场导向水平更高，市场导向的三个构面，即顾客导向、竞争者导向、职能间协调均与差异化优势之间存在着显著的正向相关关系；在竞争强度越大的环境下，企业市场导向水平越高，顾客导向、竞争者导向均呈现出与差异化优势和低成本优势的正向相关关系。

这一结论不同于以往实证研究的结论，却与以往研究提出的假设相符。事实上，任何组织作为社会的一定单位，都存在于一定的环境中，组织的外部环境必然会对组织的经营管理产生一定程度的影响。从系统论的角度来看，任何组织都是由人、物、信息组成的系统，任何管理都是对系统的管理，没有系统，也就没有管理。根据环境适应性原理，系统与环境进行物质、能量和信息的交流，外界环境的变化会引起系统特性的改变，相应的引起系统内各部分相互关系和功能的变化。为了保持和恢复系统原有特性，系统必须具有对环境的适应能力，例如反馈系统、自适应系统和自学习系统等。如果能够保持最佳适应状态，则说明是一个有活力的理想系统。企业以追求竞争优势为目的的市场导向行为，是企业内部资源响应外部环境的综合体，随着环境的变化而变化。以往相关研究多以西方经济发达国家企业为样本，而实证研究的结果表明环境的影响几乎可以忽略，而本书的研究结果却验证了环境对市场导向与竞争优势关系的影响，这从一个侧面表明了发达国家企业对环境的适应能力在某种程度上优于转型经济中的我国企业。

四、H5：战略类型的调节作用

H5 假定战略类型调节市场导向对竞争优势的影响。从实证结果来看，仅有前瞻者和分析者两种类型的战略采用者，其市场导向与竞争优势之间显现出正向相关关系。对于前瞻者而言，顾客导向对差异化优势的 ML 估计值为 1.67，t = 2.54；顾客导向对低成本优势的 ML 估计值为 1.41，t = 3.72，也就是说，执行前瞻者战略的企业，无论该企业欲获取差异化优势抑或低成本优势，均需以顾客导向为重。而对于分析者来说，顾客导向（ML 估计值为 1.67，t = 2.54）和竞争者导向（ML 估计值为 1.41，t = 3.72）对其获取差异化优势比较关键，职能间协调（ML 估计值为 0.74，t = 3.24）则在很大程度上影响了企业低成本优势的获得，这一检验结果与 Matsuno 和 Mentzer（2000）的论点相符。

战略的执行要求对其在市场中的效果进行控制和监测，组织采用的特定战略类型决定了组织所追求的绩效水平。对于前瞻者而言，顾客导向与差异化优势和低成本优势之间存在正向相关关系。而对于分析者来说，顾客导向和竞争者导向对其获取差异化优势比较关键，职能间协调则在很大程度上影响了企业低成本优势的获得。这是因为前瞻者致力于利用新的市场机会，而市场机会往往来源于未被满足的顾客需求和潜在的顾客需求，所以顾客导向对于前瞻者来说尤为重要。分析者往往是前瞻者的追随者，在前瞻者进入新市场后，分析者才会进入该市场。分析者的目的在于以更高的效率、更低的成本来获得竞争优势，因此，分析者必须考虑顾客需求，为顾客提供优于前瞻者提供的产品或服务才能获得差异化竞争优势；对更低成本的追求则促使分析者向内挖潜，加强各职能部门间、与合作伙伴间的密切合作，以此来获得低成本优势。正如 Miles 和 Snow（1978）所断言的，强烈的竞争者导向驱使企业监测市场领导者和其他跟随者的优势与劣势，这正是取得市场第二地位的先决条件。这表明，企业管理者可以通过战略类型的选择来影响组织绩效。执行一项特定的战略，其实质是组织适应环境的过程（Miles 和 Snow，1978），市场导向在其中发挥着基础性作用（Matsuno 和 Mentzer，2000）。

综合上述检验结果，本书所提出的假设，大多数获得了支持，这说明市场导向可促进竞争优势的获取，亦即竞争优势是市场导向的产出，而竞争优势又进一步引致了组织绩效，即组织绩效是竞争优势的产出体现。综上所述，本书研究结果表明，市场导向是企业为获得相对于竞争者的优势而配置资源的前提，运用竞争优势，企业得以向顾客提供优异的价值。而这就解释了为何市场导向企业能够获得超出平均水平的收益。在以获得竞争优势为目的的市场导向战略的实施过程中，企业不应忽略外部环境和所采取战略类型的影响，要运用市场导向来反映经营环境的变化，以达到企业内部经营与外部导向之间的平衡，从而形成一种对既有企业文化的永续传承与变革相平衡的机制，集中资源，有的放矢，为顾客提供优异于竞争者的价值而获得理想的组织绩效。

第六章 研究结论

当我们希望借助主流营销学的分析框架来研究中国这一转轨经济国家中的企业管理问题时，我们必须在对研究结论进行讨论的基础上，结合中国实际，分析研究结论所蕴含的管理启示和政策建议。为此，在总结研究结论、研究限制，提出今后研究的可行方向之后，我们将花些笔墨来讨论研究结论对中国企业管理的启示及对政府公共政策选择的含义。

第一节 结论及今后研究的方向

一、研究理论模式的发现

本研究以竞争优势为中介，联结市场导向与组织绩效的关系，目的在于探讨市场导向、竞争优势与组织绩效间的因果关系，以及环境特征和战略类型对市场导向与竞争优势关系的影响。因此，本书在文献综述及探讨的基础上构建了概念框架，从包含行为观点的文化视角来看，市场导向分为顾客导向、竞争者导向和职能间协调三个构面，每一构面均影响企业竞争优势的获取继而影响组织绩效。环境特征（包括市场动荡、技术动荡和竞争强度）和战略类型（分为防御者、前瞻者、分析者和反应者）对市场导向与竞争优势关系起到调节作用。竞争优势（分为差异化优势和低成本优势）则直接影响组织绩效。本研究选取了华中地区企业作为研究对象，样本经由 Lisrel 的模型拟合优度检验，显示本研究提出的模式达到可接受的拟合优度检验水平，表示本研究的理论模型可获支持。所以本书认为，市场导向的三个构面——顾客导向、竞争者导向、职能间协调与差异化优势、低成本优势以及组织绩效之间存在着影响关系，并且环境特征和战略类型影响着市场导向与竞争优势的关系。这样的整体架构在过去的文献中尚未有人提及。

不仅如此，这一整体架构是在融汇产业组织经济学、信息经济学、战略管理学、市场营销学等学科有关理论的基础上提出的，没有沿袭以往市场导向研究学者在纯粹讨论变量关系的基础上便提出研究框架的做法，因而为市场导向与组织绩效关系从竞争优势的创建角度作出了理论解释。正如 Hunt 和 Lambe（2000）所指出的，虽然有关市场导向与组织绩效相关性研究的著述十分丰富，但有关文献却“缺乏一种基础理论，以致无法为市场导向和企业绩效之间的正向因果关系提供一种解释机制”。

研究结果更进一步地证实了学者们所讨论的市场导向对组织绩效有正向影响关系的观点（如 Kohli 和 Jaworski（1990），Naver 和 Slater（1990），Appiah-Adu（1997），Deshpande 等（1993），Hooley 等（1999），Pelham（1997，1999），Rukert（1992），Tse 等（2003）等）。并且，这一结论在东方如中国这样的转轨经济国家同样适用。更重要的是，这一发现凸显了市场导向对企业创造竞争优势的重要性，是营销理论与战略管理理论相互交融的结果。以往有关市场导向的研究，或直接探讨市场导向与组织绩效的关系（如 Kohli 和 Jaworski，1990；Naver 和 Slater，1990;），或引入中间变量，如组织学习（如 Naver 和 Slater，1995）、创新（Hurley 和 Hunt，1998；Han，Kim 和 Srivastava，1998）、组织承诺（Catuana，Ramaseshan 和 Ewing，1999）等，对市场导向与组织绩效的关系进行研究，鲜有学者从战略管理的角度研究前述两者之间的关系。而营销与战略管理之间的联结是显而易见的（Biggadike，1981）。本书提出市场导向、竞争优势与组织绩效的研究框架，对于厘清市场导向与组织绩效的关系，乃至对市场导向研究都应有相当的裨益。

二、研究限制及未来研究建议

（一）研究限制

由于研究时间、经费以及个人学识方面的限制，虽然本书在研究设计上力求符合科学的原则，但仍受到以下几项研究限制，使得研究结果的一般化解释受到限制。

第一，衡量方面的限制。由于研究在各变量的衡量上采用李克特五点量表的方式来衡量企业管理人员在相关变量上的感知，受测者的评价基于主观判断与认知，并且是事后回溯，尤其在组织绩效的衡量上不是以实际客观的资料来衡量，因此所搜集的资料可能会发生某种程度的偏差或扭曲。且受测者虽然是企业的管理人员，但其所居何职，对于企业的战略执行、竞争优势所在以及对组织绩效的感知是否准确不得而知，可能不一定全面地反映了真实情况。此外，由于目前可检索到的关于竞争优势衡量的文献仅有 Langerak（2003）对差异化优势和低成本优势的描述，本书在文献探讨的基础上增加了差异化优势的题项，将渠道优势和销售队伍优势纳入考量范围。但由于目前尚未发现有文献对渠道优势和销售队伍优势作出定义和测量，因此，虽然本书发展的有关竞争优势量表的信度较高，差异化优势的信度为0.843 4，竞争优势量表的信度为0.886 8,但该量表仍有待于在未来的实证研究中进一步加以检验。

第二，实证资料方面的限制。虽然本书在理论探讨的基础上，提出了以竞争优势为中间变量来解释市场导向与组织绩效的因果模型，但在实证研究上，受时间和经费限制，无法搜集纵断面（longitudinal）的数据进行时间序列分析来探讨变量间的因果关系，而只能以横截面的资料（cross-sectional）作为实证的依据，因此在因果关系推论方面必须小心谨慎。此外，本书所搜集的样本数据虽然涵盖了国家统计局所划分的、除采矿业外的所有行业，但样本均为华中地区企业或全国性企业驻华中地区分支机构，可能因取样地区不足而较难将结果加以外推。

第三，研究问题和范围方面的限制。本书仅专注于市场导向、竞争优势与组织绩效间关系的探讨，虽然纳入环境特征和战略类型作为干扰变量，但对研究对象的背景因素（如企业的规模和所有制类型）可能对主要变量间关系产生的影响并未加以讨论。

（二）未来研究建议

由于本书所探讨的问题尚属于萌芽期，且尚无定论，未来应当有相当大的研究发展空间。针对未来相关的研究，本书提出如下建议：

第一，扩大研究成果的一般化。扩大研究成果一般化的关键在于实证样本资料的取得，因此，无论是时间跨度或地理空间，延伸得越远，拓展得越广，越能将研究结果一般化。在时间跨度上，我国正处于市场化改革进程之中，虽然我们不能排除某些环境因素所造成的小环境的影响，但从总体趋势来看，企业的市场导向水平应当会不断提高。另一方面，由于经济体制改革的不断深化，一些原本在国家保护的羽翼下成长的行业，将面临前所未有的冲击，其市场导向水平也必然会有所变化。如果仅对于某一时点的企业的经营状况作分析，那么分析结果只能代表该时点的结果，而不同时点上的结果是否一致，需要我们进一步地观察与验证。在地理空间上，可以将取样范围扩大至包括华中、华南、华东、华北、东北、西北、西南地区在内的全国，检验各地区的企业是否都存在市场导向—竞争优势—组织绩效的因果关系。

第二，改进衡量方式。本书对各构面所采用的衡量方式是采用企业管理人员的主观感知程度为评价依据，即关键情报人法（key informant approach）。Philips（1991）认为，这种方法阻碍了对效度和测量误差的充分彻底检验。在后续的研究中，可采用复合受试者方法（multiple respondents approach），如Slater和Naver（2000）所采用的，市场导向的程度由营销主管填答，绩效部分则由总经理填答，这样就可以获得更为客观的信息。

第三，从市场导向的行为观点解释市场导向、竞争优势与组织绩效的关系。本书从市场导向的包含行为变量的文化观点，对市场导向、竞争优势与组织绩效的关系进行了探讨。未来的研究可以从市场导向的行为视角，即将市场导向视为“整个组织产生有关顾客现有及未来需求的市场情报，跨部门传播市场情报，并举组织之全力来加以响应”，以信息经济学为理论基础，探讨市场导向、竞争优势与组织绩效三者之间的关系，以及环境特征和战略类型对主要变量间关系的影响。

第二节　对我国经济转轨条件下企业市场导向问题的再讨论

中华人民共和国成立以来，我国企业总体上经历了一个从完全忽视市场到逐步以市场为导向的演变过程。在传统计划经济体制下，每一个企业实质上是一个行政管理大系统下的大车间，企业的任务就是按照上级下达的指令进行生产，与市场是完全脱节的。这使得不少国有企业欠缺市场观念，对市场及其变化反应不敏感。随着计划经济体制逐步瓦解与中国市场化取向改革进程的开始，国有经济一统天下的格局被打破，国有部门权利结构走向明晰化，私营部门的产权地位被逐步确认，在国民经济中的地位和作用得到显著提升（王争、史晋川，2008）。私营企业一开始便是完全的市场导向，改革初期中国高度短缺的卖方经济环境无疑也为这种完全的市场导向战略提供了充分的合理性解释与巨大的发挥空间（田奋飞，2005）。随着市场化改革进程的不断深入，不断走向市场的国有企业在经营战略上也逐步由原来的“上级导向”转向“市场导向”，以获取竞争优势，求得生存与发展。例如，邯钢就是以市场为导向，追求低成本优势的生动案例。1991 年，邯钢决定在企业内部建立以“市场、倒推、否决、全员”为特点的“模拟市场核算，实行成本否决”的经营机制。即用模拟的办法，抓住成本这个关键，依据客观价值规律，用倒推的方式，从产品在市场上被消费者接受的价格开始，从后向前，对照国内先进水平，测算出逐道工序的目标成本，然后层层分解落实，直到每一个职工。为了得到工人群众的支持，他们层层召开职工代表会进行讨论，广泛征求广大职工群众的意见。广大职工群众通过讨论认识到，这是一项既符合市场规律、又符合企业发展需求，而且关系到每一个职工切身利益的举措，所以积极性很高，给予了很大支持。这样做，使国有资产的管理、使用责任落实到每一个职工身上。让广大职工人人“有家可当，有财可理，有责可负，有利可得”，既把国有经济同市场经济有机结合，又把全心全意依靠工人阶级办企业的方针落到实处。同时，经营目标以追求产量、规模转向追求效益，经营重心由重生产转向重市场营销。这样，总体上做到了从过去以增加生产要素实现经济增长，到以降低产品成本、挖掘内部潜力、提高企业竞争力和经济效益的根本转变。邯钢之所以能够获得成功，就在于它坚持以市场为导向，贯彻顾客导向（“被消费者接受”）、竞争者导向（“对照国内先进水平”）和职能间协调，以低成本优势为努力目标，继而取得了显著的经济效益和良好的社会效益。

然而，与我国经济发展不平衡相对应，企业市场导向水平在地域宽广的我国呈现出较为鲜明的落差。从本研究所选取的华中地区样本来看，企业市场意识虽已逐渐苏醒，但市场导向水平仍然有待于进一步提高。因而，识别影响我国企业以市场为导向的障碍或曰制约因素，探讨如何构建一个有利于市场竞争的环境，企业如何实施市场导向以构建竞争优势，无疑有助于提高我们对如何提升市场导向水平及我国企业竞争力的认识。

一、经济转轨条件下我国企业实施市场导向的制约因素及相关政策建议

（一）经济转轨条件下我国企业实施市场导向的制约因素

本书研究结果表明，在经济体制从计划经济向市场经济转轨的过程中，我国企业市场导向水平不尽如人意。究其原因，主要是市场对资源的配置作用还没有得到很好的发挥；不公平的制度安排依然存在，使得企业无法形成追求利益最大化的内在激励机制；法制不健全，企业间不正当竞争破坏了市场竞争秩序等。具体来说，表现在以下几个方面：

第一，市场对资源配置的基础性作用还没有得到很好的发挥。我国经济市场化的水平存在着“畸高畸低”的不平衡状态：其一，尽管我国商品市场化水平较高，但是生产要素市场化水平还较低。例如，以银行、证券、保险为核心的金融体系的市场化水平处于较低水平，国有企业经营者的选择机制的市场化水平也很低等。因此，市场机制在一些关键领域内还没能充分发挥作用，不利于企业以市场为导向优化资源配置。其二，尽管我国零售商品市场化程度很高，但生产资料价格的市场化程度相对较低，煤炭、石油等生产资料的价格形成机制还保留着一定程度的计划经济色彩。关键性生产资料价格扭曲通过连锁反应进一步扭曲了下游商品的价格，从而阻碍了整个经济市场化水平的进一步提高。

第二，权力寻租①行为导致企业管理者以市场为导向的努力水平低下。根据《经济学人》辞典的解释，寻租包括为税项游说政府，以牺牲纳税人、消费者和竞争对手的利益为代价，要求财政开销和政策倾向游说者自身利益的行为。换言之，寻租指的是以市场收益为目标的利益寻求，是来自市场方的寻求，寻求权力庇护，获得“租”性的收益。② 一些企业无须直面激烈的市场竞争，向政府进行游说即可以非市场的渠道获得预期的收益，并且这种方式所投入的成本、可能遭遇的风险远远低于直接参与竞争，从而造成了相当一部分企业通过寻租行为谋求生存与发展，而不考虑以市场为导向，通过为顾客提供优异于竞争者的价值来实现盈利与发展。

第三，一系列不公平的竞争制度安排使企业无法形成追求利益最大化的内在激励机制，弱化了企业以市场为导向的动机。尽管市场化改革的另一个重要结果是国有企业逐渐成为自主经营、自负盈亏、自我约束、自我发展的独立的生产者和经营者，③ 国有企业经营和资源配置仍然受到较多的政府干预和非利润目标的驱使。政企分离不彻底，使得国企不能建立责权利相统一的机制，导致国企及其经营者缺乏以市场为导向的长期动力。其中一个突出表现是在传统计划经济体制影响下，当前许多企业事实上仍然获得了许多优惠的竞争条件，特别是政府重点支持的国有企业，其受到的外在市场竞争压力不大，主要表现在：和非国有企业相比，国有企业④获得了各种资源获取的便利、市场特许的准入、预算的软约束等先天性优惠条件；地方保护主义驱使地方政府运用行政

① 寻租(“Rent-Seeking”)，按照《经济学人》关于“Rent-Seeking”的举例：其一，地盘保护：黑帮从店铺主的利润分享利益；其二，企业卡特尔联盟一致同意提价；其三，在不提高产能的情形下，工会要求提高工资；其四，为税项游说政府，以牺牲纳税人、消费者和竞争对手的利益为代价，要求财政开销和政策倾向游说者自身利益。

② 这与一般所理解的寻租的概念，即认为寻租是指政府的各级官员或企业的高层领导利用手中的权力，避开各种控制、法规、审查，从而达到寻求或维护既得利益的一种活动不同。事实上，政府设置门槛，制定特许，并非是政府寻租，而是政府被别人寻了租。官员动用权力谋取个人或集体利益，本身就是犯法，并不属于“寻租”，因为“寻租”本身并不一定违法，甚至可能都不非法。最根本的意思是什么呢？只要权力进入市场或者干预市场，就必然为别人所“寻”进而所“租”，因为这可以带来特许的“寻租”效益。

③ 据中国企业家调查系统的调研结果显示，至1997年，国有企业的14项经营自主权基本落实，企业生产什么、如何生产、生产多少、为谁生产等各项基本生产经营决策都是由企业自主作出的，企业的生存和发展取决于企业在市场中的竞争行为。

④ 虽然我国经济市场化改革的一个重要结果就是中国企业所有制格局从国企占绝对地位发展成为多种所有制并存，非国有经济的比重逐步提高，且非国有部门几乎是市场导向的（王小鲁，2003），但国有经济成分现阶段仍占据主导地位。

权力直接或间接地为本地企业开拓市场，造成国有企业间的关联交易，行政垄断依然存在，① 结果是许多企业在地方政府的支持下，根本无需面对残酷的竞争就可以获得较好的生存条件，更无须以市场为导向。

（二）政府促进企业实施市场导向、提升竞争力的配套措施建议

从前述对我国企业市场导向水平低的原因分析来看，竞争环境的不足已经越来越成为阻碍我国企业实施市场导向、追求竞争优势的重要因素。本书实证研究的结果表明，环境特征影响市场导向与竞争优势的因果关系。换言之，一个公平、公开、公正的市场竞争环境有助于进一步发挥市场配置资源的基础性作用，有利于锤炼企业的竞争力。在建立社会主义市场经济体制的过程中，政府具有培育和完善市场的职能；而政府培育和完善市场的过程，实际上就是政府转变职能的过程。如果政府职能不转变，那么无论是市场主体，还是市场客体，都无法快速和健康地发展起来。所以，社会主义国家的政府是社会主义市场发育的第一推动力。因此，为有效提升企业的市场导向水平和竞争能力，政府应采取相应措施，加快市场发育，完善竞争环境。具体来说，当前政府应采取的、促进企业实施市场导向的配套措施主要体现在以下三个方面。

1. 加快经济市场化进程

市场机制作用，在很大程度上取决于一个国家实现市场对资源配置的主导作用。针对我国市场化水平还不高的实际情况，政府应突出重点，进一步采取有力措施，提高我国经济市场化水平。

一方面，要适应全球经济一体化和世界市场趋于统一的新形势，进一步放宽对生产要素和生产资料类商品的价格管制，加速价格市场化特别是利率市场化进程，真正营造一个公平有序、信息对称的竞争环境，促进各类企业平等竞争，优胜劣汰，从而促进企业不断提高市场导向水平，为获得竞争优势而开展各项活动。

另一方面，要加快培育和完善有利于企业配置所需资源的各类市场体系，以利于企业高效配置所需资源。一是培育和完善商品和生产要素市场，促进均衡价格的形成，以便于正确评价企业的经营状况，克服信息不对称。二是培育

---

① 改革开放以后，我国在财政体制上实行了财政分权和行政分权，扩大了地方和行业的行政权力，本地区、本部门企业经营的好坏，也直接影响到地方财政收入的高低。当本地区的企业竞争乏力，经济效益下降，政府和部门往往不是用市场的手段增强企业的竞争力，而是用行政命令，排斥、限制、阻碍外地或者部门外企业的进入。这种地方部门利益强化带来的追求本地本部门利益的欲望，是产生行政垄断，特别是地方保护主义的重要动力。

和完善资本市场，包括常规融资市场和股票市场，使企业面临市场硬性的负债能力评价和债权人的外部压力，强化对企业的外部控制。三是培育和完善职业经理人市场，因为职业经理人所经营企业的业绩好坏决定了他们在市场上的价格和就业机会，这种外部压力会促使职业经理人努力以市场为导向。

2. 营造公平竞争的市场环境

营造公平竞争的市场环境是促使企业提升市场导向水平的必要选择。只有在公平竞争的市场环境中，“优胜劣汰”的“自然选择”法则才能发挥作用，从而对企业经营者形成客观真实的外在压力和内在动力，促使企业以市场为导向，创建竞争优势，提升竞争力。

当前，营造公平竞争环境需要采取以下几项措施：

首先，加速对内开放步伐，提高国内市场竞争强度。当前应采取有力措施，取消市场进入壁垒，打破部门、行业垄断和地区封锁、地方保护，引入公平竞争机制，推进全国统一、公平竞争、规范有序的市场体系建设。实践证明，企业竞争力的提高在一定程度上取决于国内市场的竞争强度。以家用电器产业为例，20 世纪 80 年代以来，国家逐步放开了对电视机、电冰箱等日用家电产业领域的计划控制，促使该行业众多企业进入市场，平等参与竞争，结果使这些行业内的企业竞争力日益增强，不但在国内市场上站稳了脚跟，还在国际市场上占有了一定的市场份额，如海尔、格力等。

其次，硬化对国有企业的预算约束。当前国有企业在我国经济发展中仍然发挥着主导作用，而预算约束软化的外部环境是国有企业市场导向动机不足的主要原因之一。企业生存与发展在很大程度上取决于企业从国家那里争取到的资源多少，而无须遵循基本的成本—收益经济学法则，企业更倾向于与国家讨价还价，争取各种形式的补贴和投资，而不会有动力采取有效措施推进市场导向，更遑论创建竞争优势。相反，如果国有企业面临着硬预算约束，那么，优胜劣汰的市场竞争机制就会迫使这些企业为了生存与发展而集中精力改善经营状况，提高市场导向水平，努力创建竞争优势。当前，实现对我国企业硬预算约束主要有两种手段，一是对处于竞争性行业中的国有企业，坚决取消各种形式的财政补贴、转移支付或特别优先权等，促使它们与非国有企业平等竞争；二是积极推进金融体系改革，实现对企业融资的市场化运作，促使企业真正变成自负盈亏的市场竞争主体，使以市场为导向、创建竞争优势成为其实现生存与发展的必要手段。

3. 整顿市场秩序，完善市场经济的法律体系

市场遏制理论认为，市场主体对市场的把握和控制形成市场权力，市场权力滥用会阻碍竞争，导致垄断，垄断厂商可以通过低产高价来获得超额垄断利

润，这样会引起资源浪费，又会引起消费者剩余的减少和社会总体经济福利的损失，因此政府有义务制定和实施政策对市场权力进行遏制。现阶段在我国，市场性垄断并不是垄断行为的主要表现形式，行政性垄断造成的限制竞争行为才是破坏公平竞争秩序的主要根源，公平竞争秩序的破坏进一步遏制了企业的市场导向行为。

整顿和规范市场经济秩序，净化市场环境，强化信用意识和契约意识，加快社会信用体系建设是市场体系建设的当务之急。一方面，开展市场专项整治，采用现代信息技术加大市场监管力度，坚决打击制造和销售假冒伪劣商品的行为。同时，推动市场标准化管理和认证服务，实施必要的市场准入制度，建立市场准入认证标准；建立市场经营主体资格认证与管理制度，规范市场主体的经营行为，加大监控力度。另一方面，应逐步完善维护市场公平竞争、防止垄断，促进政府职能转变等方面的法律法规。如修改和完善《反不正当竞争法》，促进《反垄断法》、《行政许可法》等法律的有效实施，为市场的规范、有序发展营造法律环境。根据完善社会主义市场经济体制的要求，对现有的市场法律和政府规章进行梳理；根据商品市场的发展情况和各地的不同特点，在市场管理、行业准入、商品质量管理、食用农产品安全、消费者权益保护等方面制定必要的全国性法规、政府规章及地方性的实施管理办法，逐步形成市场法律法规体系。

二、我国企业实行市场导向以构建竞争优势的系列对策

根据本书第二章提出的市场导向的概念框架，市场导向的本质是一种包含行为要素的组织文化，这种文化氛围促使企业采取流程再造、组织架构扁平化等措施来提升其管理系统的市场导向水平，继而培育与巩固组织与其顾客及合作伙伴间的关系，从而为企业的盈利和可持续发展夯实基础。针对我国企业市场导向水平普遍低下、急需实施市场导向管理的现状，我国企业可从市场导向文化建设、提升管理系统的市场导向水平和市场导向的关系管理三个层面着手，全面推进企业市场导向的实施。

（一）中国特色市场导向文化的构建

市场导向的本质是包含行为要素的企业文化，增进市场导向意味着推进一种特定的文化。一味地照搬西方市场导向管理思想将会使市场导向文化枯萎，只有将市场导向文化扎根于中华文化沃土，市场导向文化才会茁壮成长。因而在中国建立市场导向文化的重要途径之一，就在于深掘中国古代管理思想中的精髓并将其延伸到当代中国企业的市场导向文化建设当中，用中国优秀哲学的道统御西方管理之术，建设有中国特色的市场导向企业文化，实现传统文化与

西方现代管理思想的融合。

1. 中国特色市场导向文化的创建目标

创建市场导向，首先需要在各职能部门植入市场导向的核心价值观，即承诺持续为顾客创造优异价值。这一价值观体现在以通过持续评估顾客需求而创造及满足顾客的跨职能流程和活动中（Deshpande 和 Farley，1997）。因而，创建市场导向需要实现两个目标：第一，获得组织对核心价值观的承诺；第二，为践行价值观而发展必须的资源、激励、技能和持续的学习。实践表明，两个目标缺一不可，如果只围绕上述两个目标之一来创建市场导向组织，那么，组织文化的改变将难以为继。

针对当前我国企业价值体系混乱、形式主义泛滥的现状，企业创建市场导向的当务之急和重中之重是要突出企业个体的特色。企业可以汲取中国传统管理思想与市场导向理念兼容的精华，如“人和”（“上下不和，虽安必危”《管子·形势》，“上下和同”、“和协辑睦”《管子·五辅》）、“求实”（“事与实举”《管子·宙和》，“审时以举事”《管子·五辅》）、“对策”（“知己知彼，百战不殆”《史记·高祖本纪》，“旱则资舟，水则资车”《史记·货殖列传》）等，通过提炼蕴涵于企业之中的核心价值观，并围绕其设置核心价值观制度，真正在经营管理中能够在大部分员工中得到澄清、统一，最后形成共同的行为模式。例如，我国著名家电企业海尔集团在吸纳欧、日、美文化的同时，更注意继承中国古代传统文化精华，以文化三元底色为铺垫，构筑自己独特的文化机制。儒家文化的核心是“仁”、“礼”和“中庸之道”。张瑞敏用自己的儒学理念，改进引进的外来文化。由“仁”的理念出发，他阐发了“海尔是人”的观念，对员工最大限度地严格，却又最大限度地解放，使人得到真正的尊重、关爱和理解。刚柔相济，中和之美。“礼之用，和为贵”，“和而不同”等儒家理念在海尔文化中处处体现，甚至老、庄学派都有体现。

为了实现上述两个目标，我国企业必须践行两种类型的学习：①对市场导向本质、目的、重要性以及对执行市场导向所需资源、流程、技能、激励的先验了解（a priori understanding）；②从持续为组织的目标顾客创造优异价值的实际努力中所获得的体验式学习（experiential learning）。① 一方面，唯有通过

① 美国实用主义（Pragmatism）哲学家杜威认为，学习乃是经由经验的不断转换而创造知识的历程。此定义强调了学习历程中几个不同的观点：①学习强调的是适应的“历程（the process of adaptation）”，而非“内容”及“结果”。②知识是一种“转换历程（a transformation process）”，亦即持续地创造与更新知识的历程，而不是一种获取及传送知识的一个独立个体。③学习以其“目标”及“主题的知能”来转换经验。

体验式学习，文化变革的关键要求与团体成员的体验及对更优解决之道的感知才能联结起来。另一方面，由于首先获得了对什么是市场导向，为什么要以市场为导向以及如何以市场为导向的清晰、全面的理解，关键的体验性学习成效会更加明显，效率也会更高。虽然两种学习类型对市场导向文化创建的贡献水平不同，但均有助于促成组织实现两项目标。通过对市场导向本质、目的、重要性和先验理解，企业员工更愿意对新的核心价值观敞开胸怀、付出承诺，正像对如何为顾客创造优异价值的基本知识的先验了解有助于企业为行之有效的体验性学习做好准备一样。

2. 中国特色市场导向文化的创建方法

市场导向文化创建方法包括程序化方法（Programmatic Approach）和市场向后推导方法（market-back approach），两种方法的区别，正如 Schaffer 和 Thomson（1992）所指出的，是“以活动为中心的方案”和“结果驱动方案”的区别。方法论无国界，这两种学习方法对于我国企业创建市场导向文化均不可或缺。

(1) 程序化方法

程序化方法是一种基于教育各种“原则（principles）”以使理解达到关键要求的学习策略。通常，它包括教育每个员工市场导向的本质、重要性，以及为顾客创造优异价值的基本流程、方法和技能。此外，程序性方法还包括教导组织如何改变其架构和政策，使其在吸引、保留和增加合意顾客中处于有利地位。程序化方法萃取于特定顾客背景下获得的经验教训，在本质上是先验性的。程序化方法可分为典型（typical）程序化方法和高度聚焦（highly focused）程序化方法。

典型程序化方法是试图创建市场导向的企业最常用的方法（Felton，1959；Payne，1988；Webster，1988；Day，1990；Kohli 和 Jaworski，1990）。它要求企业运用“程序”来创作什么被认为是持续为顾客创造优异价值所需的、恰当的知识、架构和技能，这些用于改变组织文化的程序具有四项特征：其一，自上而下地推行；其二，作为推动和驱使整个组织改变的中心；其三，通常是标准化的解决方案而不是符合不同子部门员工需要的定制化解决方案；其四，同时倾向于关注某个特定的人力资源管理议题，如员工技能、领导风格或组织架构。许多企业认为，运用典型程序化方法便足以创建市场导向，其三个基本假设是：①改变程序是企业改造的最佳方式；②组织改变的目标应当落实到个体层面；③改变组织架构、系统和个人态度，组织就会发生转变。典型程序化方法的流行主要源于三个原因：①改变程序可以迅速落实到位；②管理者喜欢效法著名的成功故事（如来自卓越企业的经验，品质改善①（quality circles）等）；③程序是有形的，因而易于测度（Beer 等，1990；Schaffer 和 Thomson，1992）。

尽管如此，用于提升体验式学习效果的高度聚焦程序化方法，其富于建设性的角色亦不容忽视。首先，这种方法使得组织对具体顾客背景下的可能性和随机性的理解更为敏锐。但其运用应限制于教育项目，不包括改变组织架构和流程的项目。因为市场和竞争背景不同且处于变化之中，在特定的市场中，如何改变组织的架构和流程最能有效地创造顾客价值唯有通过具体背景的体验式学习和适应才能得出答案。其次，高度聚焦程序化方法包括增进从体验中学习效果的抽象学习（abstract learning），是有效的体验式学习的教育基础，它阐明市场导向的核心价值观、目的以及预期效果，启发员工学习什么是市场导向，为什么要以市场为导向，以及如何创建市场导向，使员工初步理解持续为目标顾客创造优异价值需要哪些资源、激励、技能和学习，了解诸如顾客满意、顾客保留、顾客忠诚，顾客市场份额和绝对销售额的增长，顾客潜在需求的识别，新产品成功等指标的测量，为进一步的体验式学习做准备。

②市场向后推导方法。市场向后推导方法以持续的体验式学习，即持续学习如何最高效地、最能盈利地为顾客创造优异价值为重点，促使企业以其顾客价值创造实践中的持续性学习为基础，改变其流程、程序和结构，因而称为“市场向后推导方法”。唯有通过体验式学习，文化改变与团体成员体验并感知其为更优的解决之道的要求才能实现。正如 Kanter（1991）所观察到的，“许多企业从培训开始其重大转变项目，事实上，他们真正应该开始的是干而不是学。试验制造了选择权、机会和学习……适度试验的激增为组织提供了许多不同经营模式的元素的体验”。

向老员工和新员工均分派任务，解决实际问题，是学习的关键，也是改变和加强文化的关键（Beer，Eisenstat 和 Spector，1990）。因为组织行为理论最基本的假设之一，就是参与界定问题和解决方案的人，会变得认同流程的结果，继而增进对组织的认同（Beer，Eisenstat 和 Spector，1990；Ruekert，

① “品质改善”（Quality Circles，QC）是 20 世纪 60 年代以来在日本发展起来的一种企业管理方法，已在北美、英国及北欧普遍推行。它的特点是基层员工自愿组成 7～12 人小组，由中层管理人员加以适当地训练及引导，通过小组定期地讨论，发掘、分析及解决他们日常工作中碰到的种种问题，培养员工自觉自发、群策群力的精神，促进上下级员工的沟通，提高对工作的兴趣及热忱，增强凝聚力。

1992；Jaworski 和 Kohli，1993）。市场向后推导方法的着力点在于产出和持续的改进，即同人的认知和成长过程相似，任何企业整体素质的提高，都要一个台阶一个台阶地“爬楼”。每个阶段的步伐可以加快，必要的探索和阶段难以逾越。市场向后推导方法的结果，是组织在实现财务绩效目标的同时，实现重要的顾客绩效目标。具体的目标应当与企业获取优异市场绩效融为一体。

市场导向容许相关的和重要的经验学习。举例来说，假定：①在一年内对企业价值观和规则的理解实现一定增长的框架下，短期的目标是 2 个月内增进对目标市场的理解；②在每年实现 24% 的增长的框架下，每月实现顾客保留率有 2% 的增长；③在发现潜在需求这一长期目标的框架下，短期目标是在 y 月对特定顾客潜在需求的了解增长 x%；④与发现潜在需求相联系，短期目标是在 3 个月内识别 x 数量的相关的、可能的为顾客带来收益的产品或服务，以满足以若干长期新产品/服务培育利润潜力的目标。正如 Shaffer 和 Thompson（1992）强调的，特定时期内具体的、可测量的目标对学习至关重要。

体验式学习包括试验。Arie de Geus（1988）及其在 Shell① 的同事发现，企业生存和延续的关键在于在竞争边界的边缘进行试验，不断探索新产品和市场机会。面对持续上升的顾客期望，企业与创造优异顾客价值相关的持续学习迫使企业“学习如何更好地学习（to learn how to learn better）”，“再学习（deutero-learning）”②（Argyris 和 Schon，1978）。持续学习如何更迅速地发现

---

① 英国 Shell 是世界上最大的石油天然气公司，其科研经费在世界石油天然气业中排列第一，2000 年研发经费为 2.6 亿英镑。Shell 在全世界有 12 个研究机构，分布在 9 个国家，其中最大的是为位于荷兰阿姆斯特丹的 Shell 研究与技术中心。

② 学习类型可分为单环路学习（Single loop learning）、双环路学习（Double loop learning）以及再学习（Deutero learning）。所谓的单环路学习是指组织内部所设计的一个诊断与监视错误并且矫正错误的机制，换言之，针对组织行动策略，例如：达成规范、目标与绩效标准的方法，所进行的侦测与矫正过程即是。这种学习机制的设计，容易产生“刺激反应”的行为特征，因此比较适用于稳定的组织，这种学习方式又称为适应性的学习。虽然多数组织现阶段的学习机制大致属于上述类型，但是单环路学习，明显存在不足，毕竟没有一个组织既有的规范与标准永远能适应外在环境的变化。所谓双环路学习，除了进行单环路的学习模式之外，更进一步去检视组织规范、目标及可能存在的错误假设，并予以矫正。因此，双环路学习是一种创新的学习，学习结果不只产生表面的变革，更可以造成组织深层结构的改变。所谓再学习乃是上述两种学习经验的转化与再应用，借此过程内化成为组织的能力。由于组织很可能面对相同的问题，或者类似的情境，因此，组织经过单循环或双循环学习过程后，所产生的学习经验，能够成为未来自我解决问题的基础，借由再学习的发生，提高组织解决问题的能力（Argyris 和 Schoen，1978：26-28）。

顾客的潜在需求就是典型的例子。

值得强调的是，唯有通过体验式学习，文化改变的要求与团体成员的体验及视其为更优解决之道的契合才能实现。市场向后推导方法，其特征可总结为归纳的、实际的、由下至上的，以及"新兴"的策略（Mintzberg，1987）。

总之，市场向后推导方法是以结果为导向、持续改进学习如何为顾客创造优异价值的方法。通过关注在一定的利润水平下，吸引、保留和增加顾客的成败，组织更好地学习到需要什么来强化市场绩效的成功，以及如何避免市场绩效遭遇失败。市场向后推导方法的体验式学习是程序化方法的先验了解的逻辑延伸。唯有组织个体感受到新文化的成功，新文化才被认为优于现有文化。

3. *发挥高级管理层领导在市场导向文化创建中的主导作用*

如前所述，高级管理层是市场导向的前提，① 在市场导向文化创建中扮演着关键的领导角色。创建组织文化并影响其演化是"领导的独特和核心职能"（Senge，1990）。Schein（1983）提出，植入或转变一种文化的三种有效机制均为领导（leadership）的改变。它们是：①领导者审慎的角色定型、教导和教练；②领导者关注什么、测量什么、控制什么；③领导对关键事件和组织危机的反应，因为"企业文化是由领导人创立的。企业领导人的一个最重要的作用就是创建、管理和在必要时淘汰过时的企业文化"。

创建市场导向文化的领导措施包括八项关键要点（Naver 等，1999）：

①建立组织创建市场导向的紧迫感；

②就创建市场导向形成强有力的指导联合体；

③创建市场导向的愿景及市场导向执行计划；

④沟通市场导向愿景；

⑤授权其他人以愿景作为行动指南；

⑥计划并创造短期市场胜利（market wins）；

⑦巩固基于市场绩效的成果，并坚持变革；

⑧将持续学习和改进吸引、保留、增加目标顾客制度化。

在许多成功的企业中，高级管理人员的角色积极而强大，在市场导向语境下，这意味着唯有管理层以市场导向方式身体力行并领导员工，营销观念在整个组织范围内的运作才有可能得以成功施行（Hout 和 Cater，1995）。以我国著名企业海尔为例，海尔的成功，张瑞敏的成功，都源于在张瑞敏这位优秀企

① 可参见第二章第三节的有关论述。

业家的带领下，实现了成功的管理，建立了较为完整的海尔文化体系。张瑞敏把海尔的企业文化看做是海尔的无形资产，是具有海尔特色的意识形态。海尔文化包括企业理念和具体体现两大部分。企业理念是经营企业的总的指导思想和各个方面工作的指导思想，是比较抽象的，如海尔精神、海尔作风、海尔管理模式、思想政治工作等。这些理念又具体体现为具有海尔特色的企业经营策略和各种规范、规章制度，如海尔集团构成、晋升制度、奖励制度、环境建设、行为仪表等。张瑞敏曾经说过："理念的领先几乎决定企业的命运，可以这样讲，没有思路就没有出路。"因而，选拔具有丰富营销实践背景的员工担任重要管理岗位职务，有助于显著提升企业的市场导向水平，因为有营销经验的管理人员会更多地关注有关顾客偏好、竞争者动向的信息（Waller，Huber和Glick，1995）。

综上所述，无论是从理论来讲还是从实践来看，领导对于组织获取和保持成功的文化变革至关重要。没有正确的领导，创建市场导向就无法成为可能。

（二）提升管理系统的市场导向水平

市场导向文化提供的是价值观和理念，这种价值观和理念在企业行为的体现，需要我国企业采取相应的措施，提升管理系统各子系统，即组织系统、信息系统、计划系统、控制系统、人力资源管理系统的市场导向水平。

1. 计划系统

计划通常是管理过程的起点，它涉及企业目标选择、监测环境变化以及最终如何实现目标的路径选择等内容，因而计划系统的市场导向尤为重要。在国家从计划经济体制向市场经济体制转型的过程中，企业的计划应扮演什么角色？对此，现在企业界有很多混乱思想。许多企业管理者认为，企业内部也要市场化，在企业内部层层推行承包制，以致企业内部各个部门追求的主要目标成了自身的经济利益，导致企业组织被肢解，不能发挥正常的作用。越是在市场经济条件下，企业越需要根据市场竞争态势和企业的基础条件制订科学的计划。只有认真分析市场、研究市场规律，并充分拿捏企业自身的特点以及优势和劣势，了解企业自身的能力和运作规律，才能作出符合市场特点的计划。

我国企业用以提升计划系统市场导向水平的主要措施包括以下几个方面。

①参照平衡记分卡法设定计划目标。通过设定具体目标，如获得可持续竞争优势，或显著提升顾客满意度等，便可将组织导向市场。此时，精确定义目标、明确相关责任人员非常重要。传统的企业计划目标更多地关注投资利润率、现金流等财务指标，与之相比，市场导向的计划目标多以顾客满意度、忠

诚度、员工满意度来表达。① 在本书第二章所提出的市场导向的概念框架中，处于顶端的是组织与其顾客及合作伙伴间的关系，因而在制订计划目标时，组织把利润等财务指标看做是企业与顾客及合作伙伴间关系维系和扩大的自然结果，因而它把提高顾客满意度、顾客忠诚度、创新率等以取得可持续竞争优势作为重点目标，而使组织更关注于市场。Kaplan 和 Norton（1992）发明的平衡记分卡（Balance Score Card，BSC）可将财务指标与非财务指标、近期绩效与远期发展有效结合，因而可作为计划系统市场导向水平的重要工具。

平衡记分卡是将财务衡量视为重点，同时强调与顾客、企业内部程序、员工及长期性绩效衡量相结合，如此才能促进战略及企业愿景的达成。在其开创性的论文中，Kaplan 和 Norton（1992）以某半导体公司 ECI 为例，从财务角度、顾客角度、内部业务角度、创新与学习角度对企业的总体目标进行了分解，并确定了相应的测评指标，如表 6-1 所示。

总之，要提升计划系统的市场导向水平，组织在制订计划目标时，应多角度询问自己：在顾客眼中，组织是什么形象，是否得到顾客的认可与忠诚，同竞争者比较，企业应该具有什么样的优势和特色，企业怎样为股东带来回报，企业怎样持续为顾客传递优异价值，然后以此作为更具体的企业经营计划的基础。

②持续监测环境变化。顾客需求、竞争对手策略以及技术发展总是处于不断变动之中，为做到因势而变，企业需要实时监测环境变化，及时根据环境变化调整目标。为识别环境中的机会与威胁，企业要定期评估市场的发展趋势；

---

① 传统企业计划目标重点与市场导向企业计划目标重点对比

传统企业计划重点	市场导向企业计划重点
财务指标 —投资利润率 —增长率 —现金流等	非财务指标 —顾客满意度、忠诚度 —员工满意度、忠诚度 —创新率、安全性等
以货币表述	以非货币术语表述
反映过去业绩	对未来业绩的预测
显示利润和增长结果	显示利润和增长的决定因素

资料来源：整理自詹姆斯·赫斯克特等著．服务利润链．北京：华夏出版社，2001.

表 6-1 **ECI 的平衡记分测评法①**

财务角度	
目标	测评指标
生存	现金流
成功	各分部的季度销售增长率和经营收入
繁荣	市场份额增加率和权益报酬率

顾客角度	
目标	测评指标
新产品	新产品销售所占百分比
供货反应灵敏	按时交货率（由顾客评定）
优先供货商	重要账户的购买份额
顾客伙伴关系	合作性工程活动的数量

内部业务角度	
目标	测评指标
技术能力	相对于竞争的生产规律
制造水平的卓越	循环周期单位 成本报酬率
设计能力	硅片效率 工程效率
新产品引入	相对于计划的实际引入进度

创新与学习角度	
目标	测评指标
技术领先性	开发新一代产品所需时间
制造过程中的学习	产品成熟过程所需时间
产品重心	占销售额 8% 的产品所占百分比
产品上市时间	相对于竞争的新产品引入

为进一步改进产品或服务，企业需要定期预测顾客偏好以及竞争者提供物的变化，培育灯塔顾客②，以及时调整组织的产品规划；对于基本市场条件发生的变化，企业需为创新产品和服务做好准备，将顾客对产品或服务原型（prototype）

① 彼得·德鲁克等著．公司绩效测评．北京：中国人民大学出版社，2000：123-124.

② 灯塔顾客：根据顾客所能提供价值的能力，顾客类型大致可分为灯塔顾客、跟随顾客、理性顾客、逐利顾客四种。其中，灯塔顾客对新生事物和新技术非常敏感，喜欢新的尝试，在所属群体中处于舆论领导者地位或者希望成为舆论领导者。参见：景奉杰，曾宪伟．高技术企业市场导向研究．中国软科学，2000，12：96-101.

的意见纳入新产品或服务的市场引入决策①。而这也正是市场导向计划系统的特征之一（Von Hippel，1988）。

2. 组织系统

如前所述，我国企业的组织结构往往存在较多的层级，多是根据传统职能分工进行设计，有的企业层次较为混乱，职能分工重叠，此外，许多企业内部同时运作着各种目标各异的改进项目，不仅未能很好地统属于统一的战略目标，与之相互促进，反而由于争夺有限的组织资源给企业带来很多混乱，这就导致组织运作较难真正以市场为导向。Moorman（1995）认为，在传统的层级结构下，市场信息的分享及对它的反应都是不方便的，尤其是在这种组织体系下，部门之间的联系不多，这限制了企业部门协作对市场信息进行有效反应的能力。

市场导向的本质是包含一种行为要素的组织文化，要求组织贯彻顾客导向、竞争者导向和职能间协调，市场情报的及时获取、扩散和有效响应贯穿其间，因而企业组织系统的设计也必须满足这种要求。这就需要对企业的组织结构、业务流程及人员职位的设置有所变化，以增强企业的整体适应能力和市场响应能力。

提高组织系统市场导向水平可供采取的措施包括以下内容。

①以市场为导向设计组织流程。市场日趋复杂，响应顾客需求的迫切性要求企业改进职能间整合与协作（Galbraith 和 Kazanjian，1986；Naver 和 Slater，1990；Sashittal 和 Wileman，1993）。例如，唯有在不同职能领域广泛沟通和密切协作的前提下，组织才能及时地响应快速变化的顾客需求，而要实现有效的职能间协调，就要求职能领域的激励体系和职能间关系的创造结盟（Naver 和 Slater，1990）。

然而，儒家文化对中国社会、组织的影响根深蒂固，中国企业中等级制度、敬畏“权力”的文化占主导地位，企业内部大多采用纵向控制式管理，管理者的授权与员工的参与较差，下级习惯听从上级指令。绝大多数企业皆因跨部门间沟通和协调上的困难与问题造成组织壁垒严重。各部门间往往各自为政，根据部门职能设立绩效指标，缺乏应有的横向沟通。例如，财务部只关心会计信息系统，人力资源部关心薪酬体系设计，培训计划实施，生产部门只关

① 最著名的成功案例是波音公司在发展新的波音 777 时与其顾客（航空公司）有非常密切的互动，这样的互动，让新一代的客机更符合市场的需要（Condit，1994）。微软公司在新软件发展的重要阶段，寻求顾客知识建立测试版本，从产品规格的产生，一直到上市前的产品测试（Li 和 Calatone，1998）。

注设备的产量，采购部只关心供货价格和交货时限。而企业的主要业务流程往往需要跨部门横向协作，通过部门间信息沟通，资源共享，以及相互之间根据流程要求的衔接、配合，才能协同有效地完成组织的战略目标。组织各部门横向失衡，势必与战略目标相脱节，即使部门各自完成了预定的目标，企业的整体绩效也难以有效改善，战略目标无法实现。

因此，中国企业实施市场导向，特别应注意：一方面注意提高战略的透明度，使高层管理者参与组织战略目标的制定，从而切实理解战略重点并能有效地根据公司战略目标的分解设计下一级部门的目标系统；另一方面切实加强横向沟通与联合，使每个部门有机会充分了解其他部门特别是业务流程中作为其供应对象的内部客户对本部门的期望和要求，在部门目标设定时充分考虑内部客户指标，最后，根据部门的主要职能来设定部门目标，从而使部门记分卡与企业战略重点保持一致，各部门之间达到协同联合。

此外，授权直面顾客的一线员工，赋予其决定权，可作为另一项提升市场导向水平的举措。授权意味着将决定权下放到基层，通过向一线员工授权，组织管理层取消了繁重的标准化和机械化方法，代之以允许迅速解决并提供个性化解释方案的松散架构（Zeithmal，Parasuraman 和 Berry，1990）。最后，系统整合重点顾客，将其纳入经营流程的再设计，亦可提升企业的市场导向水平。

②组织结构扁平化。组织结构扁平化是业务流程再造后的必然趋势。网络经济时代，信息传递的迅捷快速要求组织结构向扁平化发展，以减少管理幅度，提高信息上传下达和横向传递的速度和准确度，将信息失真的可能性减少到最小。因此，减少管理层级，扁平化组织结构可作为提升市场导向的一个重要举措，如此高级管理层将不得不更多地与顾客进行更密切的接触，继而丰富其有关顾客偏好及同类竞争产品的认知。此外，组织机构扁平化之后，由于决策流程涉及的人数减少，因而还可显著缩短组织响应市场所需的时间。扁平化组织的设计标准是如下。

其一，组织柔性化。在信息经济时代，以知识创新和不断学习为本质特征的组织面对瞬息万变的市场机会必须有灵活的响应机制，这就要求组织必须有足够的柔性，与同业、合伙人、客户通过共同的价值链，并在市场的作用下，建立良好的信任合作关系。扁平化组织的最重要特色就在于柔性化，它能使组织更好地适应现代信息时代经济与社会的变化。

其二，决策单位分散化。为在合适的时间以合适的渠道和价格向客户提供最合适的产品和服务，组织要尽可能减少报告层级，将决策权下放，使得决策能够更为接近行动地点。不仅如此，企业的组织联系方式也要更为灵活，只要客户有需求，企业即可产生直接的多点对多点联系，从而迅即对客户需求作出反应。不同团队成员间频繁的接触交流有助于共同协商、科学决策。

其三，组织边界模糊化。企业各职能部门之间的联系应当是一种可渗透的动态而非固定不变的连接。各组织间应当是项目导向而非职能导向，一项任务的完成，可能由众多小组或团队根据需要来跨部门进行联合作业，由此组织的边界就已经模糊了。

第四，信息资源集成化。信息时代的组织应尽可能减少报告层级，强调在协同工作的前提下因地、因时进行各项作业和决策；通过打破各组织间的信息壁垒，构建完善的数据仓库，各职能组织间的信息资源由分散走向集中统一。由此，集成化的信息资源成为信息时代组织结构再造的一个重要特征。

第五，目标共同化。研究表明，将一系列共同目标设定于一个存在冲突的团队中，将会降低团队冲突的剧烈程度，并获得团队内部成员的合作。也就是说，组织或团队中存在竞争的个体目标会导致冲突，而共同目标则会促进团队间和团队内的合作，提高任务完成的效能和效率。因此，扁平型组织结构的设计还需要设置强有力的共同目标。

③设置重点客户①经理，实施重点客户管理。所谓重点客户管理，就是有计划、有步骤地开发和培育那些对企业的生存和兴旺有重要战略意义的客户。重点客户经理则是“关注顾客和关系营销的自然产物”（McDonald，Millman 和 Rogers，1997），因为企业 80% 的利润由 20% 的顾客创造。近两年来，我国一些企业已经开始重视重点客户管理的问题，例如，银行设置客户经理的职位，负责与重点客户的联络与业务开拓。

设置重点客户经理的意义在于，在分析、识别重点客户的基础上，确定在哪些客户上应投入时间、资源和精力，与顾客建立战略性运营关系，并对每个目标顾客采取综合战略来巩固并扩大组织业务。重点客户的主要职责是负责具体计划的制订和实施，以达到企业在重点客户工作方面的战略远景目标。重点

① 重点客户对公司的发展具有重大的作用。综合起来，重点客户具有以下特点：①重点客户对于公司要达到的销售目标是十分重要的，现在或者将来会占有很大比重的销售收入。这些客户的数量很少，但在公司的整体业务中有着举足轻重的地位。②公司如果失去这些重点客户将严重影响到公司的业务，并且公司的销售业绩在短期内难以恢复过来，公司很难迅速地建立起其他的销售渠道。公司对这些重点客户存在一定的依赖关系。③公司与重点客户之间有稳定的合作关系，而且他们对公司未来的业务有巨大的潜力。④公司花费很多的工作时间、人力和物力来作好客户关系管理。这些重点客户具有很强的谈判能力、讨价还价能力，公司必须花费更多的精力来进行客情关系的维护。⑤重点客户的发展符合公司未来的发展目标，将会形成战略联盟关系。当时机成熟，公司可以进行后向一体化战略，与客户之间结成战略联盟关系，利用重点客户的优势，将有利于公司的成长。

客户经理的两个关键角色是：既要成为客户的顾问，也要成为本企业的战略家。对于客户来说，重点客户经理要了解客户的优势和劣势，帮助客户分析市场竞争态势，为客户制定问题的解决方案，最大限度地挖掘出客户企业的潜力，成为客户在企业的支持者。对于本企业来说，重点客户经理要收集、分析行业的现状和客户的需求，结合本企业的实际，制订客户开发和管理的计划，最大限度地提升客户价值，确保客户的满意，促进客户与企业业务的发展，实现双赢。因而，通过设置重点客户经理，建立关键客户关系管理体系，可有效提高组织的市场导向水平，提高销售部门效率和盈利能力。

3. 信息系统

信息系统的设计在协同组织与市场的过程中扮演着重要的角色。对于以市场为导向的企业来说，如何运用信息把企业整合为一个整体参与市场竞争尤为重要，因为准确、精确地搜集顾客和竞争者信息，被视为以市场导向方式运作的重要前提（Sinkula，Baker 和 Nooedewier，1997）。随后，市场情报必须散播到组织所有的相关部门，因为有效响应市场需求需要组织全员参与（Kohli 和 Jaworski，1990）。市场情报的产生和散播之外，市场信息的储存和再次使用构成了信息系统执行市场导向的第三个重要方面。

针对我国大多数企业信息化管理水平较低的现实，我国企业在以成本效益分析为基础、加快信息化建设步伐的同时，应着重在信息搜集、分享和储存方面采取相应措施，提升信息系统的市场导向水平。具体来讲，其一，在信息搜集方面，要关注顾客抱怨。顾客抱怨一般是针对组织现有产品或服务的不足而发出的，它为企业如何在既有产品和服务基础上进行渐进创新提供了思路；收集顾客购买行为的背景信息，购买原因、行为、过程等；竞争者的活动信息、竞争者产品或服务的信息；明确具体部门收集员工对于提高市场导向水平的建议及上述信息。其二，在信息的分享方面，可经常组织跨部门的会议或内部刊物形式，由员工交流其顾客经验，鼓励顾客知识在企业内部的扩散，发挥有用信息的边际递增效果。更重要的是，组织必须确保管理者和员工均可获取相关的市场信息，将获取信息的限制尽可能地降低至最小限度。其三，在信息的储存方面，首先，企业必须建立包含顾客需求、竞争者动态等市场信息的数据库和专家信息系统。其次，存储的信息必须定期更新，只有这样，才能为经营行动提供可靠的决策基础。

4. 控制系统

控制是保证组织各项活动达到预期效果的职能，控制系统正是为了控制组织的各项活动，以确保实际执行效果与期望的标准或目标相吻合而存在。控制系统与其他管理系统，特别是计划系统联系密切。控制系统又包括目标设置、实际绩效的衡量、实际和期望的比较、偏差分析等。其中，实际绩效的衡量又是控制系统的核心。目标的设置已在前文中进行讨论，此处只讨论实际和期望的比较和偏差分析。

市场导向的控制系统是相对内部导向的控制系统而言的。将预先设定的目标与实际业绩相比较时，内部导向的控制系统关注于内部数据，对与市场相关的数据重视不够。这首先可能导致对其现有市场地位及市场导向水平的认知不足。其次，这有可能弱化整个组织的市场导向水平，因为员工会更多地关注与其绩效评估相关的指标（Tosi 和 Hammer，1982）。

市场导向的控制系统有助于管理层控制内部及与市场相关的数据，如顾客满意指标、市场份额指标和顾客保留水平等。具体来说，组织可通过如下措施来提升控制系统的市场导向水平：其一，在目标与实际绩效比较时，将实际的顾客满意度、忠诚度同期望的顾客满意度、忠诚度相比；其二，根据顾客需要来设定产品和服务的质量标准，将实际执行结果与预期相比较；其三，在进行偏差分析时，要考虑基本的市场情况、顾客及竞争者情况变化，并检讨内部是否存在协调不力、互相推诿等问题。

5. 人力资源管理系统

从招聘过程到激励制度设计，人力资源管理系统为市场导向的执行提供了大量机会。Felton（1995）指出，如果企业的招聘与晋升程序不是市场导向而是其他导向的话，企业的人力资源管理就会不利于市场导向活动的进行。Masiello（1988）分析了员工拥有市场信息不足、对企业价值链了解不清楚等因素在市场活动中的后果。因而，提升人力资源管理系统的市场导向水平尤为重要。

我国企业可采取以下措施来提升人力资源管理系统的市场导向水平。

①通过适当的选拔机制，任用具有高度市场导向的员工。不同类型的员工，其以市场为导向开展工作的准备程度不同（Rukert，1992）。例如，Furrer（2003）实证研究表明，员工的价值观影响市场导向的推行——与推崇个人英雄主义的员工相比，具有集体主义精神的员工会更积极地实施市场导向。通过采用适当的选择机制，如在招聘过程中模拟顾客接待情形以测试应聘者接待顾客的技能等，管理者可识别出具有较高顾客导向的雇员，以促进整个组织市场导向水平的提高（Schuler，1996）。此外，竞争者导向也是市场导向的重要构面，竞争者提供的产品或服务也会影响顾客对本企业所提供产品或服务价值的感知和认同，因此，雇用对竞争者有具体了解的员工，也能相应的改善组织的市场导向水平。

②开展培训和教育项目。培训和教育项目亦有助于实施市场导向，我国许多企业用人往往比较短视，不注重人才的培养。因此，我国企业要特别注重开

展员工的培训工作。在新员工正式工作以前，让他们了解到企业愿景、企业的重要顾客、重要的竞争者以及影响重大的利益相关者的信息，以及组织的管理制度、营销政策、市场状况等信息。特别是要对新聘管理人员灌输并使其理解、接受市场导向文化的要义，按照组织中普遍的行为规范和准则来从事管理工作，与组织同化。此外，企业还应通过培训，及时补充和更新员工应掌握的知识，强化员工响应市场的能力和团队精神。在职业生涯发展规划的设计方面，明确以市场为导向的发展路线，促使员工自觉地按照市场导向文化所界定的行为规范而不懈努力。

③建立市场导向的激励机制。通过发挥市场导向对员工配置的基础性作用，加大市场相关绩效指标的考核力度，在员工评价上，把顾客满意度、忠诚度的调查结果纳入评价指标体系中，对于职位越高的员工，这一指标所占的比重也要逐步提升，这将会显著提高个人的市场导向水平（Fosi 和 Hammer，1982）。在薪酬方面，给予市场导向程度高、业绩突出或对组织市场导向作出突出贡献者奖励亦可提升企业市场导向水平（Schuler，1996）。

（三）市场导向的关系管理

中国高度集权的经济、政治、文化体制使中国企业的纵向联系、等级服从、行政指令多，横向联系、横向交流、横向合作甚少，凡事依赖国家、听命于国家成为中国民众乃至企业的思维惯性和行为惯性。中国企业对于自愿互利的合作关系生疏，从而互相之间不信任，由此产生不善于合作、钩心斗角严重，假冒伪劣盛行、坑蒙拐骗颇多。因此，强化以市场为导向的关系管理，提高关系质量，对中国企业来说尤为重要。市场导向关系管理的着力点体现在顾客关系管理、供应链关系管理和战略联盟关系管理三个方面。

1. 顾客关系管理

顾客关系管理真正的意义在于落实以顾客为中心的策略。要实施顾客关系管理，企业首先必须找出能为企业带来最大利润贡献的核心顾客，然后再调整企业的资源配置，将较多的资源用于服务核心顾客，对核心顾客进行深耕，以赢得核心顾客的忠诚度，进而发展长期互惠的关系。

如图 6-1 所示，勤业管理顾问公司研究全球各企业组织，搜集了最佳实务案例，建构了一个“以顾客为本”的解决方案，发展了建构最佳顾客关系的流程。从了解市场与顾客，邀请顾客参与产品与服务的设计，一直到管理顾客信息，这些与顾客互动的过程都涵盖在企业的营运活动之中。

2. 供应链关系管理

供应链是指生产及流通过程中，涉及将产品及服务提供给最终用户活动的

图 6-1 建构最佳的顾客关系

资源来源：勤业管理顾问公司（1998）

上游及下游企业，所形成的网链结构。① 目前国外众多的企业正在进行供应链重构和优化的实践，虽然国内一些企业也在开始实施供应链管理，并取得了一定的成效，但其应用水平和范围还有待进一步的提高和扩大。特别是国内企业的短期行为造成企业间缺乏协调与合作及长远规划。因此建立供应链一体化中的合作伙伴关系就显得具有非常的意义。

供应链关系管理可分为伙伴需求分析、伙伴信息收集、伙伴选择和伙伴跟踪管理四个阶段。

①伙伴需求分析。企业应根据自己的战略目标和所处的市场竞争环境，评估合作伙伴关系潜在的风险和收益。然后分析企业自身在哪些方面具有优势，核心能力是什么，需要合作伙伴提供什么样的核心能力，具备哪些优势，以实现优势互补和企业间资源的有效整合。最后确定企业需要在哪些业务过程中寻

① 据《中华人民共和国国家标准物流术语》，Logistics Terms GB / T 18354。

求合作伙伴，需要哪些类型的伙伴。在实际操作中，可将价值链分解为一系列关键价值活动，并结合标杆法进行对比分析：与本企业历史对比；同行业标准对比；与行业内最优秀企业对比，以识别出自身所拥有的核心能力以及需要伙伴企业提供的核心能力。

②伙伴信息收集。明确了对合作伙伴的需求之后，就要广泛收集信息，寻找潜在的合作伙伴。在收集信息时，除了收集候选企业的一般信息外，还应参考关系理论收集与合作相关的信息，即持续时间、相互联系的频率、相互联系渠道的多样性、对称性及合作关系的共同促进等。其中，持续时间是指合作关系存在的时间，持续时间越长，合作关系越紧密；相互联系的频率是指单位时间内合作伙伴之间联系的次数；联系渠道的多样性主要指相互联系方式的多少；对称性是指从一个企业到另一企业的联系与从另一企业到这一企业的联系应该相似；合作关系的共同促进主要体现在信息交流是否建立在信任、合作、开放、忠诚的基础上，双方是否愿意合作，企业间共享信息的程度如何等。

③伙伴选择。供应链合作伙伴选择过程分为过滤、组合优化和决策选择三个阶段，前两个属于定量分析阶段，后一个属于定性分析阶段。首先，运用数据挖掘的方法，充分利用企业之间合作的历史信息，对可能的伙伴企业进行快速过滤，形成候选企业集合；其次，用多目标组合优化算法求出几种伙伴组合作为备选方案；最后，在定量分析的基础上，决策者综合考虑定量模型中难以表述的定性因素，如有效的通信网络、文化融合性、信任、合作目标与企业的远景目标一致以及经常保持联系等（Gilbert 等,1994），结合自己的决策特点（如风险偏好），在组合优化阶段输出的方案中选择满意的方案，建立供应链合作伙伴关系。

④伙伴跟踪管理。确定了哪些企业作为合作伙伴之后，一方面要与合作伙伴签订关于伙伴间利益分配的各种合同或协议，以规范伙伴行为；另一方面还要建立通畅的沟通渠道和有效的沟通方式，以实现伙伴信息传递和共享，增强伙伴间的信任。

与伙伴之间的合作关系是一个不断变化的动态过程，在这一过程中会出现许多影响合作的问题，因此，有必要对合作伙伴关系实施跟踪管理，每隔一段时间（如一周或一个月）对合作情况进行评估，以便及时发现问题并解决问题。如果合作过程中出现了影响继续合作的问题，但其尚不至于使合作双方解除合作伙伴关系，且问题是可以解决的，则企业通过协商等形式，选择合适的方法找出可行解决方案，以维系与合作伙伴的关系。

3. 战略联盟中的关系管理

为确保战略联盟成功，我国企业需要努力提高与联盟伙伴的相互依赖性和关系的稳定性。市场导向的战略联盟关系管理要求企业从获取长期竞争优势的战略角度出发，建立信任机制，加盟供应链战略联盟，需要双方不断深入地交流信息，建立和优化信息沟通渠道，分析和设计系统的柔性，建立风险预测、监控、预警机制，消除冲突，加强信任与合作。

以市场为导向的战略联盟关系管理主要体现在战略联盟伙伴的选择和信任机制的建立和维持两个方面。

①战略联盟伙伴的选择。① 国务院发展研究中心副主任陈清泰等人将战略

---

① 与精心挑选的少量供应商和分销商建立合作伙伴关系之后，供应商、制造商和分销商通过协商来解决产品设计、生产、零配件的供应以及销售和配送中的问题，将使各方都受益。对制造商而言，与供应商合作伙伴关系的建立将产生以下效果：①新产品上市时间缩短。通过与供应商建立合作伙伴关系，制造商可以不必通过昂贵而风险巨大的垂直集成就能充分利用供应商的专长，将大量自己不擅长的零配件等的设计和生产任务“外包”，而集中力量于自己的核心竞争优势。这样能充分发挥各方的优势，并行开展新产品的设计和制造，从而使新产品的上市时间明显缩短。以克莱斯勒公司为例，与供应商建立合作伙伴关系之后，其新产品的开发时间从 234 个星期降为 160 个星期。②生产成本降低。合作伙伴关系的建立，将使得供应商更多地参与新产品的设计、工艺及生产过程；制造商也不再是仅仅被动地接受供应商的产品，也将对供应商的设计和制造过程进行更多的了解。本着“双赢”的原则，供需双方都将对对方设计和生产中的缺陷和问题提出及时的改进意见，从而使生产成本大大降低。仍以克莱斯勒为例，由于它实行了鼓励并积极采纳供应商建议的措施，1995 年共节约成本 17 亿美元。供应商供应质量的提高，降低了制造商生产中的不确定性，保证了生产过程的连续和成本的持续下降。另外，供应商数目的减少，也意味着制造商交易费用的大大降低。③用户满意度增加。用户满意度的增加主要由以下三方面保证：一是产品设计的保证。合作伙伴关系不仅仅存在于供应商与制造商之间，也存在于制造商与分销商之间。分销商更贴近用户，更知道用户的喜好，从而能在新产品的需求定义方面提出更为恰当的建议，使得产品的设计能做到以用户需求来拉动，而不是传统地将产品推向用户。供应商的合作也能使制造商在产品的设计之初就充分考虑用户的需求，生产出更符合用户习惯的产品。二是产品制造过程保证。供应质量的提高使得制造商可以在正确的时间、恰当的地点、获得符合质量要求的正确数量的零配件，从而使得产品质量大为提高，同时也将使生产的提前期大大缩短。三是售后服务保证。用户的喜好千差万别，产品的设计不可能完全符合用户的胃口，同时产品的质量又不可能做到绝对无缺陷，因此，用户的不满意总是存在的。而关键在于当用户不满意时，分销商、制造商和供应商将齐心协力来解决出现的问题，而不是互相推卸责任。对供应商而言，当合作伙伴关系建立以后，制造商可以向供应商进行投资，以帮助其更新生产和配送设备，加大对技术改造的投人，提高配送质量。虽然制造商往往会向供应商提出持续降低其供应价格的要求，但同时也会承诺持续增大其对供应商的需求。这种要求虽然对供应商带来了相当大的压力，但是增大的市场份额、稳定的市场需求以及制造商的投资可使其改进技术，扩大规模效应。另外，合同期限的延长使供应商在相当长的一段时间内的利润有了保证，有利于供应商将更多的注意力放在企业的长远发展上去，而不至于为了企业的生存疲于奔命。

伙伴关系的选择原则概括为3C原则。第一条是兼容（compatibility），表现在两个方面：其一是硬件方面，包括战略、组织、生产、销售、财务和安全等几个方面。① 兼容性的第二个方面是软件因素，在软件因素当中，最重要的当属相互之间的信任，在联盟中的相互信任有巨大的价值。而公司文化是否融合也是决定一个联盟命运的关键因素。

3C原则的第二条是能力（capability），主要应评价以下几点：第一，在拟合作的领域，你与合作伙伴谁更活跃？第二，对方的市场实力如何？第三，对方的技术水平、生产能力、销售网络如何？第四，对方是市场的主导者还是落后者？

3C原则的第三条是投入意识（commitment）。具体要从以下几个方面入手来考察：首先要考察联盟的业务是否属于合作对方的核心产品范围或核心业务范围。如果拟设立联盟的业务范围对合作者的主要业务来讲是微不足道的，那么合作者就很有可能不愿向合资企业投入必要的时间和资源，同时，在这种情况下，合作对象还有可能很容易退出联盟而使本企业处在一种进退两难的境地。然而，如果联盟涉及对方的主要业务或主要发展战略，这种风险便会大大减小。其次要确定合作伙伴退出联盟的难度。联盟面临的危险之一就是合作一方把合作纳入他们的全球战略，并且投入大量的资源和精力，而其合作伙伴却突然要求退出联盟，从而陷入进退维谷的境地。所以，企业在最终决定组建联盟前，必须测试这种可能性有多大，测试对方退出联盟的困难程度。

②建立相互信任机制。信任机制是战略联盟成功运作和发展不可缺少的润滑剂和动力。相互信任的产生机制有过程型、特征型和规范型三种形式。每一种形式都程度不同地在联盟管理人员的控制范畴之中，因此管理人员在设计和建设联盟的过程中必须鉴别和遴选各种形式的特性和功能，保证产生机制与联盟的属性和要求相互吻合，相互适应，通过建立产生机制来确保整个联盟形成协同效应。

---

① 就战略而言，如果联盟双方的战略相互矛盾，保持良好的合作伙伴关系是不可能的。就组织而言，在组建联盟时，要仔细研究潜在的合作者与本组织在组织结构上是否存在兼容性。在生产方面，应主要考察以下内容：对方在原材料、零部件采购方面采用什么战略？关于市场销售，应考察以下内容：潜在合作伙伴的市场占有份额和销售增长率的情况怎样？双方对客户的服务政策是否接近？对方在不同地区市场上的形象如何？对方的产品质量、形象、价格如何？就财务而言，主要应考察以下几点：双方在财务实力、风险政策、分配政策、再投资安排、资产/负债比率、现金管理等方面有何差异？从对销售和获利能力趋势的分析结果看，潜在合作者能承受多大的不可预见的财务压力？合作伙伴的主要持股人是谁？合作伙伴是上市公司、个人持股公司还是国营公司？等等。

过程型机制的形成。一般而言，一旦结盟各方预期相互关系的进一步发展可带来更大的互惠时，联盟内的相互信任关系也就随联盟的拓展而不断得以强化。首先，在联盟组建初期，由于对结盟各方资信信息了解不足，联盟成员间的相互猜疑、窥探情报、试探行动等在所难免。但是，随着时间的推移，合作伙伴根据对各方在联盟中的实际（观察到的）表现与所期望的（合作）行为之间的比较对照，会不断地增强对联盟的信心和对合作伙伴的信赖。但仅仅建立在相互信任基础上的企业关系毕竟是脆弱的，因此需要管理人员的精心呵护，尤其是在联盟诞生之初，各方要充分表现出对他方的信任以及让对方了解自己的可信度。其次，管理人员还要坚持"积极经验重复强化"的原则，不断地增强相互间的信任。为此，联盟成员必须在他们的彼此交往中，通过正式和非正式的沟通渠道提高行为的透明度，这样做有双重目的：一是使每一合伙者都了解其他各方各项策略行为的时间进度，并参照其他方面行为和能力来确定自己在联盟中的地位和作用；二是由此降低对对方行为的不理解程度，保证快速而友好地处理由行为的不一致给联盟带来的不确定性和脆弱性等问题。只要联盟各方长期持续地关注沟通的改善，关注高级管理层在生产和计划等职能上的相互合作，以及随之确立的密切的个人关系，那么联盟必然随时间的推移而变得越来越紧密，成员间的相互信任度也会越来越高。

特征型机制的形成。战略联盟合作各方的社会背景和公司文化越接近，他们的思维和行为模式的一致性也就越高，从而形成具有明显特征的、能够涵盖各方的共享利益和策略并被各方接受联盟文化的可能性也就越大。这种共同的文化能减少成员企业间的矛盾和冲突，强化成员企业行为的连续性和一贯性，保证相互间的信任要建立这种特征型的联盟文化，方法之一就是使联盟成员具有相同的社会和文化背景，从而在短时间内形成统一的联盟文化。有效的方法应是在联盟内不同背景文化的成员企业间进行良好的沟通，这需要国际战略联盟的管理人员敏锐地意识到联盟企业间存在的文化差异，通过跨文化的管理培训、鼓励非正式接触、提高行为和策略的透明度等措施来努力消除彼此的隔阂和陌生，使各种文化在联盟中相互渗透和相互交融，最终通过相互学习，取长补短，形成成员企业都能接受的、既融合各种文化特色又有鲜明的联盟特征的处事原则和方法，从而确保联盟成员有一个统一的、并为各方所信任的文化基础。

规范型机制的形成。即为使成员行为理性化，特别是抵抗外部诱惑而在联盟内建立的、一套阻止相互欺骗和防止机会主义行为的规范机制。这套机制的重点是提高欺骗的成本和增加合作的收益。欺骗成本的提高意味着退出壁垒的提高，即如果企业放弃结盟关系，那么它的某些资产将遭受到很大的损失。换言之，这些资产绝大部分具有沉没成本，一旦企业发生机会主义行为，它将不能逃脱联盟其他成员对它的惩罚。为提高欺骗成本，联盟还可以通过成员企业相互间的不可撤回性投资来“锁住”对方，各方企业必须像关心自己的利益一样来关心其他成员和整个联盟的兴败盛衰，从根本上消除通过欺骗可得益的可能性。此外，还可通过保护性合同，或合法的契约来阻止机会主义行为，即对于不合作的行为或违约行为进行惩治，这样的合约条款可使成员企业清楚行为预期，根除投机心理，同时也可提高对其他成员的行为信任度。增加合作收益性的重要内容之一就是联盟为成员提供隐性“担保”。当联盟拥有一定的无形资产（如商誉、商标等），尤其当联盟在整个行业中占有特殊的地位（如它的技术指标已成为整个行业的技术标准）时，合作的收益性就显而易见。参与战略联盟的成员企业由于联盟本身所具有的声誉和覆盖全球的影响力，从而能在消费者心目中轻而易举地树立起良好的商誉和品牌形象。

总之，我国企业市场导向水平的提升，既需要企业自我砥砺，亦需要政府的外力推动。必须指出的是，上述提升市场导向水平的措施，只是结合当下中国企业经营管理现状所提出的技术和工具。上述技术和工具已经发挥应有的成效，并不意味着市场导向进程可告一段落，因为市场导向应当是没有终点的持续动态的过程，而不是一劳永逸的工作。提升市场导向的措施及其融合，不是以穷尽上述工具的效果为最终目的，而是引导企业以市场为导向，使企业日新月异、保持更新、可持续的竞争优势，不断创造未来。

参考文献

[1] AAKER, D. Strategic Marketing Management. 2nd ed. New York: John Wiley & Sons, Inc, 1988.

[2] ABRAMSON, N. R., Ai, J. X. Using Guanxi-Style Buyer-Seller Relationships in China: Reducing Uncertainty and Improving Performance Outcomes The International Executive, 1997, 39 (6): 765-804.

[3] ACHROL, R. S. Evolution of the marketing organization: new forms of dynamic environments. Journal of Marketing, 1991, 55: 77-93.

[4] ACHROL, R. S., KOTLER, P. Marketing in the network economy. Journal of Marketing, 1999, 63: 146-63.

[5] AGARWAL, S. Influence of Formalization on Role Stress, Organizational Commitment, and Work Alienation of Salesperson: A Cross-National Comparative Study. Journal of International Business Studies, 1993, 3: 715-739.

[6] AKIMOVA, I. Development of market orientation and competitiveness of Ukrainian firms. European Journal of Marketing, 2000, 34(9/10): 1128-1148.

[7] AMES, B. C. Trapping VS. Substance in Industrial Marketing. Harvard Business Review, 1970, 48(4): 93-102.

[8] ANDALEEB, S. S. The trust concept: research issues for channel of distribution. Research in Marketing, 1992, 11: 1-34.

[9] ANDERSON, E. W., Weitz, B. The use of pledges to build and sustain commitment in distribution channels. Journal of Marketing Research, 1992, 29: 18-34.

[10] ANDERSON, J. C. Relationships in business markets: exchange episodes, value creation, and their empirical assessment. Journal of the Academy of Marketing Science, 1995, 23(4): 346-350.

[11] ANDERSON, J. C., Gerbing, D. W. Structural equation modelling in practice: a review and recommended two-step approach. Psychological Bulletin, 1988, 103(3): 411-423.

[12] ANDERSON, J. C., NARUS, J. A. A model of the distributor's perspective of distributor-manufacturer working relationships. Journal of Marketing, 1984, 48: 62-74.

[13] ANDERSON, J. C., NARUS, J. A. A model of distributor firm and manufacturer firm working partnerships. Journal of Marketing, 1990, 54: 42-58.

[14] ANDERSON, J. C., HAÊ KANSSON, H., JOHANSON, J. Dyadic business relationships within a business network context. Journal of Marketing, 1994, 58: 1-15.

[15] APPIAH-ADU, KWAKU. Market Orientation and Performance: Do the Findings Established in Large Firms Hold in the Small Business Sector. Journal of Euromarketing, 1997, 6(3): 1-26.

[16] APPIAH-ADU, KWAKU, RANCHHOD, ASHOK. Market Orientation and Performance in the Biotechnology Industry: An Exploratory Empirical Analysis. Technology Analysis & Strategic Management, 1998, 10(2): 197-210.

[17] ATUAHENE-GIMA, KWAKU. An Exploratory Analysis of the Impact of Market Orientation on New Product Performance: A Contingency Approach. Journal of Product Innovation Management, 1995, 12: 275-293.

[18] ATUAHENE-GIMA, KWAKU. Market Orientation and Innovation. Journal of Business Research, 1996, 35(2): 93-103.

[19] AU, ALAN K. M., TSE, ALAN C. B. The Effect of Marketing Orientation on Company Performance in the Service Sector: A Comparative Study of the Hotel Industry in Hong Kong. Journal of International Consumer Marketing, 1995, 8(2): 77-87.

[20] AVLONITIS, G. J., GOUNARIS, S. P. Marketing orientation and company performance: industrial vs consumer goods companies. Industrial Marketing Management, 1997, 26: 385-402.

[21] BAGOZZI, R. P. Marketing as exchange. Journal of Marketing, 1975, 39: 32-39.

[22] BAGOZZI, R. P., BAUMGARTNER, H. The evaluation of structural equation models and hypothesis testing. Principles of Marketing Research, Blackwell, Cambridge, MA, 1994.

[23] BAGOZZI, R. P., YI, Y. On the evaluation of structural equation models. Journal of the Academy of Marketing Science, 1988, 16(1): 74-94.

[24] BAKER, MICHAEL J., BLACK, C. D., Hart, S. J. Competitive Success in

Sunrise and Sunset Industries. The Marketing Initiative, J. Sunders, (ed.), London: Prentice Hall, 1994.

[25] BAKER, T. L., SIMPSON P. M., SIGUAW, J. A. The impact of suppliers' perceptions of reseller market orientation on key relationship constructs. Journal of the Academy of Marketing Science, 1999, 27: 50-57.

[26] BAKER, WILLIAM E., SINKULA, JAMES M. The Synergistic Effect of Market Orientation and Learning Orientation on Organizational Performance. Journal of the Academy of Marketing Science, 1999, 27(4): 411-427.

[27] BAUMGARTNER, H., HOMBURG, C.. Applications of structural equation modeling in marketing and consumer research: a review. International Journal of Research in Marketing, 1996, 13: 39-61.

[28] BECKER J., HOMBURG C. Market-oriented management: a system-based perspective. Journal of Market Focused Management, 1999, 4: 17-41.

[29] BECKER, S. W., WHISLER, T. L. The Innovative Organization: A Selective View of Current Theory and Research. Journal of Business, 1967, 4: 462-469.

[30] BELL, M. L., EMORY, C. W. The Faltering Marketing Concept. Journal of Marketing, 1971, 35(4): 76-83.

[31] BENNETT, R. C., COOPER, R. G. Beyond the Marketing Concept. Business Horizons, 1979, 22(3): 76-83.

[32] BENNETT, R. C., COOPER, R. G. The Misuse of Marketing: An American Tragedy. Business Horizons, 1981, 24(6): 51-61.

[33] BERGER, ALLEN N., ANIL K. KASHYAP, JOSEPH M. SCALISE. The transformation of the U.S. Banking Industry: What a Long Strange Trip It's Been. Brookings Papers on Economic Activity, 1995, 2: 55-218.

[34] BEYER, J. M., TRICE, H. M. Implementing Change, Free Press, New York, 1978.

[35] BHUIAN, SHAHID N.. Exploring Market Orientation in Banks: An Empirical Examination in Saudi Arabia. The Journal of Services Marketing, 1997, 11(5): 317-328.

[36] BHUIAN, SHAHID N. An Empirical Examination of Market Orientation in Saudi Arabian Manufacturing Companies. Journal of Business Research, 1998, 43: 13-25.

[37] BIGGADIKE, E. R. The contribution of marketing to strategic management. Academy of Management Review, 1981, 6(4): 621-632.

[38] BOON, S. D., HOLMES, J. G. The dynamics of interpersonal trust: resolving uncertainty in the face of risk in Hinde, R. A. and Groebel, J. (Eds). Cooperation and Prosocial Behavior, Cambridge University Press, Cambridge, 1991:190-211.

[39] BRISLIN, RICHARD W. Applied Cross-Cultural Psychology, Newbury Park, CA: Sage, 1990.

[40] BROWNE, M. W., CUDECK, R. Alternative ways of assessing model fit, in Bollen, K. A. and Long, J. S. (Eds). Testing Structural Equation Models, Sage, Newbury Park, CA, 1993:136-162.

[41] BURGESS, B. H. Industrial Organization, Prentice-Hall, Englewood Cliffs, N. J, 1989.

[42] BURGESS, S. M., Steenkamp, J. Marketing renaissance: How research in emerging markets advances marketing science and practice. International Journal of Research in Marketing, 2006, 23(4):337-356.

[43] BUZZELL, R. D. Competitive Behavior and Product Life Cycle. New Ideas for Successful Marketing, J. S. Wright and J. L. Goldstucker, eds., Chicago: American Marketing, 1966:46-48.

[44] CADOGAN, J. W., DIAMANTOPOULOS, A. Narver and Slater, Kohli and Jaworski and the marketing orientation construct: integration and internationalization. Journal of Strategic Marketing, 1995, 3:41-60.

[45] CAMPBELL, JOHN P. On the Nature of Organizational Effectiveness. In Paul S. Goodman and Johannes M. Pennings(eds). New Perspectives on Organizational Effectiveness. San-Francisco: Jossey-Bass, 1977:13-55.

[46] CAPON, NOEL, JOHN U. FARLEY, DONALD R. LEHMANN. Profiles of Product Innovators among Large U. S. Manufacturer. Management Science, 1992, 38:157-169.

[47] CARUANA, ALBERT. An assessment of the dimensions and the stability of items in the MARKOR scale. Marketing Intelligence & Planning, 1999, 17(5): 248-253.

[48] CARUANA, ALBERT, PITT, LEYLAND, BERTHON, PIERRE. Excellent-Market Orientation Link: Some Consequences for Service Firms. Journal of Business Research, 1999, 44:5-15.

[49] CARUANA, ALBERT, RAMASESHAN, B., EWING, MICHAEL T. Market Orientation and Performance in the Public Sector: The Role of Organizational

Commitment. Journal of Global Marketing,1999,12 (3):59-79.

[50] CHAKRAVARTHY, B. S. Measuring Strategic Performance. Strategic Management Journal,1986,7:437-458.

[51] CHAN, HUNG NGAI JIMMY,ELLIS, PAUL. Market Orientation and Business Performance: Some Evidence from Hong Kong. International Marketing Review,1998,15(2):119-139.

[52] CHANG, T. Z., CHEN, S. J. Market orientation, service quality and business profitability: a conceptual model and empirical evidence. Journal of Service Marketing,1998,12(4):246-264.

[53] CHANG, TUNG-ZONG, MEHTA, RAJIV, CHEN, SU-JANE, POLSA, PIA, MAZUR, JOLANTA. The Effects of Market Orientation on Effectiveness and Efficiency: The Case of Automotive Distribution Channels in Finland and Poland. Journal of Services Marketing,1999,13(4/5):407-418.

[54] CHILD, JOHN, STEWART, SALLY. Regional Differences in China and Their Implications for Sino-Foreign Joint Ventures, Journal of General Management, 1997,23(2):65-86.

[55] CHURCHILL, GILBERT A., JR. A Paradigm for Developing Better Measures of Marketing Constructs. Journal of Marketing Research,1979,16:64-73.

[56] CONANT, J. S., MICHAEL P. MOKWA, P. RAJAN VARADARAJAN. Strategic types, distinctive marketing competencies and organizational performance: a multiple measures-based study. Strategic Management Journal, 1990,11(5): 365-383.

[57] CRAVENS, DAVID W. Strategic Marketing, Homewood, IL, Irwin, Fourth Edition,1994.

[58] CRONIN, J. J., PAGE, T. J. An Examination if the Relative Impact of Growth Strategies on Profit Performance. European Journal of Marketing,1988, 22(1):57-68.

[59] CROSBY, L. A., STEPHENS, N. Effects of relationship marketing on satisfaction, retention, and price in the life insurance industry. Journal of Marketing Research,1987,24:404-411.

[60] CUI, GENG, LIU, QIMING. Regional market segments of China: opportunities and barriers in a big emerging market. The Journal of Consumer Marketing, 2000,17(1):55-70.

[61] CUNNINGHAM, J. B., J. LISCHERON. Defining Entrepreneurship. Journal

of Small Business Management, 1991, 29(1): 45-61.

[62] DALGIC, T. Dissemination of market orientation in Europe. A conceptual and historical evaluation. International Marketing Review, 1998, 15(1): 45-60.

[63] DALRYMPLE, DOUGLAS J., PARSONS, LEONARD J. Marketing Management, 5th ed., New York: John Wiley & Sons, 1990.

[64] DAVIES, H. LEUNG T, LUK, K. P., SHERRIFF, T. K., WONG, Y. The Benefits of Guanxi. Industrial Marketing Management, 1995, 24: 207-214.

[65] DAWES, JOHN. The Relationship between Subjective and Objective Company Performance Measures in Market Orientation Research: Further Empirical Evidence. Marketing Bulletin, 1999, 10: 65-75.

[66] DAWES, JOHN. Market Orientation and Company Profitability: Further Evidence Incorporating Longitudinal Data. Australian Journal of Management, 2000, 25(2): 173-200.

[67] DAY, G. S. Market-Driven Strategy, Processes for Creating Value. The Free Press, NY, 1990.

[68] DAY, G. S. Marketing's Contribution to the Strategy Dialogue. Journal of the Academy of Marketing Science, 1992, 20: 323-329.

[69] DAY, G. S. Continuous Learning About Markets. California Management Review, 1994, 36(4): 9-31.

[70] DAY, G. S. The Capabilities of Market-Driven Organizations. Journal of Marketing, 1994, 58(4): 37-52.

[71] DAY, G. S. Managing market relationships. Journal of the Academy of Marketing Science, 2000, 28(1): 24-30.

[72] DAY, G. S., R. WENSLEY. Marketing Theory with a Strategic Orientation. Journal of Marketing, 1983, 47(4): 79-89.

[73] DAY, G. S., R. WENSLEY. Assessing Advantage: A Framework for Diagnosing Competitive Superiority. Journal of Marketing, 1988, 52: 1-20.

[74] DENG, S., DART, J. Measuring market orientation: a multi-factor, multi-item approach. Journal of Marketing Management, 1994, 10(8): 725-742.

[75] DENG, S., DART, J. The market orientation of Chinese enterprises during a time of transition. European Journal of Marketing, 1999, 33: 631-654.

[76] DESHPANDÉ, R. Developing a Market Orientation. Thousand Oaks, CA: Sage Publications, 1999.

[77] DESHPANDE, R., FARLEY, J. U. Measuring Market Orientation: Genera-

lisation and Synthesis. Journal of Market Focused Management, 1998, 2: 213-232.

[78] DESHPANDE, ROHIT, FARLEY, JOHN U. Executive Insights: Corporate Culture and Market Orientation: Comparing Indian and Japanese Firms. Journal of International Marketing, 1999, 7(4): 111-127.

[79] DESHPANDE, ROHIT, FARLEY, JOHN U. Market-Focused Organizational Transformation in China. Journal of Global Marketing, 2000, 14(1,2): 7-35.

[80] DESHPANDE, ROHIT, WEBSTER, FREDERICK E., Jr,. Organizational Culture and Marketing: Defining the Research Agenda. Journal of Marketing, 1989, 53: 3-15.

[81] DESHPANDEÂ, R., FARLEY, J. U., WEBSTER, F. E. Corporate culture, customer orientation, and innovativeness in Japanese firms: a quadrad analysis. Journal of Marketing, 1993, 57: 23-27.

[82] DESS, G. G., Robinson, R. B. Measuring Organizational Performance in the Absence of Objective Measures. Strategic Management Journal, 1984, 5: 265 - 273.

[83] DIAMANTOPOULOS, ADAMANTIOS, HART, SUSAN. Linking Market Orientation and Company Performance Evidence on Kohli and Jaworski's Framework. Journal of Strategic Marketing, 1993, 1: 93-121.

[84] DOBNI, BROOKE C., LUFFMAN, GEORGE. Market Orientation and Market Strategy Profiling: An Empirical Test of Environment-Behaviour-Action Coalignment and its Performance Implications. Management Decision, 2000, 38(8): 503-519.

[85] DODGSON, M. Learning, trust, and technological collaboration. Human Relations, 1993, 46(1): 77-95.

[86] DONEY, P. M., CANNON, J. P. An examination of the nature of trust in buyer-seller relationships. Journal of Marketing, 1997, 61: 35-51.

[87] DOTY, D. H., W. H. GLICK, G. P. HUBER. Fit, equifinality, and organizational effectiveness: A test of two configurational theories. Academy of Management Journal, 1993, 36(6): 1196-1250.

[88] DREHER, A. Market orientation: how to grasp the phenomenon in Baker, M. L. (Ed.). Perspectives on Marketing Management, 1994, 4: 149-170.

[89] DRUCKER, P. The Practice of Management. Harper & Row Publishers Inc., New York, NY, 1954.

[90] DWYER, F. R., SCHURR, P. H., Oh, S. Developing buyer-seller relationships. Journal of Marketing, 1987,51:11-27.

[91] DYER, J., SINGH, H. The relational view: cooperative strategy and sources of interorganizational competitive advantage. Academy of Management Review, 1998,23(4):660-679.

[92] EDEN, L., E. LEVITAS, R. J. MARTINEZ. The Production, Transfer, and Spillover of Technology: Comparing Large and Small Multinationals as Technology Producers. Small Business Economics, 1997,9(1):53-66.

[93] ELG, U. Retail market orientation: a preliminary framework. International Journal of Retails & Distribution, 2003,31(2):107-117.

[94] ENGLAND, G. W., Lee, R. The Relationship between Managerial Values and Managerial Success in the United States, Japan, India, and Australia. Journal of Applied Psychology, 1974,59:411-419.

[95] ESSLEMONT, DON, LEWIS, T. Some empirical tests of the marketing concept. Marketing Bulletin, 1991,2:1-7.

[96] ESTEBAN, A., MILLIAN, A., MOLINA, A., & MARTIN-CONSUEGRA, D. Market Orientation in service. A review and analysis. European Journal of Marketing, 2001,36(9/10):1003-1021.

[97] ETTLIE, J., W. P. BRIDGES. Environment Uncertainty and Organizational Technology Policy. IEEE Transactions on Engineering Management, 1982,29(February):2-10.

[98] FARRELL, M. Developing a market-orientated learning organization. Australian Journal of Management, 2000,25(2):201-223.

[99] FARRELL, M. A Critique of the Development of Alternative Measures of Market Orientation. Marketing Bulletin, 2002,13(3):1-13.

[100] FARRELL, M. A., OCZKOWSKI, E., An Analysis of the MKTOR and MARKOR Measures of Market Orientation: An Australian Perspective. Marketing Bulletin, 1997,8:30-40.

[101] FELTON, A. P. Making the Marketing Concept Work. Harvard Business Review, 1959,37(July/August):55-65.

[102] FORD, D. The development of buyer-seller relationships in industrial markets. European Journal of Marketing, 1980,14(5/6):339-353.

[103] FORD, D., GADDE, L. E., HAÊ KANSSON, H., LUNDGREN, A., SNEHOTA, I., TURNBULL, P., WILSON, D. Managing Business Rela-

tionships. John Wiley & Sons, Chichester,1998.

[104] FORNELL, C. , LARCKER, D. F. Evaluating structural equation models with unobservable variables and measurement error. Journal of Marketing Research, 1981,18:39-50.

[105] FOXALL, G. R. , S. BHATE. Cognitive Styles and Personal Involvement of Market Initiators for "Healthy" Food Brands: Implications for Adoption Theory. Journal of Economic Psychology,1993,14(1):33 - 56.

[106] FRAM, E. H. Application of the Marketing Concept to Retailing. Journal of Retailing, 1965,41(2):19-26.

[107] FRANKLE, E. G. Management of Technology Change. Kluwer Academic, 1990.

[108] GADDE, L. E. , MATTSON. Stability and change in network relationships. International Journal of Research in Marketing,1987,4(1):29-41.

[109] GANESAN, S. Determinants of long-term orientation in buyer-seller relationships. Journal of Marketing, 1994,58(April):1-19.

[110] GARBARINO, ELLEN, JOHNSON, M. S. The Different Roles of Satisfaction, Trust, and Commitment in Customer relationships. Journal of Marketing, 1999,63:70-87.

[111] GATIGNON, H. , T. S. ROBERTSON. A Propositional Inventory for New Product Diffusion Research. Journal of Consumer Research,1985,11(4): 849-867.

[112] GATIGNON, HUBERT, XUEREB, JEAN-MARC. Strategic Orientation of the Firm New Product Performance. Journal of Marketing Research,1997,34 (February):77-90.

[113] GATTIKER, U. E. Technology Management in Organization, Sage, CA, 1990.

[114] GERBING, D. , ANDERSON, J. C. An updated paradigm for scale development incorporating unidimensionality and its assessment. Journal of Marketing Research, 1988,25:186-192.

[115] GEYSKENS, I. , STEENKAMP, J.-B. , SCHEER, L. K. , KUMAR, N. The effects of trust and interdependence on relationship commitment: a transatlantic study. International Journal of Research in Marketing,1996,13:303-317.

[116] GOLDEN, B. R. SBU Strategy and Performance: The Moderating Effects of

the Corporate-SBU Relationship. Strategic Management Journal, 1992, 13: 145-158.

[117] GOLDEN, PEGGY A.; DONEY, PATRICIA M.; JOHNSON, DENISE M.; SMITH, JERALD R.. The Dynamics of a Marketing Orientation in Transition Economies: A Study of Russian Firms. Journal of International Marketing, 1995,3(2):29-49.

[118] GOLDSMITH, R. E., C. Hofacker. Measuring Consumer Innovativeness. Journal of the Academy of Marketing Science,1991,19(3):209 - 221.

[119] GRAY B. J., HOOLEY G. J. Market orientation and service firm performance—a research agenda. European Journal of Marketing, 2002, 36 (9/10):980-988.

[120] GRAY, B. J. PROFESSOR GORDON E. GREENLEY, Dr SHEELAGH M. MATEAR, Mr PHILIP K. MATHESON. Thriving on Turbulence. Journal of market-focused management,1999,4: 231-257

[121] GRAY, B., MATEAR, S., BOSHOFF, C., P. MATHESON. Developing a Better Measure of Market Orientation. European Journal of Marketing,1998, 32:9-10, 884-903.

[122] GREENLEY G. E. Market orientation and company performance: empirical evidence from UK companies. British Journal of Management,1995,6:1-13.

[123] GREENLEY, G. Forms of Market Orientation. Journal of Management Studies, 1995,32:47-66.

[124] GREENLEY, G. E., FOXALL, G. R. Multiple Stakeholder Orientation in UK companies and the Implications for Company Performance. Journal of Management Studies ,1997,34(2): 259-284.

[125] GREENLEY, GORDON E., FOXALL, GORDON R. External Moderation of Associations among Stakeholder Orientations and Company Performance. International Journal of Research in Marketing,1998,15:51-69.

[126] GREWAL, R., TANSUHAY. Building organizational capabilities for managing economic crisis: the role of market orientation and strategic flexibility. Journal of Marketing,2001,65:67-80.

[127] GRÖNROOS. C. Defining marketing: a market-oriented approach. European Journal of Marketing, 1989,23(1):52-60.

[128] GUNDLACH, G. T., ACHROL, R. S., MENTZER, T. The structure of commitment in exchange. Journal of Marketing, 1995,59:78-92.

[129] GUO, C. Market Orientation and business performance. European Journal of Marketing, 2002,36(9/10):1154-1163.
[130] HAÊ KANSSON, H., FORD, D. I. How should companies interact in business networks. Journal of Business Research, 2002,55(2):133-139.
[131] HAÊ KANSSON, H., SNEHOTA, I. Developing Relationships in Business Networks. Routledge, NewYork, NY,1995.
[132] HAGE, J. Theories of Organizations. Wiley, New York,1980.
[133] HAIJAT, M. Customer orientation: Construction and validation of the CUSTOR scale. Marketing Intelligence & Planning, 2002,20(7):428-432.
[134] HALLEÂN, L., JOHANSON, J., SEYED-MOHAMED, N. Interfirm adaptation in business relationships. Journal of Marketing, 1991,55:29-37.
[135] HAMBRICK, D. C. Environment, strategy, and power within top management teams. Administrative Science Quarterly, 1981,26:253-276.
[136] HAMBRICK, D. C. Some tests of the effectiveness and functional attributes of Miles and Snow's strategic types. Academy of Management Journal, 1983,26(1):5-26.
[137] HAMEL, G., C. K. PRAHALAD. Competing for the Future. Boston, MA: Harvard Business School Press,1994.
[138] HAN, J. K., KIM, N., SRIVASTAVA, R. K. Market orientation and organizational performance: is innovation a missing link. Journal of Marketing, 1998,62:30-45.
[139] HARDY C, NORD WR. editors. Handbook of organization studies. London: Sage,1996:115-147.
[140] HARRIS LLOYD C. Market Orientation and Performance: Objective and Subjective Empirical Evidence from UK Companies. The Journal of Management Studies ,2001,38(1):17-43.
[141] HARRIS, L. Cultural obstacles to market orientation. Journal of Marketing Practice, 1996,2(4):36-52.
[142] HARRIS, L., OGBONNA, E. The responses of front-line employees to market-oriented culture change. European Journal of Marketing, 2000,34(3/4):318-340.
[143] HARRIS, LLOYD C., OGBONNA, E. Strategic Human Resource Management, Market Orientation, and Organizational Performance. Journal of Business Research,2001,51(2):157-166.

[144] HART S. , DIAMANTOPOULOS. Linking Market Orientation and Company Performance: Preliminary Work on Kohli and Jaworski's Framework. Journal of Strategic Marketing,1993,1:93-122.

[145] HAUGLAND S. A. , MYRTVEIT I. , A. NYGAARD. Market orientation and perfor-mance in the service industry: A data envelopment analysis. Journal of Business Research, 2007,60:1191-1197.

[146] HAYES, R. H. , ABERNATHY, W. J. Managing Our Way to Economic Decline. Harvard Business Review, 1980,58(4):67-77.

[147] HELFERT, G. , VITH, K. Relationship marketing teams: improving the utilization of customer relationship potentials through a high team design quality. Industrial Marketing Management, 1999,28(5):553-564.

[148] HELFERT, G. , RITTER, t. , WALTER, A. Redefining market orientation from a relationship perspective: Theoretical considerations and empirical results. European Journal of Marketing, 2002,36(9/10):1119-1140.

[149] HENDERSON, S. No such thing as market orientation—a call for no more papers. Management Decision, 1998,36(9):598-609.

[150] HITT, M. , A. , IRELAND R. , D. , HOSKISSON, R. , E. Strategic management: competitiveness and globalization. the 4th edition, South-Western College Publishing, Cincinnati,2001.

[151] HOMANS, G. C. Social behavior as exchange. American Journal of Sociology, 1958,63:597-606.

[152] HOMBURG, C. , C. PFLESSER. A Multiple-Layer Model of Market- Oriented Organizational Culture: Measurement Issues and Performance Outcomes. Journal of Marketing Research,2000,37(4):449-462.

[153] HOOLEY, G. , COX, T. , FAHY, J. , SHIPLEY, D. , BERACS, J. , FONFARA, K. , SNOJ, B. Market orientation in the transition economies of Central Europe: tests of the Narver and Slater market orientation scales. Journal of Business Research, 2000,50:273-285.

[154] HOOLEY, G. , LYNCH J. , SHEPHERD, J. The Marketing Concept: Putting the Theory into Practice. European Journal of Marketing, 1990,24(9): 7-24.

[155] HOOLEY, GRAHAM JOHN FAHY, TONY COX, JOZSEF BERACS, KRZYSZTOF FONFARA, BORIS SNOJ. Marketing Capabilities and Firm Performance: A Hierarchical Model. Journal of market-focused management,

1999,4:259-278.

[156] HORNG S-C, CHEN AC-H. Market orientation of small and medium-sized firms in Taiwan. Journal of Small Business Management,1998,36:79-85.

[157] Houston F. S. The marketing concept: what it is and what it is not. Journal of Marketing,1986,50:81-87.

[158] HOWARD, J. Marketing Theory of a Firm. Journal of Marketing, 1983,47 (Fall):90-100.

[159] HUDDLESTON, PATRICIA, GOOD, LINDA. An Examination of the Dimensions of Market Orientation in the Polish Retail Sector in Marketing Issues in Transitional Economies, Batra, Rajeer ed. Kluwer Academic Publishers, 1999:127-138.

[160] HULT, G. THOMAS M., KETCHEN, DAVID J. JR. Does Market Orientation Matter? A Test of the Relationship between Positional Advantage and Performance. Strategic Management Journal,2001,22(9):899-906.

[161] HUNT, SHELBY D., MORGAN, ROBERT M. The Comparative Advantage Theory of Competition. Journal of Marketing,1995,59(April):286-293.

[162] HURLEY, R. F., T. M. HULT. Innovation, Market Orientation, and Organizational Learning: An Integration and Emperical Examination. Journal of Marketing,1998,62(3):42-54.

[163] IMP Group. An interaction approach. in HaĚkansson, H. (Ed.). International Marketing and Purchasing of Industrial Goods, John Wiley & Sons, Chichester,1982:10-27.

[164] JAWORSKI, B. J., A. K. KOHLI. Market Orientation: Antecedents and Consequences. Journal of Marketing,1993,57(3):53-70.

[165] JAWORSKI, B., A. KOHLI, A. SAHAY. Market-Driven versus Driving Markets. Journal of the Academy of Marketing Science,2000,28(1):45-54.

[166] JOHN, C. H. St., J. S. HARRISON. Manufacturing-based Relatedness, Synergy, and Coordination. Strategic Management Journal, 1999,20:129-145.

[167] JOHN, G., REVE, T. The reliability and validity of key informant data from dyadic relationships in marketing channels. Journal of Marketing Research, 1982,19:517-524.

[168] JOSEPH, B., S. J. VYAS. Concurrent Validity of a Measure of Innovative Cognitive Style. Journal of the Academy of Marketing Science,1984,12(2):

159-175.

[169] KAHN, KENNETH B. Market Orientation, Interdepartmental Integration, and Product Development Performance. The Journal of Product Innovation Management,2001,18(5):314-323.

[170] KALDOR, A. G. Imbricative Marketing. Journal of Marketing, 1971,35(2): 19-25.

[171] KANUMGO, R. N., JAEGER, A. M. Introduction: The Need for Indigenous Management in Developing Countries. Management in Developing Countries Jager, A. M. and Kanumgo, R. N. eds., New York: Routledge, Champman and Hall, Inc,1990.

[172] KASPER, H. Culture and leadership in market-orientated service organizations. European Journal of Marketing, 2002,36(9/101):1047-1057.

[173] KEITH, R. J. The Marketing Revolution. Journal of Marketing, 1960, 24 (January):35-38.

[174] KERLINGER, F. N. Foundations of Behavioral Research. New York: Holt, Rinehart & Winston,1985.

[175] KHAN, ARSHAD M., V. MANOPICHETWATTANA. Innovative and Noninnovative Small Firms: Types and Characteristics. Management Science, 1989,35(May):597-606.

[176] KLEINMAN, A. M. Depression, Somatization and the New Cross-Cultural Psychiatry. Social Science and Medicine,1977,11:3-10.

[177] KOHLI, A. K., B. J. JAWORSKI. Market Orientation: The Construct, Research Proposition, and Managerial Implications. Journal of Marketing,1990, 54(2),1-18.

[178] KOHLI, A., JAWORSKI, B., KUMAR, A. MARKOR: a measure of marketing orientation. Journal of Marketing Research, 1993, 30 (November): 467-477.

[179] KOTLER, P. A Generic Concept of Marketing. Journal of Marketing, 1972, 36(2):46-54.

[180] KOTLER, P. From Sales Obsession to Marketing Effectiveness. Harvard Business Review, 1977,55(6):67-75.

[181] KOTLER, P., LEVY, S. Broadening the Concept of Marketing. Journal of Marketing, 1969,33(1):20-29.

[182] KOTLER, P., ZALTMAN, G. Social Marketing: An Approach to Planned

Social Change. Journal of Marketing, 1971,35(3):3-12.

[183] KUMAR K, SUBRAMANIAN R, YAUGER C. Examining the market orientation-performance relationship: a context-specific study. Journal of Management,1998,24(2):201-233.

[184] KUMER, N., STERN, L. W., ANDERSON, J. C. Conducting interorganizational research using key informants. Academy of Management Journal, 1993,36(6):1633-1651.

[185] LADO, N., OLIVARES, A. M., J. RIVERA. Measuring Market Orientation in Several Populations. European Journal of Marketing, 1998,32(1-2):23-39.

[186] LADO, NORA, MAYDEU-OLIVARES, ALBERT. Exploring the Link between Market Orientation and Innovation in the European and US Insurance Markets. International Marketing Review,2001,18(2):130-145.

[187] LAFORET, S. Size, strategic, and market orientation affects on innovation. Journal of Business Research, 2008,61:753-764.

[188] LAFORET S, TANN J. Innovative characteristics of small manufacturing firms. Journal of Small Business and Enterprise Development, 2006,13(3): 363-380.

[189] LANGERAK, F. Effects of Market Orientation on the Behaviors of Salespersons and Purchasers, Channel Relationships, and Performance of Manufacturers. International Journal of Research in Marketing,2001,18(3):221-234.

[190] LANGERAK, F. The effect of market orientation on positional advantage and organizational performance. Journal of Strategic Marketing,2003,11(3):93-115.

[191] LANGERAK, F., HULTINK, ERIK JAN, ROBBEN, HENRY S. J. The Impact of Market Orientation, Product Advantage, and Launch Proficiency on New Product Performance and Organizational Performance. Journal of Product Innovation Management,2004,21(2):79-94.

[192] LANGERAK, F., COMMANDEUR, H. R. The influence of market orientation on competitive superiority and performance of industrial business. Proceedings of the 27th EMAC Conference, May, Stockholm, 1998,3:91-105.

[193] LANGERAK, F., NIJSSEN, E., FRAMBACH, R., GUPTA, A. Exploratory Results on the Importance of R&D Knowledge Domains in Businesses with Different Strategies. R&D Management,1999,29(3):209-217.

[194] LEVITT, T. Marketing Myopia. Harvard Business Review, 1960, 38(4): 45-56.

[195] LEVITT, T. The Marketing Mode. McGraw-Hill, New York, 1969.

[196] LEWIS, B. R. Marketing of Nursing as a Career. European Journal of Marketing, 1977, 11(6): 432-444.

[197] LI, T., R. J. CALANTONE. The Impact of Market Knowledge Competence on New Product Advantage: Conceptual and Empirical Examination. Journal of Marketing, 1998, 62(4): 13-29.

[198] LITTLER, D., LEVERICK, F. BRUCE, M. Factors affecting the process of collaborative product development: a study of UK manufacturers of information and communication technology products. Journal of Product Innovation-Management, 1995, 12: 16-32.

[199] LUKAS, BRYAN A., O. C. FERRELL. The Effect of Market Orientation on Product Innovation. Academy of Marketing Science Journal, 2000, 28(2): 239-247.

[200] LUMPKIN, G. T., G. G. DESS. Clarifying the Entrepreneurial Orientation Construct and Linking it to Performance. Academy of Management Review, 1996, 21(1): 135-172.

[201] LUO, Yadong, CHEN, Min. Managerial Implications of Guanxi-based Business Strategies. Journal of International Management, 1996, 2: 293-316.

[202] LUSCH, ROBERT F., LUSCH, VIRGINIA N. Principles of Marketing, Boston, Kent, 1987.

[203] MADDEN, C. S., EASLEY, R. W., DUNN, M. G. How journal editors view replication research. Journal of Advertising, 1995, 24(4): 77-87.

[204] MARINO, K. E. Structural Correlations of Affirmative Action Compliance. Journal of Business, 1982, 40: 478-496.

[205] MATSUNO, KEN, JOHN T. MENTZER, JOSEPH O. RENTZ. A Refinement and Validation of MARKOR Scale. Academy of Marketing Science Journal, 2000, 28(4): 527-539.

[206] MATSUNO, KEN, MENTZER, JOHN T. The Effects of Strategy Type on the Market Orientation-Performance Relationship. Journal of Marketing, 2000, 64(4): 1-16.

[207] MCCARTHY, JEROME E., PERREAULT, WILLIAM D., Jr. Basic Marketing - A Managerial Approach, Tenth Edition, Homewood, IL: Irwin, 1990.

[208] MCDANIEL, S. W. , J. W. KOLARI. Marketing strategy implications of the Miles and Snow strategic typology. Journal of Marketing, 1987,51(4):19-30.

[209] MCKEE, DARYL O. , P. RAJAN VARADARAJAN, WILLIAM M. PRIDE. Strategic Adaptability and Firm Performance: A Market-Contingent Perspective. Journal of Marketing, 1989,53(July):21-35.

[210] MCKITTERICK J. B. What is the marketing management concept. In Bass FM, editor. The frontiers of marketing thought and science. Chicago (IL): American Marketing Association, 1957:71-81.

[211] MCNAMARA C. P. The present status of the marketing concept. Journal of Marketing,1972,36:50-70.

[212] MEDSKER, G. , WILLIAMS, L. , HOLAHAN, P. A review of current practices for evaluating causal models in organizational behaviour and human resource management research. Journal of Management, 1994,20(2):439-464.

[213] MEEUS, M. T. H. , L. A. G. OERLEMANS. Firm Behavior and Innovative Performance: An Emperical Exploration of the Selection-Adaption Debate. Research Policy ,2000,29(1):41-58.

[214] MESSIKOMER, E. Marketing Changes the corporate culture. The Journal of Business & Industrial Marketing, 1987,2(4):53-58.

[215] MEZIOU, F. Areas of Strength and Weakness in the Adoption of the Marketing Concept by Small Manufacturing Firms. Journal of Small Business Management, 1991,4(October):72-79.

[216] MILES, M. P. , D. R. ARNOLD. The Relationship between Marketing Orientation and Entrepreneurial Orientation. Entrepreneurship Theory and Practice,1991,15(4):49-65.

[217] MILES, R. E. , C. C. SNOW, A. D. MEYER, H. J. COLEMAN, Jr. Organizational strategy, structure, and process. Academy of Management Review, 1978,3(3):546-562.

[218] MILES, R. E. , C. C. SNOW. Organizational Strategy, Structure, and Process. McGraw-Hill, New York,1978.

[219] MILLER, DANNY. The Structural and Environmental Correlates of Business Strategy. Strategic Management Journal, 1987,8(1):55-76.

[220] MINDAK, W. A. , BYBEE, H. M. Marketing's Application to Fund Raising.

Journal of Marketing, 1971,35(3):13-18.

[221] MOHR, J., NEVIN, J. R. Communication strategies in marketing channels: a theoretical perspective. Journal of Marketing, 1990,54:36-51.

[222] MOHR, J., SPEKMAN, R. Characteristics of partnership success: partnership attributes, communication behavior, and conflict resolution techniques. Strategic Management Journal, 1994,15:135-152.

[223] MOORMAN, C., ZALTMAN, G., DESHPANDEÂ, R. Relationships between providers and users of market research: the dynamics of trust within and between organizations. Journal of Marketing Research, 1992,29:314-328.

[224] MOORMAN, CHRISTINE, RUST, ROLAND T. The Role of Marketing. Journal of Marketing,1999,63:180-197.

[225] MORGAN, R. E., STRONG, C. A. Market orientation and dimensions of strategic orientation. European Journal of Marketing, 1998, 32(11/12): 1051-1073.

[226] MORGAN, R. M., HUNT, S. D. The commitment-trust theory of relationship marketing. Journal of Marketing, 1994,58:20-38.

[227] NARUS, J. A., ANDERSON, J. C. Using teams to manage collaborative relationships in business markets. Journal of Business-to-Business Marketing, 1995,2(3):17-47.

[228] NARVER, J., S. SLATER. Market Orientation and Customer Service: The Implications for Business Performance. European Advances in Consumer Research,1993,1:317-321.

[229] NARVER, J., S. SLATER. Additional thoughts on the measurement of market orientation: a Comment on deshpande and farley. Journal of Market Focussed Management, 1998,2:233-236.

[230] NARVER, J. C., S. F. SLATER. The effect of a market orientation on business profitability. in developing a market orientation. Ed. R. Deshpandé. Thousand Oaks, CA: Sage Publications, 1999:45-77.

[231] NARVER, J. C., SLATER, S. F. The effect of a market orientation on business profitability. Journal of Marketing, 1990,54:20-35.

[232] NEE, VICTOR, MATTHEWS, REBECCA. Market transition and societal transformation in reforming state socialism. Annual Review of Sociology, 1996,22:401-435.

[233] NEGANDHI, ARANT R. Comparative Management and Organizational Theory: A Marriage Needed. Academy of Management Journal, 1975, 18: 334-344.

[234] NGAI, J., ELLIS, P. Market orientation and business performance: some evidence from Hong Kong. International Marketing Review, 1998, 15(2): 119-139.

[235] NIELSEN, J. F. et al. Market orientation in Nordic does nationality matter. European Journal of Marketing, 2003, 37(11/12): 1818-1841.

[236] NUNNALLY, J. C. Psychometric Theory. 2nd ed.. New York: McGraw-Hill, 1978.

[237] OCZKOWSKI, E., Farrell, M. A. Discriminating Between Measurement Scales Using Non-Nested Tests and Two-Stage Least Squares Estimators: The Case of Market Orientation. International Journal of Research in Marketing, 1998, 15: 349-366.

[238] OLDMAN, C. Marketing Library and Information Services. European Journal of Marketing, 1977, 11(6): 460-474.

[239] OLSON, ERIC M., ORVILLE C. WALKER, ROBERT W. RUEKERT. Organizing for Effective New Product Development: The Moderating Role of Product Innovativeness. Journal of Marketing, 1995, 59(January): 48-62.

[240] OTTESEN, G. G., GRONHAUG, K. Barriers to practical use of academic marketing knowledge. Marketing Intelligence & Planning, 2004, 22(5): 520-530.

[241] PANIGYRAKIS, G. G., P. K. THEODORIDIS. Market orientation and performance: An empirical investigation in the retail industry in Greece. Journal of Retailing and Consumer Services, 2007, 14: 137-149.

[242] PARASURAMAN, A. Marketing-orientation of industrial vs consumer goods line. Business and Economic Review, 1983, 14(Summer): 41-45.

[243] PARASURAMAN, A., ZEITHAML, V. A., BERRY, L. L. A conceptual model of service quality and its implications for future research. Journal of Marketing, 1985, 49: 41-50.

[244] PEARCE, J. A., ROBBINS, D. K., ROBINSON, R. B. The Impact of Grand Strategy and Planning Formality on Financial Performance. Strategic Management Journal, 1987: 125-134.

[245] PELHAM A. M. Mediating influences on the relationship between market

orientation and profitability in small industrial firms. Journal of Marketing Theory and Practice,1997,5(3):55-76.

[246] PELHAM, A. M. Mediating and Moderating Influences on the Relationship between Market Orientation and Performance Doctoral Dissertation. Pennsylvania State University,1993.

[247] PELHAM, A. M. Marketing orientation and performance: the moderating effects of product and customer differentiation. Journal of Business and Industrial Marketing, 1997,12(5):276-296.

[248] PELHAM, ALFRED M. Market Orientation and Other Potential Influences on Performance in Small and Medium-Sized Manufacturing Firms. Journal of Small Business Management,2000,38(1):48-67.

[249] PELHAM, ALFRED M., WILSON, DAVID T. A Longitudinal Study of the Impact of Market Structure, Firm Structure, Strategy, and Market Orientation Culture on Dimensions of Small-Firm Performance. Journal of the Academy of Marketing Science, 1996,24(1):27-43.

[250] PENG, MIKE W., HEATH, PEGGY S. The Growth of the Firm in Planned Economies in Transition: Institutions, Organizations, and Strategic Choice. Academy of Management Review, 1996,21:492-528.

[251] PERRIEN, J. Repositioning Demand Artifacts in Consumer Research. Advances in Consumer Research, 1997,24:267-271.

[252] PETERSON, R. Small Business Adoption of the Marketing Concept vs. Other Business Strategies. Journal of Small Business Management, 1989,27(1):38-47.

[253] PHILLIPS, LYNN W. Assessing measurement error in key informant reports: a methodological note on organizational analysis in marketing. Journal of Marketing Research, 1981,18:395-415.

[254] PITT L., CARUANA A., BERTHON P. R. Market orientation and business performance: some European evidence. International Marketing Review, 1996,13(1):5-18.

[255] PLESHKO, LARRY P., HEIENS, RICHARD A. Customer-Focus or Competitor-Focus? A Financial Services Example. Journal of Professional Services Marketing,2000,20(2):19-32.

[256] PODSAKOFF, P. M., ORGAN, D. W. Self-reports in Organizational Research: Problems and Prospects. Journal of Management, 1986,12:531-544.

[257] PORTER, M. E. The Competitive Advantage of Nations. New York: The Free Press,1990.

[258] PORTER, M. Competitive Strategy. New York:The Free Press,1980.

[259] PORTER, M. , E. Toward a dynamic theory of strategy. Strategic Management Journal, 1991,12:95-117.

[260] PORTER, M. , E. What is strategy. Harvard Business Review (November-December):61-78.

[261] PRASAD, V. KANTI, RAMAMURTHY, K. , NAIDU, G. M. The Influence of Internet-Marketing Integration on Marketing Competencies and Export Performance. Journal of International Marketing, 2001,9(4):82-110.

[262] QU, R. , ENNEW, C. An examination of the consequences of market orientation in China. Journal of Strategic Marketing, 2003,11:201-214.

[263] QUINN, J. B. The Intelligent Enterprise a New Paradigm. Academy of Management Executive, 1992,6(4):48-63.

[264] RAJU P. S. , LONIAL S. C. , GUPTA Y. P. Market orientation and performance in the hospital industry. Journal of Health Care Marketing,1995,15(4):34 - 41.

[265] RALSTON, D. A. , YU, K. C. , WANG, X. , TERPSTRA, R. H. , HE, W. The Cosmopolitan Chinese Manager: Findings of a Study on Managerial Values across the Six Regions of China. Journal of International Management, 1996,2:79-109.

[266] REIDENBACH, R. , D. MOAK. Exploring Retail Bank Performance and New Product Development: A Profile of Industry Practice. Journal of Product Innovation Management , 1986,3(3):187-194.

[267] RIESZ, P. C. Revenge of the Marketing Concept. Business Horizons, 1980, 23(3):49-53.

[268] RITTER, T. The networking company: antecedents for coping with relationships and networks effectively. Industrial Marketing Management, 1999,28(5):467-479.

[269] ROBBINS, D. K. , L. J. PANTUOSCO, D. F. PARKER, B. K. FULLER. An Empirical Assessment of the Contribution of Small Business Employment to U. S. State Economic Performance. Small Business Economics, 2000,15(4):293-302.

[270] ROBBINS, S. P. Organization Behavior: Concepts, Controversies and Appli-

cations. Englewood Cliffs, N. J. : Prentice-Hall, 1996.
[271] ROBINSON, R. B. , PEARCE, J. A. Planned Patterns of Strategic Behavior and Their Relationship to Business-unit Performance. Strategic Management Journal, 1998, 9:43-60.
[272] ROSE, GREGORY M. , SHOHAM, A. Export Performance and Market Orientation: Establishing an Empirical Link. Journal of Business Research, 2002, 55(3):217-225.
[273] ROTHE, J. T. , BENSON, L. Intelligent Consumption: An Attractive Alternative to the Marketing Concept. MSU Business Topics, Winter, 1974:29-34.
[274] RUEKERT, R. W. Developing a Market Orientation: An Organizational Strategy Perspective. International Journal of Research in Marketing, 1992, 9(3):225-245.
[275] RUEKERT, R. W. , WALKER, O. C. , ROERING, K. J. The organization of marketing Activities: a contingency theory of structure and performance. Journal of Marketing, 1985, 49:13-25.
[276] RUEKERT, R. W. , WALKER, O. C. Marketing's interaction with other functional units: a conceptual framework and empirical evidence. Journal of Marketing, 1987, 58:1-19.
[277] SAATY. The Analytic Hierarchy Process. McGraw-Hill, New York, 1980.
[278] SANJEEV, A. , ERRAMILLI, M. , DEV, C. Market orientation and performance in service firms: role of innovation. Journal of Services Marketing, 2003, 17(1):68-82.
[279] SARGEANT, A. , MOHAMAD, M. Business Performance in the UK Hotel Sector-Does it Pay to be Market Oriented. The Service Industries Journal, 1999, 19(3):42-59.
[280] SAUNDERS, C. B. Inappropriate Uses of the Marketing Concept. Business Horizons, 1965, 8(3):76-82.
[281] SAWYER, M. C. The Economics of Industries and Firms. Croom Helm, London, 1981.
[282] SCHERER, F. M. Industrial Market Structure and Economic Performance. Chicago: Rand McNally, Inc, 1980.
[283] SCHIFF, M. An Accountant's Reflections On New Thinking On Marketing. National Association of Accountants NAA Bulletin, 1959, 41(2):90-94.
[284] SCHMITT, BREND. Who is the Chinese Consumer? Segmentation in the

People's Republic of China. European Management Journal, 1997, 15 (2): 191-194.

[285] SCHUMANN, P. A., PRESTWOOD, D. C., TONG, A. H., VANSTON, J. H. Innovate: Straight Path to Quality Customer Delight & Competitive Advantage, McGraw-Hill, New York, 1994.

[286] SCHUMPETER, J. A. The Theory of Economic Development. Cambridge, MA: Harvard University Press, 1934.

[287] SEGEV, E. A systematic comparative analysis and synthesis of two business-level strategic typologies. Strategic Management Journal, 1989, 10:487-505.

[288] SELNES, F., JAWORSKI, B. J., KOHLI, A. K. Market Orientation in United States and Scandinavian Companies: A Cross-Cultural Study. Scandinavian Journal of Management, 1996, 12(2):139-157.

[289] SHAPIRO, B. What the Hell is Market Oriented. Harvard Business Review, 1988, (Nov-Dec):119-125.

[290] SHAPIRO, B. P. Can Marketing and Manufacturing Coexist. Harvard Business Review, 1977, 55(5):104-114.

[291] SHIPLEY, D., HOOLEY, G., BERACS, J., FONFARA, K., KOLOS, K. Marketing organizations in Hungarian and Polish firms: part 1. Journal of Marketing Practice: Applied Marketing Science, 1995, 2:39-54.

[292] SHOHAM, AVIV, ROSE, GREGORY M. Market Orientation: A Replication, Cross-National Comparison, and Extension. Journal of Global Marketing, 2001, 14(4):5-25.

[293] SHRADER, C. B., C. L. MULFORD, V. L. BLACKBURN. Strategic and Operational Planning, Uncertainty, and Performance in Small Firms. Journal of Small Business Management, 1989, 27(4):45-60.

[294] SIGUAW, J. A., SIMPSON, P. M., BAKER, T. L. Effects of supplier market orientation in distributor market orientation and the channel relationship: the distributor perspective. Journal of Marketing, 1998, 62:99-111.

[295] SIN, L. Y. M., TSE, A. C. B., YAU, O. H. M., LEE, J. S. Y., CHOW, R., LAU L. B. Y. Market orientation and business performance: An empirical study in mainland China. Journal of Global Marketing, 2000, 14(3):5-29.

[296] SIN, LEO, HO, SUK-CHING. An Assessment of Theoretical and Methodological Development in Consumer Research on Greater China: 1979-1997. A-

sia Pacific Journal of Marketing and Logistics, 2001,13(1):3-42.

[297] SIN, LEO Y. M., TSE, ALAN C. B., YAU, OLIVER H. M., LEE, JENNY S. Y., CHOW, RAYMOND, LAU, LORRETT, B. Y. Market Orientation and Business Performance: An Empirical Study in Mainland China. Journal of Global Marketing,2000,14(3):5-29.

[298] SINKULA, JAMES M. Market Information Processing and Organizational Learning. Journal of Marketing, 1994,58(January):35-45.

[299] SIVADAS, E., F. R. DWYER. An Examination of Organizational Factors Influencing New Product Success in Internal and Alliance-Based Processes. Journal of Marketing,2000,64(1):31-49.

[300] SLATER, S. F., J. C. NARVER. Product-Market Strategy and Performance: An Analysis of the Miles and Snow Strategy Type. European Journal of Marketing,1993,27(10):33-51.

[301] SLATER, S. F., J. C. NARVER. Market Orientation and the Learning Organization. Journal of Marketing,1995,59(3):63-74.

[302] SLATER, S. F., J. C. NARVER. Competitive Strategy in the Market-Focused Business. Journal of Market-Focused Management, 1996, 1(2):159-174.

[303] SLATER, S. F., J. C. NARVER. Customer-Led and Market Oriented: Let's Not Confuse the Two. Strategic Management Journal, 1998, 19(10): 1001-1006.

[304] SLATER, S. F., J. C. NARVER. Market Oriented Is More Than Being Customer Led. Strategic Management Journal,1999,20(12):1165-1168.

[305] SLATER, S. F., J. C. NARVER. The Positive Effect of a Market Orientation on Business Profitability: A Balanced Replication. Journal of Business Research,2000,48(1):69-73.

[306] SLATER, STANLEY F., NARVER, JOHN C. Does Competitive Environment Moderate the Market Orientation-Performance Relationship. Journal of Marketing,1994,58(January):46-55.

[307] SMELTZER, L. R., G. L. FANN, V. N. NIKOLAISEN. Environmental Scanning Practices in Small Business. Journal of Small Business Management,1988,26(3):55-62.

[308] SMITH, K. G., J. P. GUTHRIE, M. J. CHEN. Strategy, size, and performance. Organizational Studies, 1989,10(1):63-81.

[309] SMITH, P. C., BALZER, W., BRANNICK, M., CHIA, W., EGGLESTON, S., GIBSON, W., JOHNSON, B., JOSEPHSON, H., PAUL, K., REILLY, C., WHALEN, M. The Revised JDI: mA Facelift For an Old Friend. The industrial-Organizational Psychologist, 1987,24:31-33.

[310] STAMPFL, R. W. Structural Constraints, Consumerism, and the Marketing Concept. MSU Business Topic, Spring, 1978:5-16.

[311] STANTON, J. M., SINAR, E. F., BALZER, W., JUILAN, A., THORESEN, P., SHAHNAZ, A., FISHER, G, SMITH, P. Development of a Compact Measure of Job Satisfaction: The Abridged Job Descriptive Index. Educational and Psychological Measurement, 2002,62(1):173-191.

[312] STEENKAMP, J.-B. E. M., VAN TRIJP, H. C. M. The Use of LISREL in Validating Marketing Constructs. International Journal of Research in Marketing, 1991,8:283-299.

[313] STEINMAN, C., DESHPANDEÂ, R., FARLEY, J. U. Beyond market orientation: when customersand suppliers disagree. Journal of the Academy of Marketing Science, 2000,28:109-119.

[314] SUBRAMANIAN, R., GOPALAKRISHNA, P. The Market Orientation-Performance Relationship in the Context of a Developing Economy: An Empirical Analysis. Journal of Business Research, 2001,53(1):1-13.

[315] SWANSON, LAUREN A. The Twelve 'Nations' of China. Journal of International Consumer Marketing,1989,2(1):83-105.

[316] TAN, JUSTIN J., LITSCHERT, R. J. Environment-Strategy Relationship and Its Performance Implications: An Empirical Study of the Chinese Electronics Industry. Strategic Management Journal,1994,15(January):1-20.

[317] TAY, L., MORGAN, NEIL A. Antecedents and Consequences of Market Orientation in Chartered Surveying Firms. Construction Management and Economics,2002,20(4):331-341.

[318] TAYLOR, W. Is marketing a science. Journal of Marketing,1965,29(3):49-54.

[319] THIBAUT, J. W., KELLEY, H. H. The Social Psychology of Groups. Wiley, New York, 1959.

[320] TIAN X. Market orientation and regional economics disparities in China. Post-Communist Economies, 1999,11:161-172.

[321] TRIST, E. L. The Evolution of Socio-Techniocal Systems as a Conceptual

framework and as an Action Research Program. in Perspectives on Organization Design and Behavior, A. H. Van de Ven and W. F. Joyce, ed. New York: John Wiley & Sons,1981.

[322] TROY, LISA C., DAVID M. SZYMANSKI, P. RAJAN VARADARAJAN. Generating New Product Ideas: An Initial Investigation of the Role of Market Information and Organizational Characteristics. Journal of Academy of Marketing Science, 2001,29(Winter):89-101.

[323] TSAI, YA-FENG. Research on the relationship between market orientation and service quality-an empirical assessment of the medical industry in central Taiwan. Journal of American Academy of Business,2003,3(1/2):381-387.

[324] TSANG, ERIC W. K. Can guanxi be a source of sustained competitive advantage for doing business in China. The Academy of Management Executive, 1998,12(2):64-73.

[325] TSE, A. C. B. Market Orientation and Performance of Large Property Companies in Hong Kong. International Journal of Commerce and Management, 1998,8(1):57-69.

[326] TSE, A. C. B., SIN L. Y. M, YAU, O. H. M., LEE, J. S. Y., CHOW, R. Market orientation and business performance in a Chinese business environment. Journal of Business Research,2003,56:227- 239.

[327] TSE, ALAN, SIN, LEO, YAU, OLIVER, LEE, JENNY, CHOW, RAYMOND. Relationship Between Market Orientation and Business Performance: An Empirical Study in a Chinese Business Environment. Journal of Business Research, 2003,56:227-239.

[328] TSE, D. K., BELK, R. W., ZHOU, N. Becoming a Consumer Society: A Longitudinal and Cross-Cultural Content Analysis of Print Ads from the Mainland China. Journal of Consumer Research,1989,15(March):457-472.

[329] TUSHMAN, MICHAEL L., PHILIP ANDERSON. Technological Discontinuities and Organizational Environments. Administrative Science Quarterly, 1986,31(September):439-465.

[330] VAN EGEREN M, O'CONNOR S. Drivers of market orientation and performance in service firms. Journal of Services Marketing,1998,12(1):39- 58.

[331] VENKATRAMAN, N., RAMANUJAM, V. Measuring of Business Performance in Strategy Research: A Comparison approach. Academy of Management Review, 1986,11(4):801-814.

[332] VOSS, G., VOSS, G. Strategic orientation and firm performance in an artistic environment. Journal of Marketing,2000,64(1):67-84.

[333] WALTER, A., RITTER, T., GEMU¨NDEN, H. G. Value-creation in buyer-seller relationships: theoretical considerations and empirical results from a supplier's perspective. Industrial Marketing Management, 2001, 30(4):365-377.

[334] WEBB D, C WEBSTER, A KREPAPA. An exploration of the meaning and outcomes of a customer-defined market orientation. Journal of Business Research,2000,48:101-112.

[335] WEBSTER, F. E. The Changing Role of Marketing in the Corporation. Journal of Marketing, 1992,56(October):1-17.

[336] WEINSHALL, T. T. Culture and Management, eds. Harmandsworth: Penguin,1977.

[337] WEISS, ALLEN M., JAN B. HEIDE. The Nature of Organizational Search in High Technology Markets. Journal of Marketing Research, 1993, 30 (May):220-233.

[338] WHITE, K., THOMPSON, J., PATEL, M. Hospital Marketing Orientation and Managed Care Processes: Are They Coordinated. Journal of Healthcare and Management ,2001,46(5):327-336.

[339] WILKINSON, I. Conceptualizing and measuring the nature, causes and consequences of market orientation: a review of Rohit DeshpandeÂ (Ed.). Developing a Market Orientation, Journal of Business to Business Marketing, 2001,8(2):65-76.

[340] WILLIAMSON O. E. Markets and hierarchies. New York: Free Press,1975.

[341] WILLIAMSON O. E. The economic institutions of capitalism: firms, markets, relational contracting. New York, NY: Free Press,1985.

[342] WILLIAMSON O. E. Strategizing, economizing and economic organization. Strategic Management Journal, 1991,12:75 - 94.

[343] WILSON, D. T. An integrated model of buyer-seller relationships. Journal of the Academy of Marketing Science, 1995,23(4):335-345.

[344] WIND Y., ROBERTSON T. S. Marketing strategy: new directions for theory and research. Journal of Marketing, 1983,47:12-25.

[345] WONG, H., P. D. ELLIS. Is market orientation affected by the product life cycle. Journal of World Business, 2007,42:145-156.

[346] WONG, VERONICA, SAUNDERS, JOHN. Business Orientation and Corporate Success. Journal of Strategic Marketing, 1993, 1(March): 20-40.

[347] WOOD, VAN R., BHUIAN, SHAHID, KIECKER, PAMELA. Market Orientation and Organizational Performance in Not-For-Profit Hospitals. Journal of Business Research, 2000, 48(3): 213-226.

[348] WOODRUFF R. B. Customer value: the next source for competitive advantage. Journal of the Academy of Marketing Science, 1997, 25(2): 139-153.

[349] WOOLDRIDGE, B. R., MINSKY, B. D. The role of climate and socialization in developing interfunctional coordination. The Learning Organization, 2002, 9(1): 29-38.

[350] WREN, B. The Market Orientation Construct: Measurement and Scaling Issues. Journal of Marketing Theory and Practice, 1997, 15(3): 31-54.

[351] WRIGHT, P., MARK KROLL, BEVALEE PRAY, Augustine Lado. Strategic orientations, competitive advantage, and business performance. Journal of Business Research, 1995, 33(2): 143-151.

[352]范晓屏．市场导向与出口绩效关系的研究[J]．国际贸易问题，2004(3).

[353]菲利普·科特勒著，梅汝和等译．营销管理．第十版．北京：人民大学出版社，2001.

[354]甘碧群．国际市场营销学．北京：高等教育出版社，2001.

[355]甘碧群．市场营销学．湖北：武汉大学出版社，1997.

[356]高明华．中国企业市场化进程研究[J]．管理世界，2003(8).

[357]侯杰泰等．结构方程模型及其应用．北京：教育科学出版社，2004.

[358]黄群慧等．国有企业管理现状分析．北京：经济管理出版社，2002.

[359]江小涓等．体制转轨中的增长、绩效与产业组织变化．上海：上海三联书店，上海人民出版社，1999.

[360]景奉杰．市场营销调研．北京：高等教育出版社，2001.

[361]罗青军，项保华．市场导向与企业绩效关联研究[J]．经济管理，2003(10).

[362]乔治·达伊著，牛海鹏等译．市场驱动战略——价值创造过程．北京：华夏出版社，2000.

[363]秦池江．市场导向：商业银行改革与发展的航标[J]．金融研究，1999(10).

[364]沈治渔，罗仲伟等．21世纪初国有企业发展和改革．北京：经济管理出版社，2005.

[365]盛婉玉．市场导向 核心竞争力 战略资源——对企业组织结构和管理内容的分析[J]．经济论坛,2004(14)．

[366]宋则．中国“入世”过渡期的消费政策研究——增进城乡居民消费需求的十项要点[J]．经贸参考,2001(17)、(19)、(21)、(23)．

[367]孙永风、李垣．转型经济下市场导向型战略影响因素分析[J]．管理工程学报,2004(3)．

[368]孙永风、张睿、李垣．转型经济时期国有企业市场导向型战略与绩效的实证分析[J]．中国软科学,2003(7):80-83

[369]泰勒尔著,张维迎总译校．产业组织理论．北京:中国人民大学出版社,1997.

[370]唐以明,张玉利．天津企业市场导向的探索性研究[J]．南开管理评论,2002(5)．

[371]王小鲁．中国的市场化进程[J]．新华文摘,2003(6)．

[372]王争,史晋川．中国私营企业的生产率表现和投资效率[J]．经济研究,2008(1)．

[373]杨文安．竞争优势战略、供应链集成与企业绩效关系之研究[D]．厦门大学博士论文,2003.

[374]于海燕,黄一鸣．市场导向营销方式的缺陷和改进[J]．商业时代,2004(12)．

[375]于洪彦,银成钺．市场导向与企业绩效关系研究——基于中国服务业的实证分析[J]．吉林大学社会科学学报,2007(5)．

[376]喻建良．市场导向理论综述[J]．湖南商学院学报,2003(2)．

[377]张婧．出口市场导向及其原因变量和绩效结果研究[J]．兰州商学院学报,2004, 20(1)．

[378]张婧．市场导向对产品创新的影响研究[J]．浙江工商职业技术学院学报, 2003(4)．

[379]张军．制度、组织与中国的经济改革．上海:上海财经大学出版社,2004.

[380]张维迎．博弈论与信息经济学．上海:上海人民出版社, 1996.

[381]张文彤．SPSS 11 统计分析教程．北京:希望电子出版社,2002.

[382]赵进文．复杂数据下经济建模与诊断研究．北京:科学出版社,2003.

[383]周亚庆,罗青军, 项保华．市场导向理论研究综述[J]．科研管理,2004(3)．

[384]索斯顿·亨尼格-索罗,厄秀拉·汉森主编,罗磊主译．关系营销:建立顾客满意和顾客忠诚赢得竞争优势．广东:广东经济出版社,2003.

[385]中国企业联合会，中国企业家协会．中国企业发展报告(2001、2002)．北京：企业管理出版社，2001，2002.
[386]中国社会科学院工业经济研究所．中国工业发展报告(2002)——WTO规则下的企业和政府行为．北京：企业管理出版社，2002.

图书在版编目(CIP)数据

市场导向与组织绩效:基于竞争优势的理论建构与实证检验/张雪兰著.—武汉:武汉大学出版社,2008.9
组织营销论丛/甘碧群总主编
ISBN 978-7-307-06486-7

Ⅰ.市… Ⅱ.张… Ⅲ.企业—市场竞争—研究—中国 Ⅳ.F279.2

中国版本图书馆 CIP 数据核字(2008)第 128761 号

责任编辑:陈 红　　责任校对:刘 欣　　版式设计:詹锦玲

出版发行:**武汉大学出版社** (430072 武昌 珞珈山)
(电子邮件:wdp4@whu.edu.cn 网址:www.wdp.com.cn)
印刷:湖北省通山县九宫印务有限公司
开本:720×1000 1/16 印张:15.25 字数:277 千字 插页:2
版次:2008 年 9 月第 1 版 2008 年 9 月第 1 次印刷
ISBN 978-7-307-06486-7/F·1187 定价:28.00 元
